贵州省大数据产业创新生态系统的演化机理研究

李桥兴　著

2017 年度贵州省国内一流学科建设项目（GNYL［2017］005）：大数据科学与技术学科群

2018 年度贵州省哲学社会科学规划联合基金课题（18GZLH04）：基于自组织理论的贵州省大数据产业生态系统演化机理研究

2019 年度贵州省哲学社会科学“十大创新团队”建设专项：军民融合与制造业转型升级研究团队成果

2020 年度贵州大学国家社科基金重大培育项目（GDPY2019005）：基于文本分析的我国大数据产业政策演化研究

2020 年度贵州省教育厅高等学校人文社会科学研究基地项目（2020JD003）：贵州省“大数据、大健康”产业协调推进的现状与对策

科 学 出 版 社

北　京

内 容 简 介

本书以贵州省大数据产业为研究对象，采用产业创新生态系统理论的相关知识，较深入地探讨了贵州省大数据产业创新生态系统的构成成分和演化机理等的理论问题，并以贵州省智慧旅游产业为案例对象，提出该产业创新生态系统的演进分析和优化对策等。全书基于演绎归纳、资料分析、实地考察和数据统计等研究方法，并采用理论探讨和实践应用相结合的研究思路，是作者近十年来关注贵州省产业经济管理特别是大数据产业发展等方面的研究总结。

本书可作为产业经济管理、旅游经济管理和管理系统工程等学科领域的高校教师、研究生和高年级本科生的教学和科研参考用书，也可以作为政府部门和企事业单位等相关人员的实践指导参考资料。

图书在版编目（CIP）数据

贵州省大数据产业创新生态系统的演化机理研究/李桥兴著. —北京：科学出版社，2021.11

ISBN 978-7-03-067790-7

Ⅰ. ①贵… Ⅱ. ①李… Ⅲ. ①数据处理-信息产业-产业发展-研究-贵州 Ⅳ. ①F492

中国版本图书馆CIP数据核字（2020）第264478号

责任编辑：万瑞达/责任校对：马英菊

责任印制：吕春珉/封面设计：黄 来

科学出版社 出版

北京东黄城根北街 16 号

邮政编码：100717

http: //www.sciencep.com

北京中科印刷有限公司 印刷

科学出版社发行 各地新华书店经销

*

2021 年 11 月第 一 版 开本：B5（720×1000）

2021 年 11 月第一次印刷 印张：15 3/4

字数：353 000

定价：120.00 元

（如有印装质量问题，我社负责调换〈中科〉）

销售部电话 010-62136230 编辑部电话 010-62130874（VA03）

前　　言

在党的十七大报告（2007 年）中，曾提出“发展现代产业体系，大力推进信息化与工业化融合”。随后，在党的十八大报告（2012 年）中更进一步要求“全面推进经济建设、政治建设、文化建设、社会建设、生态文明建设，实现以人为本、全面协调可持续的科学发展”。习近平同志曾在 2005 年的 8 月提出了“绿水青山就是金山银山”的可持续发展理念，并在十九大报告（2017 年）中要求“推动互联网、大数据、人工智能和实体经济深度融合”，“突出关键共性技术、前沿引领技术、现代工程技术、颠覆性技术创新，为建设科技强国、质量强国、航天强国、网络强国、交通强国、数字中国、智慧社会提供有力支撑”。随着世界信息科技的快速发展，大数据技术成为世界各国引领发展和创新的重要动力。我国也于 2014 年首次把大数据写入政府工作报告，此后各级地方政府热切关注大数据技术的创新与应用，并把大数据产业作为建设现代化经济体系的战略支撑。

贵州省由于其特殊的喀斯特地形地貌而导致其经济长期以来落后于国内大多数省份。随着我国总体经济实力的逐渐增强，党和国家开始重视西部落后地区的经济发展，贵州省也因其拥有全国绝对多数贫困人口而被党和国家所重视。特别是近 10 年，贵州省委省政府根据习近平同志对贵州省工作的要求，相继于 2014 年提出“牢牢守住发展和生态两条底线”的思路，以及发布了《关于加快大数据产业发展应用若干政策的意见》和《贵州省大数据产业发展应用规划纲要（2014—2020 年）》等若干与大数据有关的重要文件；2017 年又提出全面实施“大扶贫、大数据、大生态”三大战略等。由此，贵州省开展了轰轰烈烈的大数据产业发展实践，并将大数据产业作为重点规划发展的战略性新兴产业。通过近 5 年的发展，贵州省大数据产业取得了令世人瞩目的成就，其“云上贵州”等各种大数据云平台相继建成并投入运营，凸显了大数据产业作为贵州省实施“后发赶超”

重要引擎的带动作用。鉴于贵州省大数据产业已经具备了一定的发展规模，其产业形态已经在国民经济生活中起到了举足轻重的作用，本书通过研究贵州省大数据产业生态系统的演化机理来分析贵州省大数据产业的动态发展规律及其演化路径。另外，自2016年贵阳市花溪区、遵义市赤水区等多地被国家旅游局评为“国家全域旅游示范区”以来，贵州省积极推动“大数据＋大旅游”的发展模式，将智慧旅游云服务平台作为提升贵州省旅游服务质量和促进旅游产业转型升级的重要着力点。因此，本书将智慧旅游产业作为贵州省大数据产业的案例对象，探讨贵州省在大数据与旅游产业相互融合的成功经验和存在问题，并用于检验贵州省大数据产业创新生态系统演化研究的理论成果。本书在对贵州省大数据产业和智慧旅游产业进行理论研究的同时，也针对其发展问题提出了若干优化建议。因此，本书不但丰富和发展了产业经济管理等相关学科分支的理论内容，而且对贵州省的大数据产业和智慧旅游产业发展等也具有一定的实践指导作用。

本书是作者带领研究生长期以来研究贵州省大数据产业发展的若干总结。在书稿的撰写过程中，作者的研究生在收集和整理本书所需的研究资料方面做出了重要的贡献，其中：杜可、赵海东、杨钰玲、胡雨晴和沈晓芳等负责第1章的资料整理；杜可、胡雨晴和沈晓芳等负责第2章的资料整理；赵海东、杜可、沈晓芳和胡雨晴等负责第3章的资料整理；沈晓芳、张芸和杨钰玲等负责第4章的资料整理。最后，本书同时参考和借鉴了国内众多专家学者、报刊记者、政府人员和企业管理者的部分观点。作者在此一并感谢！

鉴于作者的水平有限，书中疏漏之处在所难免，欢迎读者提出宝贵意见。

李桥兴
2020年12月
于贵阳花溪

目　　录

第1章　导论 …… 1
1.1　研究框架 …… 1
1.1.1　研究背景和研究意义 …… 1
1.1.2　研究目的和研究内容 …… 2
1.1.3　研究方法和技术路线 …… 3
1.2　国内外研究述评 …… 4
1.2.1　产业集群理论研究述评 …… 4
1.2.2　产业体系理论研究述评 …… 7
1.2.3　大数据产业研究述评 …… 13
1.2.4　产业创新生态系统理论研究述评 …… 19
1.3　贵州省大数据产业的发展概况 …… 24
1.3.1　经济社会的发展概况 …… 25
1.3.2　大数据产业政策述评 …… 32
1.3.3　大数据产业发展成就 …… 37
1.3.4　大数据产业发展问题 …… 47
第2章　贵州省大数据产业创新生态系统分析 …… 51
2.1　大数据产业创新生态系统的内涵 …… 51
2.1.1　产业生态属性 …… 52
2.1.2　产业经济属性 …… 53

2.1.3 产业体系属性 …… 55
2.1.4 产业创新属性 …… 56
2.2 大数据产业创新生态系统的构成 …… 57
2.2.1 产业创新主体 …… 58
2.2.2 产业创新客体 …… 71
2.2.3 产业创新功能 …… 75
2.2.4 产业创新环境 …… 84
2.3 大数据产业创新生态系统的演进过程 …… 88
2.3.1 产业演进阶段 …… 88
2.3.2 产业演进特征 …… 92
2.3.3 产业演进生命周期 …… 97

第3章 贵州省大数据产业创新生态系统的演化机理 …… 102
3.1 产业创新生态系统的现状分析 …… 102
3.1.1 系统主体特征 …… 102
3.1.2 系统客体特征 …… 110
3.1.3 系统功能特征 …… 112
3.1.4 系统环境特征 …… 115
3.2 产业创新生态系统的演进动力 …… 120
3.2.1 系统动力因素分析 …… 121
3.2.2 系统发展绩效评估 …… 129
3.2.3 系统动力优化路径 …… 139
3.3 产业创新生态系统的演进激励 …… 145
3.3.1 系统激励因素分析 …… 146
3.3.2 系统激励效果评估 …… 149
3.3.3 系统激励提升路径 …… 159

3.4 产业创新生态系统的政策建议 ……163
3.4.1 调整培育本土企业，优化提升外来企业 ……163
3.4.2 完善市场监督机制，强化政府调控职能 ……165
3.4.3 加强对外合作基础，创新外部发展环境 ……167

第4章 案例研究——贵州省智慧旅游产业创新生态系统 ……170
4.1 智慧旅游的文献综述 ……170
4.1.1 国外研究概况 ……171
4.1.2 国内研究概况 ……173
4.1.3 智慧旅游研究述评 ……178
4.2 智慧旅游产业创新生态系统的内涵 ……179
4.2.1 智慧旅游的生态属性 ……179
4.2.2 智慧旅游的产业属性 ……181
4.2.3 智慧旅游的体系属性 ……182
4.2.4 智慧旅游的创新属性 ……183
4.3 贵州省智慧旅游产业发展现状 ……185
4.3.1 总体发展概况 ……185
4.3.2 智慧景区建设概况 ……192
4.4 贵州省智慧旅游产业创新生态系统分析 ……200
4.4.1 创新主体构成 ……200
4.4.2 创新客体梳理 ……208
4.4.3 功能作用分析 ……209
4.4.4 创新环境探讨 ……211
4.5 贵州省智慧旅游产业创新生态系统的演进过程分析 ……215
4.5.1 系统演进的总体特征 ……215
4.5.2 系统演进的动力基础 ……217
4.5.3 系统演进的激励作用 ……220

4.6 贵州省智慧旅游产业创新生态系统的演进过程优化 …… 222
4.6.1 综合提升创新主体 …… 222
4.6.2 技术深化创新客体 …… 224
4.6.3 优化系统功能模式 …… 225
4.6.4 政策保障创新环境 …… 227
参考文献 …… 228
后记 …… 241

第1章 导　论

为顺应大数据科学与技术的发展潮流，贵州省于2014年在全国率先将大数据定位为省级重要的发展战略，正式启动了贵州省大数据产业的发展之路。随着贵州省持续深入地实施“大数据战略行动”，贵州省大数据产业发展成绩逐年被国内外学界、政界和业界所广泛关注。为了使读者对本书的内容有一个基本和全面的概括性认识，作者将在第1章对本书的基础写作框架、国内外学者对相关领域的研究现状和贵州省大数据产业的发展概况等进行简要介绍。

1.1 研究框架

本节主要介绍本书的研究背景和研究意义、研究目的和研究内容、研究方法和技术路径等。

1.1.1 研究背景和研究意义

早在2005年的8月，习近平同志就提出了“绿水青山就是金山银山”的可持续发展理念。经过了10余年实践的成功证明，该理念又被写入了党的十九大报告和新修订的《中国共产党章程》中。贵州省委省政府根据习近平同志对贵州省工作的要求，于2014年提出“牢牢守住发展和生态两条底线”的发展思路。2017年，贵州省又提出和实施“大扶贫、大数据、大生态”的三大战略。国家和贵州省的一系列重要发展理念和政策思路表明，我国和贵州省正在经历一场大数据技术变革，由此可进一步推动产业升级。

2014年被称为贵州省的大数据元年，贵州省也正式向全世界宣告：贵州省后发先行，打造大数据产业基地。在实施大数据战略的最初几年，贵州省大数据产业发展就取得了初步的成就。据相关资料显示，截至2016年底，贵州省大数据三类业态（大数据核心业态、大数据关联业态、大数据衍生业态）的业务收入已经达到1264亿元，占同期全国大数据三类业态业务收入比重的

3.8%；到 2017 年，贵州省的大数据产业共有核心业态企业 39 家、关联业态企业 383 家、衍生业态企业 409 家，已经初步凸显大数据产业作为贵州省实施“后发赶超”重要引擎的带动作用。贵州省的大数据产业已经具备了一定的发展规模，其产业形态已经在国民经济生活中发挥了举足轻重的作用。在大生态战略的共同作用下，大数据产业生态系统已经形成并协同其他产业系统共同发展。因此，本书正是基于大数据产业宏观形态的特征阐述，通过研究贵州省大数据产业生态系统的演化机理来分析大数据产业的动态发展规律及其演化路径，为贵州省制定大数据产业发展政策提供科学依据，不但在理论上丰富和发展产业经济学、生态经济学和演化经济学等相关学科分支的内容，而且在实践中对科学制定和有效促进贵州省的大数据产业发展等也具有重要的指导作用。

1.1.2 研究目的和研究内容

本书以贵州省大数据产业为研究对象，其研究目的是采用产业集聚、产业演化和创新生态系统等相关理论来探讨大数据产业生态系统的演化机理，在分析贵州省大数据产业生态系统的动态发展规律等基础上，提出该产业系统的演化路径和发展策略，为贵州省大数据产业的未来发展提供参考建议，同时也为我国其他地区的大数据产业发展提供借鉴。

根据著者获取的研究资料，本书拟安排的主要研究内容及其框架如下。

（1）贵州省大数据产业生态系统研究的理论基础与发展概况。基于贵州省大数据产业创新生态系统的研究需求，重点介绍了产业集群理论、产业体系理论、产业创新生态系统理论和大数据产业发展规律等研究现状，并做了简要的述评；基于贵州省的喀斯特地形地貌和国民经济发展现状等，探讨了贵州省大数据产业的发展特征和政策情况等。

（2）贵州省大数据产业创新生态系统的分析研究基础。基于大数据产业的特定属性和贵州省特殊的喀斯特地形地貌，探讨贵州省大数据产业创新生态系统的内涵特征及系统结构；基于贵州省现有的大数据产业发展情况，分析贵州省大数据产业创新生态系统的演化过程。

（3）贵州省大数据产业创新生态系统的演化机理研究基础。基于产业组织演化理论和贵州省喀斯特地貌特征等，构建贵州省大数据产业创新生态系统演化的动力因素和激励因素等指标体系；基于大数据产业创新生态系统的发展现状和评估结果，探讨大数据产业创新生态系统的动力优化路径和激励提升路径等；基于大数据产业创新生态系统的演化路径，提出贵州省大数据产业发展的政策建议等。

（4）贵州省智慧旅游系统演化的实证研究。智慧旅游是贵州省深入实施大数据发展战略的丰硕成果之一。本书将以贵州省智慧旅游平台为案例对象，采用有关贵州省大数据产业创新生态系统演化的相关理论成果开展实证研究，既有效验证了本书的理论成果，又对贵州省智慧旅游的未来发展提供了建议。

1.1.3 研究方法和技术路线

本书综合采用文献分析、专家访谈、问卷调查、演绎归纳和数值建模等定性分析与定量计算等多种研究方法，了解和跟踪大数据产业及其相关领域的研究进展；依据产业经济学、演化经济学、区域经济学和复杂系统理论等多学科知识，较深入地分析和阐述了贵州省大数据产业的发展现状和内涵特征，揭示了贵州省大数据产业创新生态系统的演化机理和优化路径，有效提出了贵州省大数据产业未来发展的优化对策与实施路径等。本书的具体研究思路和技术路线如图 1-1 所示。

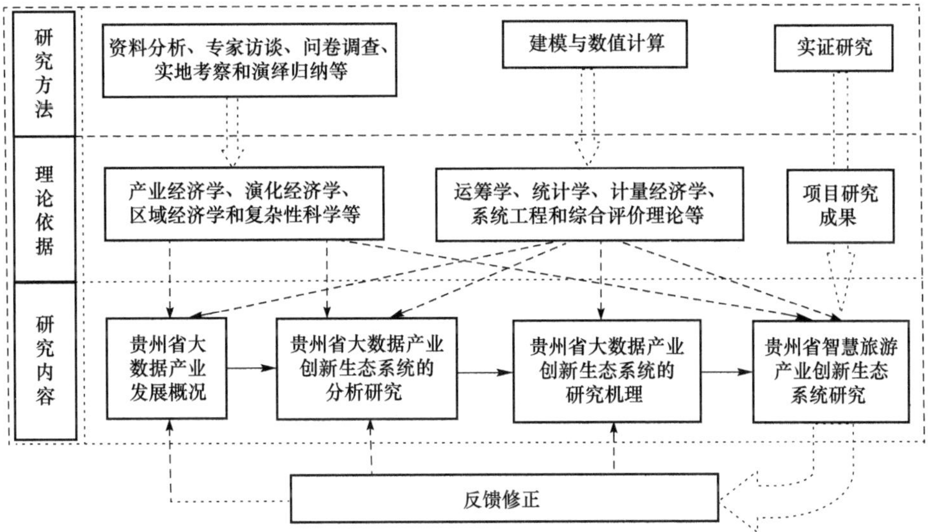

图 1-1　本书研究思路和技术路线图

1.2 国内外研究述评

本书在撰写过程中，综合采用了产业集群理论、产业体系理论、产业创新生态系统理论和大数据产业理论等分支领域的基础知识和研究成果，并丰富和补充了以上学科分支的理论知识和现实案例。基于此，本节主要介绍相关领域的基础知识、最新进展并做简要述评。

1.2.1 产业集群理论研究述评

经济社会的不断向前发展也推动着产业集群理论的相关研究由理论层面向实践层面转变，同时也不断地由实践研究成果提炼为理论研究成果。因为产业集群是提升区域产业竞争能力的一种非常有效的经济组织形式，所以在现实生产活动中越来越受到各国和地区政府的重视。目前，产业集群理论的研究成果已经非常丰富，其理论知识和内容体系比较成熟。尽管如此，学术界多从不同的研究角度对产业集群进行研究，也导致其理论观点较为庞杂，甚至于目前学术界未能形成关于产业集群的统一定义。因此，本小节对产业集群的现有研究成果进行了梳理，以帮助读者更好地理解产业集群的理论要点。

1．产业集群理论的国外研究

产业集群理论研究最初始于国外，其研究已经趋于成熟。国外学者对产业集群理论的研究成果主要集中于以下六个方面。

（1）产业集群的概念研究。起初，Porter（1998）等人强调，产业集群是若干企业在区域内的地理集中，并且这些企业与其他企业或部门可形成一种有利于竞争的聚集现象。Crouch 等（2001）则强调，产业集群首先是企业在同一领域的集中，其次才是企业在地理上的聚集，并且其目的是能够保障这些企业达成互补、促进与共同进步。OECD①（经济合作与发展组织）（2002）认为，集群是相互依赖的企业、知识生产机构、中介机构和消费者等进行相互联系的网络，并且这个网络与生产链的增值有关。

（2）产业集群的分类研究。OECD（2002）在其关于产业集群研究的分析

① https://www.oecd china.org

报告中将产业集群划分为国家层面、部门（或产业）层面和企业层面三个层次。Markusen（2016）对美国、日本、韩国和巴西四国的产业集群现状进行总结提炼，将这些国家的产业聚集情况划分为马歇尔式、轮轴式、卫星平台型和国家力量依赖型四种不同形态的产业集群类别。

（3）产业集群的竞争力与评价研究。Mytelka 等（2000）认为，产业集群竞争力就是指产业集群的能力体现，而在集群的各项能力当中则以创新能力最为重要。相对于产业集群的三个层次，Manuel（2001）则认为产业集群的竞争力是由企业层面、产业层面和国家层面三个层次的竞争力综合而成。Feser（2001)还考虑了许多动态因素对产业集群竞争力的影响情况，并分别从时间、空间、交互性三个方面对竞争力进行评价和分析。

（4）产业集群的可持续发展研究。Tichy（1998）曾指出，若产业集群需要保持其可持续发展则有两条可行途径，即集群静态网络要保持其集聚经济的优势和集群网络要控制其成本上升。Kuchiki 等（2007）则认为，基础结构、制度框架和政府支持等才是维护产业集群可持续发展的三个必备条件。

（5）产业集群的生命周期研究。Krugman（1991）认为，产业集群的一个典型成长周期包括了集群形成、持续增长、饱和与转型、衰退以及解体或复兴成长五个阶段。但是 Andersson 等（2004）学者则从集聚经济的角度来研究产业集群的生命周期，并认为集群一般要经历产业集聚、集群诞生、集群发展、集群成熟和集群转型五个不同的发展阶段。Martin 等（2011）在对集群生命周期法研究的基础上，提出了新的产业集群的适应性周期模型。

（6）产业集群对城镇化的影响研究。国外部分学者，如 Mills 等（1994）阐述了产业集群对城镇化的影响，并认为产业集群的集聚扩散过程和集聚空间分布格局等是城市化发展的主要动力，而产业集群战略则可在促进城镇化的形成、发展、扩张和更新等方面具有重要的研究意义和应用价值。Porter（1998）通过对多个工业化国家的产业集群与城镇化发展等现状进行考察，发现产业集群在很大程度上体现了一个国家的产业竞争力，因而建议政府应该有意识和有目的地引导、培育和规划区域产业的集群发展。

2. 国内学者对产业集群的研究

国内学术界开始研究产业集群理论的起步较晚，起初基本上是基于国外研究基础，侧重对理论进行介绍。但随着我国经济的快速发展，国内学者将产业集群的理论知识与我国经济发展实践相结合，初步形成了具有我国特色的产业集群理论。其研究内容主要集中在以下四个方面。

（1）产业集群的本质特征研究。李二玲等（2007）认为，集群内部各企业间的网络联系和集群拥有的竞争优势成为产业集群的本质特征。张涌等（2008）基于制度理论探讨产业集群，认为其本质就是一种制度性安排，其形成机理就是采用其经济和安全等方面的功能来诱导市场制度和企业制度等朝着产业集群制度的方向演进，并基于这种诱导性和强制性使得相关制度共同产生变迁，并一起推动产业集群的形成和发展。刘会学等（2015）认为产业集群的特征也体现在其核心企业的异质性特征上，而企业家能力、人才集聚力、技术创新力、市场领导力、产业影响力、产业链整合力六大特征要素对产业集群中的其他企业产生积极影响。

（2）产业集群的形成机制研究。国内学者从不同角度阐述了产业集群的形成机制。如仇保兴（1999）基于专业化分工探讨小企业集群的形成机制是因为小企业需要改变其生存环境而采取的联盟模式，并且认为其所处的人文环境处于比较重要的地位。戴卫明等（2005）则把产业集群归因于企业生产和产品运输等成本因素、行业的市场需求函数以及由此形成的区域效应和集聚效应等。而姜彩楼等（2008）则认为创新集群是由于新企业的持续产生、参与者在网络内部不断创新和集群制定的发展战略三种因素的相互作用结果，而创新集群最主要的两种形成路径即自下而上的隐性路径和自上而下的显性路径。周成等（2018）通过研究证实产业集群对知识溢出有正向作用，而技术激励政策有助于产业集群的形成。

（3）产业集群的竞争力与影响因素研究。国内学者比较关注这个领域的研究工作。如徐康宁（2001）认为我国产业集群的竞争力与经济开放程度呈正相关关系，因而中国需要在开放环境下合理运用产业要素变动和经济地理变迁的有利因素来加快国内产业集群发展。蔡宁等（2002）认为，决定产业集群竞争力的因素不但包括企业协作与竞争行为、产业关联性、要素条件和需求条件等主要因素，而且包括环境和政府等辅助因素。李新春等（2004）认为我国产业集群已经形成路径依赖并集中于廉价品制造，但提升国内产业集群竞争力的最有效途径则是制度创新。吴松强等（2018）认为产业集群网络的网络稳定性与位置中心度对于产业集群中的企业竞争力有积极作用。赵璐（2019）提出中国产业集群竞争力的提高主要是学习发达国家产业集群网络化发展经验，创造性地形成“一核心、三机制、五步骤”的中国产业集群网络化发展路径。

（4）产业集群的创新与升级研究。该领域是近十年国内学者的关注要点。如朱英明（2003）认为创新优势是产业集群基于经济全球化背景而涌现和不断发展的成果。姜彩楼等（2008）界定了创新集群的内涵，认为大多数具有经济用途的知识都具有隐性的特征，且创新集群的形成路径是自下而上的。朱海燕（2008）认为，随着产业集群内外部的环境和需求的变化，各产业集群的功能以及集群内部的经济、社会和文化等结构也会出现阶段性演变。陈海华等（2010）认为，创新集群是产业集群的发展方向，其核心竞争力是通过持续创新的价值创造来实现。周阳敏等（2020）提出产业集群的协同创新主要体现在产业集群的高质量创新方面，并按照价值链、产业链、知识链的路径进行质量的创新升级。马中东等（2020）认为国家质量基础对于产业集群的质量升级具有积极影响，而产业集群的质量升级有助于提高该产业的国际竞争力。

3．产业集群研究述评

产业集群作为一种能有效提升区域竞争力的组织形式，越来越受到政府的重视。随着产业集群理论研究的不断深入和经济社会的发展变化，学术界已经从理论层面逐步向实践层面转变。尽管学术界基于产业集群的不同角度的研究取得了较为丰富的成果，但是学者们并没有形成对产业集群的统一认识。因此，对产业集群的理论成果进行梳理可有效帮助读者更好地理解产业集群理论以及发挥其对区域经济发展的指导作用。

1.2.2 产业体系理论研究述评

产业体系主要是从系统论的角度对各个产业的相关发展问题开展研究，它是指在一定时间和空间范围内，某类产品或服务在其生产、运营、研发和教育培训等各个活动环节和运作流程中形成的，从而使其内部各要素达成一种相互影响、相互配合、相互协调和相互融合的一个复杂的系统体系。在一个区域经济中，地方政府着力构建一个健全合理的产业体系，不仅能够有效促进该区域某产业的可持续发展，而且通过辐射效应有效带动区域内其他产业的健康发展，从而提高该区域整个产业体系的稳健性和竞争能力，加速该区域产业体系的现代化进程。这里将介绍国内外产业体系领域的研究现状并做简要述评。

1．国外产业体系理论的研究

尽管国外早期的文献在研究产业经济时也基本涉及系统或体系的概念，但国外学者并没有明确提出“产业体系”（industrial system）的概念，因而国外学术界也没有一致认可这种提法。直到20世纪80年代，因为国外主要资本主义国家的科技实力得到进一步加强，其交通网络更加发达和完善，促进这些国家的经济社会获得快速发展，并因此导致其社会经济快速构成了一个错综复杂的网络结构。在此情况下，伴随着系统论及其各分支学科理论的不断产生、不断丰富和逐步完善，国外学者也相继采用系统论方法开始对“产业体系”进行相关的理论研究和应用实践。

（1）早期基础研究。产业体系最早可追溯到20世纪30年代的资本主义经济危机时期。英国经济学家费希尔（Fisher）于1933年根据相关的经济统计数据，把农业生产活动和工业生产活动之外的其他经济活动分隔出来并统一称为第三产业，其三次产业划分思想拉开了学术界对产业体系形态认知的序幕。随后，美国经济学家克拉克（Clark）于1957年在观察研究就业人口数量时，总结发现了一个国家的就业人口在三次产业活动中的数量分布规律，并由此提出了著名的“配第－克拉克定理”，即随着经济的不断发展和人均收入水平的提高，高级产业人口的就业数量逐步增多，而低级产业的就业人数则逐步减少。在克拉克等人研究成果的基础上，美国经济学家库茨涅兹（Simon Kuznets）等基于横断面数据和时间系列等分析手段，于1989年进一步深入研究就业人口和产业活动之间的关系时指出，产业结构的变动与人均国民收入的变化二者之间存在着重要的联系。同时，美国经济学家Chenery等也在1989年运用了不同于库茨涅兹的研究方法，将一国经济发展的工业化过程划分为初级、中级和高级三个不同的阶段并计算出各个阶段的标准产值，由此形成了钱氏的“工业化发展模型”，其研究在广度和深度上都对产业体系研究有了较大的扩展。此后，其他经济学家，如赫希曼、罗斯托、筱原三代平、霍夫曼等提出的相关理论也深刻地影响了产业体系理论的发展进程。特别地，俄罗斯经济学家Tikhomirova（1997）等则更加关注产业的发展潜力，并强调产业结构不但会深刻影响产业的长期收入，而且其与产业中的员工附加值、员工薪酬、全球贸易、部门出口强度、研发强度等直接相关；同时这些指标共同构建了产业结构的收入潜力指数，并可用于评价一个国家产业体系的发展状况。在这些早期经济学家们的共同努力下，产业体系理论虽然没有提出明确的概念，但其成果已经初步具备了产业体系的雏形。

（2）方法应用研究。产业体系着眼于系统论视角探讨产业的发展问题，因而其理论研究和应用研究均特别重视系统理论和系统科学的方法应用。如 Dietzenbacher（2000）以及 Sasaki 和 Ueyama（2009）等运用投入产出分析法，通过控制具体部门的输入输出变量或产业部门的特征变化和影响关系等，来判断产业间关系和经济发展的影响。Peneder（2003）运用偏离 – 份额分析法研究 28 个国家在 1990—1998 年的经济数据，探究产业结构、人均国民收入和经济增长等的关联情况。Baas 和 Boons（2004）采用了社会科学的框架分析方法探讨某区域的产业生态体系。Schoor 等（2014）采用能源框架图分析和优化大型产业体系。Garg 等（2014）构建了基于 Lambda-Tau（ABCBLT）的人工蜂群（ABC）算法来分析产业体系的模式。Cioca 等（2015）则从风险管理视角构建系统危害模型来研究复杂产业体系的结构、功能和行为等。

（3）实践应用研究。产业经济学作为应用经济学的重要分支，其研究更需要面向现实的生产领域和经济部门。国外大多数学者也一直关注产业体系的实践研究。如 E. Porter（1998）论证了高端制造业的发展必须与高端的现代服务业相匹配，同时高端现代服务业的持续向上发展也有赖于高端制造业的稳健发展。Yamamura 等（2007）以日本制造业 40 年的发展数据证实了产业布局对产业发展有相当大的影响，而产业集聚也直接影响了产业结构进而影响区域的产业系统发展。Accetturo 等（2013）指出，意大利产业体系生产力的不理想和国际竞争力的衰弱与当前国际形势和企业内部因素等都有一定关系。

2. 国内产业体系的研究

随着国内不断加强改革开放的力度，我国的经济也呈快速增长的趋势。目前，我国工业化程度已经较为成熟，开始从农业大国转向工业大国并且逐步向工业强国靠拢。在逐步向社会主义现代化国家迈进的过程中，我国经济发展又迎来了新的战略机遇期。国家领导人不断适应新常态开拓新思路，以开放创新和服务大局的全新姿态寻求国内各区域间和国际各地区间产业增长转型的新方式。我国学者也立足于新技术、新能源、新方向等对国内现代产业体系开展思考和研究。

（1）产业体系的内涵特征研究。十九大报告指出：建设现代化经济体系是跨越关口的迫切要求和我国发展的战略目标；要着力加快建设实体经济、科技创新、现代金融、人力资源协同发展的产业体系。随后，国内多数学者认真探讨了现代产业体系的内涵特征并取得了较为丰硕的成果。陈建军（2008）认为，基于中国国情构建现代产业体系就是探讨新阶段产业发展的新走向，也是优化升级产业结构新的思路，更是为逐步实现资源节约型和环境友好型的社会体态；他同时提出，现代产业体系是现代化农业、现代化工业、新兴服务业相互协调、相互融合的系统。刘明宇等（2009）认为，现代产业体系的概念是随着客观经济发展而动态变化的，但其基本特征要在现阶段表现出明显的竞争优势并能够引导产业体系的未来发展方向。唐家龙（2011）认为，产业体系是否先进和现代化取决于经济发展过程中工业化的程度以及高新技术在服务业中的运用情况。王新新（2012）认为，现代产业体系是某特定范围内若干企业基于地理和经济关联的集合，并且该企业集合既相对于外部企业而言更具有竞争力，也相对于内部企业而言拥有更紧密的联系；他同时认为，是否应用前沿科学技术、是否对现代科技发展有贡献和是否有利于经济可持续发展等是判断某产业体系已经成为现代产业体系的基本标准。姚星等（2015）认为，现代产业体系不应该仅局限于一个或有限几个的产业而应包括各个不同的产业和部门，并且这些产业和部门共同构成了一个支撑经济社会发展的、涵盖范围广和动态发展的复杂产业系统。谢泗薪等（2016）认为，现代产业体系就是由具有创新性强和适应力高的产业所组成的、同时具备“开放、协调、动态发展、相互融合”等特征的新兴产业集合。付保宗等（2018）认为，现代产业体系其实就是一种能够直观反映经济发展水平并衡量产业发展水平的经济结构构成方式。

（2）产业体系的发展演化分析。现代产业体系演化研究着重探讨现代产业体系发展的一般模式、演化的普遍规律和普适性的方向路径等。其研究成果将在指导区域经济的未来发展中发挥指导性作用。张耀辉（2010）认为，政府扶持现代产业体系发展应重视创新性企业的带头作用，而中国的市场经济模式向现代产业体系方向推进，需要结合国家经济发展状况以及具体国情进行现代产业匹配。刘文勇（2014）认为，促成现代产业体系需要具有前瞻性和科学性的产业规划与区域布局，而关键路径是宏观层面的政策部署，需要基于“点、线、面”全面展开针对性的推进工作，才能使区域的产业结构和产业布局更具有创新能动性和实践操作性；同时，微观层面的生产制造也应该形成管理、生产、研发、应用的闭环循环来保证创新、科研、制度的相互协调和同步演进。张伟等（2014）认为，中国现代产业体系的构建路径只能针对各个特定的区域，并需要合适的工业化程度和较强的产业体系相互协调，以及注意产业间分工和产业内产品均衡等。詹懿等（2015）通过对国外发达国家产业体系的研究，整理出现代产业体系的5种良性可持续的产业发展模式，包括政府推动型、企业主体带动型、军民融合推进型、关键技术推进型以及核心产业推进型等。魏庆文等（2018）指出，创新驱动对现代产业体系构建具有重要作用，具体创新活动包括技术创新、组织创新和制度创新等，对现代产业体系演进能够产生重要的协同影响作用，并建议我国实施创新驱动推动现代产业体系建设要加强顶层设计、协同驱动、因地制宜等工作方案。芮明杰（2018）依据日本产业结构的升级发展经验指出，技术创新才是现代产业体系的基础，同时提出构建国内现代产业体系的具体发展思路。付保宗等（2019）针对当前我国产业体系态势探讨实体经济、科技创新、金融和人力资源为一体的产业体系协同发展，避免产业体系陷入内生矛盾的协调僵化状态，为经济发展方向提供指引路径。

（3）产业体系的实践应用研究。针对不同区域构建具体的现代产业体系，或实现特定区域现代产业体系的升级优化是目前国内现代产业体系应用研究的主要内容。

① 不同区域现代产业体系的构建研究。有的学者针对我国幅员辽阔的特点，将中国整个国家的经济产业看成一个系统，将各省份的产业看作体系内的重要组成成分进行分析。如张克俊等（2015）着重分析了我国各农业大省产业体系的制约因素和主要作用，提出构建现代农业产业体系的发展路径和政策建议。冯俏彬（2018）则从现代产业体系的基础制度建设出发，进一步阐述现代产业体系需要构建包括作为驱动力的创新、作为拉动力的消费和作为主要展示形式的服务业，并建议通过以税收改革为代表的制度改革强化我国现代产业体系的薄弱部分。盛朝迅（2019）提出制约我国现代产业体系构建的五个影响因素分别为：实体经济的领导地位不强且欠缺进一步发展动力；关键要素的短板效应明显且支撑力需要进一步提高；产业间结构搭配不合理造成资源的浪费；产业协同存在障碍；体系内部制度僵化不利于产业活力提高，并从产业培育、环境治理、制度优化、机制构建和资源协调等角度提出优化措施。陈曦（2020）也通过借鉴国外先进的现代产业体系构建经验并根据我国现行产业体系的特征，建议从创新供给、金融服务、资源支撑以及提质增效等方面共同促进我国

现代产业体系的构建。

② 特定区域现代产业体系的优化研究。部分学者针对特定区域从经济结构整体角度来探讨该区域现代产业体系的优化问题。如乔代富（2013）针对安徽省现代产业体系存在的一些问题提出以下建议：采用新兴技术改造传统产业、通过优势产业和新兴产业扶持引导其他产业、基础设施需要升级更新、企业结构注重改良以及产业布局升级优化等。侯颖（2014）指出，河南省产业体系存在第一、第二产业比重过大而影响第三产业发展，以及传统生产要素影响现代产业体系去冗余升级等问题，并提出河南省的现代产业体系需要在内部增强生产研发和运营管理，在外部还需要推动新兴产业入驻和吸引外资等。赵儒煜等（2019）针对振兴东北的时代要求，具体分析了以往东北经济的制约因素，从现代产业体系的战略角度提出包括产业创新升级、产业布局优化、产业体系重构和城乡结合发展的东北产业布局和体系优化发展路径。刘冰等（2020）通过构建现代产业评价指标体系并采用山东省各年份数据分析当前山东省现代产业体系的问题和短板，提出产业体系升级优化的针对性建议。

③ 特定区域具体产业的升级研究。部分学者认为，通过若干具体产业的升级改造，可实现特定区域现代产业体系的优化升级。如周权雄（2010）对广州市的高新技术产业和服务业进行研究分析，探索广州市打造现代产业体系的发展路径。刘波等（2016）认为江苏省现代海洋产业体系的发展路径是先对海洋产业进行细分，再对分类后的产业提出具体发展方向。姬冠等（2019）梳理了湖南省农业的生产体系、经营体系与生产力间的作用关系，针对湖南农业大省的现代农业体系内部结构性矛盾问题，提出科技产业和三化融合促进现代农业产业体系提升的具体路径。

3．产业体系理论的研究述评

产业体系着眼于采用系统论观点探讨产业的集群集聚关系和经济结构的优化升级问题。当前，国外较少有学者直接研究产业体系发展的相关问题，而国内学者则注意关注现代产业体系的内涵特征和现行产业体系的优化升级路径等。一般而言，大多数学者普遍认同现代产业体系需要强化科技和创新、产业间的合作开放和协调发展等。将要素投入驱动转为创新驱动是实现现代经济增长的新方式，也有利于以合作创新、开放共赢的方式促进现代产业体系的构建。但是，我国幅员辽阔，不同区域地理社会经济等环境差异性较大，因而，各特定区域的现代产业体系构建也是国内学者的研究重点，同时也是现代产业体系理论研究和实践研究的长期趋势。

1.2.3 大数据产业研究述评

大数据产业是依赖于大数据科学和技术的发展而出现的一种经济活动。随着现代信息技术特别是互联网、云计算、人工智能等的快速发展，数据存储量变得非常庞大，同时数据资源的应用价值也更加得到凸显。为了充分利用数据资源，国家政府部门和行业生产单位纷纷鼓励围绕大数据价值开展相关的生产实践和服务活动。在这个经济大背景下，学术界也展开了大数据产业的相关研究。

1．大数据产业的国外研究现状

大数据的概念首先由国外学者提出，同时大数据产业在国外发展也比国内早。经过文献梳理发现，国外学术界关于大数据产业的研究内容主要集中在产业形成与发展、产业相关技术和产业应用实践三个方面。

（1）大数据产业的形成与发展研究。大数据产业的形成与发展先于大数据概念的提出，因此国外的大数据产业实践已经经历了一段较长的发展经历，同时学术界对大数据产业的研究工作也在相继被重视。Shang 等（2015）提出，有效的大数据产业生态系统应该包括数据所有者、应用程序创新者、技术领导者和开放 API 平台等，并指出大数据产业不仅需要考虑吸引大众参与和满足工业与社会发展的需要，还需要注重价值创造举措并且其首要任务应该是促进行业数字化并寻求创造数字化产业的机会。Soonduck 等（2015）基于 15 个不同的案例对大数据产业的服务模式发展进行了研究，提出大数据产业的商业模式可分布于引入、成长和成熟三个发展阶段，即引入阶段表现为持有数据的公司从事数据提供业务，而其他公共机构和公司则可以获得新的数据资源；成长阶段表现为相关公司提供基于数据分析的解决方案；成熟阶段则表现为持有数据的公司开发一些直接服务，并为不同需求的消费者提供独特的服务。

（2）大数据产业的相关技术研究。国外大数据产业最初表现为大数据技术的研发和生产，因此大数据产业的相关技术研究也得到国外学术界的广泛关注。Lee（2017）认为，大数据代表了一种高速、大容量、多样性的数据生成的新技术范式，并通过大数据的集成视图追溯了过去 20 年大数据的演进过程；然后讨论了结构化和非结构化数据处理所必需的数据分析，并展示了商家评论数据的分析示例和评估大数据对关键业务绩效的影响；最后讨论了若干大数据在技术和管理等方面将会遇到的挑战问题。Oussous 等（2018）探讨了数据开发应用的重要性，提出来自不同部门的组织将越来越依赖从大量数据中提取的知识并需要合适的大数据技术组合的应用需求；同时比较分析了数据的存储处理、查询访问和管理维护等不同的应用系统层面，并针对不同层次中所采用的大数据技术的优点、用途和特点等方面进行分类探讨。

（3）大数据产业的应用实践研究。国外学者多针对特定产业展开大数据技术开发和大数据管理模式等方面开展实践应用研究。如 Bilal 等（2016）指出，建筑业已经涉及对大量异构数据的处理，但大数据技术在建筑行业中的应用还处于起步阶段。Maribel 等（2017）以跨国公司博世汽车为案例探讨了基于数据的收集与集成、存储和传输、处理和分析等方面挑战并构建了大数据分析框架，同时指出在工业 4.0 中加入数据的数量、种类和速度，将为加强企业可持续创新提供重要机遇。Huang 等（2017）从数据量、数据类型和传输速度三个方面论述了大数据的主要特征，并探讨了工业大数据的分析应用。Zhang 等（2018）针对能源密集型产业提出了一个大数据驱动的分析框架，以降低其对应制造业的能源消耗和尾气排放等，其中涉及的两个关键技术包括能源大数据的采集技术和挖掘技术等。Mohammadpoor 等（2018）认为，油气行业已成为一个海量数据密集型产业，目前其大数据应用主要包括了地震和微震数据分析、油藏表征和模拟的改进、钻井时间的缩短和钻井安全的提高、生产泵性能的优化等各个方面，并指出大数据分析虽然在油气行业中的重要性越来越突出，但是行业内对大数据还缺乏业务支持和认识，以及存在数据质量和问题复杂性理解等大数据应用挑战。Tiwari 等（2018）认为，从端对端供应链管理实践已经产生海量数据，但是还需要加强解决由海量数据而产生的捕获、组织和分析等新技术问题，即大数据分析将成为帮助解决这些问题的最佳技术。Liang 等（2018）提出，商务智能是应用数据分析生成价值信息来支持业务决策的重要应用领域，而计算机科学和管理信息系统是推动大数据和商业智能相关研究的两个核心学科。

2. 大数据产业的国内研究现状

自2014年3月李克强总理在政府工作报告中首次提及“大数据”以来，国务院及地方各级政府相继发布诸多有关大数据的政策文件，如《促进大数据发展行动纲要》（国发〔2015〕50号）等。因此，大数据被国家和其他若干省份相继作为其发展战略之一。同时，《大数据产业发展规划（2016—2020年）》等文件则在促进我国产业结构的转型升级和推动国家经济的高速发展等方面均发挥了重要作用，也促使国内学者开始密切关注大数据产业的研究工作。通过整理文献发现，国内大数据产业的研究成果主要包括以下四个方面。

（1）大数据产业的内涵特征。目前，学术界基于不同的理解视角对大数据产业的内涵和特征展开了探讨研究，但还未形成统一的认知。有关大数据产业的内涵方面，国内学者普遍围绕以“数据”为核心展开讨论。部分学者，如陈立枢（2015）、朝乐门等（2016）从大数据技术属性的角度出发，认为大数据产业实质是一类信息服务业，是互联网、物联网、新一代信息技术发展的衍生产物；周曙东（2017）进一步指出，大数据产业其实是以来自互联网、物联网等各个行业活动所产生的海量数据为基础，为提供数据的收集处理、存储传输和价值挖掘等一系列服务活动的产业。还有部分学者基于价值链的广义视角探讨大数据产业的内涵，如池莲（2015）认为大数据产业不仅包括数据的采集、加工等数据服务部分，还包括为数据服务而提供硬件支撑、软件研发以及网络工程建设等部分；李桥兴等（2020）基于产业经济理论视角，认为大数据产业是以大数据价值为基本属性，并为实现该属性而涉及的一系列经济活动的集合。有关大数据产业的特征方面，部分学者如韩先锋等（2016）和廖劲为等（2018），从技术、服务、价值、决策等多个方面探讨了大数据产业本身所具备的特征，并一致认为大数据产业具备数据资产化、服务个性化、决策智能化、技术密集化和高级化五大特征；刘岩（2015）则认为大数据产业还应该具备其特有的特征，如价值性、复杂性和创新性等；刘岩（2015）和邓子云等（2017）认为大数据产业还具备产业倍增性特征。除此之外，也有学者如朝乐门等（2016），剖析了我国大数据产业在发展过程中存在的“信息孤岛”、产业生态体系尚未健全、大数据交易的规范化程度有待提高等问题。

（2）大数据产业的培育问题。培育路径和发展能力培育等是大数据产业培育问题的主要内容。有关大数据产业培育路径的研究，如池莲（2015）认为大数据产业是通过大数据产业的价值链和大数据产业园而形成，大数据产业价值链（即大数据产业链）并非为单一链条，而是包括了基于数据本身、基于思维、基于产品和服务三类企业；而大数据产业园则为产业集群和技术孵化提供发展条件，是大数据企业向产业化转变的重要场所。又如，薛风平（2020）基于政府推动、产业平台、产业生态圈和产业集群等方面构建相应指标，研究了大数据产业的成长状况，并以31个省市为样本进行定量测算，提出我国大数据产业的培育路径为：政府着力优化大数据产业生态；产业生态圈促进产业平台发挥其积极作用，产业平台则推动产业集群向前发展；最后由政府通过产业平台和产业生态圈等间接推进产业集群的演化发展等。在大数据产业的发展能力培育方面，曹亚东等（2018）基于产业生命周期理论将大数据产业分为初创期、成长期、成熟期和稳定期四个发展阶段，并分别讨论处于每一阶段的大数据企业其大数据能力培育的侧重点，具体为：处于初创期的大数据企业应主要关注基础设施建设和数据资源整合的基础能力，具备大数据思维以保证后期关键技术的开发和应用；处于成长期的大数据企业应侧重大数据存储、挖掘、智能分析等作业能力；处于成熟期的大数据企业不仅需要重点关注大数据应用变现能力，还需关注大数据管理能力；处于稳定期的大数据企业则应以大数据发展能力为重点，围绕协同创新而展开。

（3）大数据产业的发展研究。该方向是大数据产业研究成果较为丰硕的领域，并且国内学者主要集中于国内大数据产业的发展现状、影响因素、发展能力、发展效率和产业演化等五个方面。关于大数据产业的发展现状研究，学者们普遍认为我国的大数据产业发展已经呈现出良好的态势。茶洪旺等（2018）提出，我国已基本形成了大数据的产业形态，并且该产业主要包括数据资源、产品技术和数据应用三大部分；同时在空间上也开始呈现出区域的聚集状态，初步形成了由互联网巨头企业牵动发展的竞争格局，数据交易活动也越来越活跃。陈立枢（2015）指出，我国的大数据产业发展平台正在逐步建立起来，并且随着数据量的持续增长，大数据产业的发展空间将进一步扩大；但同时大数据产业还面临着资源配置效率较低、数据安全管理薄弱和产业链不完整等发展困境。部分学者关注区域的大数据产业发展，如崔宏桥等（2020）以吉林省为案例对象，从核心要素、支持要素、环境要素三个方面采用定性手段梳理了该区域大数据产业的发展现状。还有部分学者基于比较视角侧重于梳理不同国家的产业发展优势，并延伸至国家层面探讨了大数据产业的发展问题，如汪晓文等（2016）基于波特菱形理论对中、日、美三国大数据产业发展进行对比分析后发现，中国大数据产业尚处于初级发展阶段，但发展空间巨大并具备较明显的本土特色。在大数据产业发展的影响因素研究方面，国内学者主要关注大数据产业发展对区域经济发展的影响。例如，闵媛媛（2020）基于2008—2018年我国各省会城市的相关面板数据进行分析后发现，大数据产业发展对我国省会城市的商业化程度影响呈正相关关系；刘倩（2019）则在探讨大数据产业对济南市科技创新的发展影响时发现，大数据产业的创新活跃程度对全社会研发投入和发明专利授权量、区域高新技术产业产值和技术合同成交额水平均具有直接的正向影响。在大数据产业的发展能力研究方面，沈俊鑫等（2017）将BP神经网络模型应用于欠发达地区大数据产业发展能力的评价研究，特别是以贵州省为实验样本验证了这种思路的可行性；沈俊鑫等（2019）从区域发展基础支撑能力、信息产业技术创新能力、信息资源开发利用能力、信息化及信息产业总体水平能力4个维度界定因素变量，并以我国31个省市的相关数据为样本，运用fsQCA方法验证了4个维度的变量组合对大数据产业发展能力的影响。在大数据产业的发展效率研究方面，有学者基于产业发展现状对我国大数据产业的增长及效率进行了实证研究，如李向阳（2020）先从宏观环境因素方面选取劳动力投入、资本投入、技术投入、信息化水平、金融支持和政府支持6个指标，并结合Cobb-Douglas生产函数构建大数据产业增长影响因素的计量模型，再从内部微观角度选取收益水平、资本结构、资本运用能力、企业成长潜力4个指标建立DEA评估模型，从而测算出我国当前大数据产业的发展效率。另外有学者从技术层面探讨了大数据产业的发展效率，如李鹏飞等（2014）通过大数据技术专利的申请量、法律状态、申请人区域分布、申请人排行四个方面分析了中国大数据技术的发展现状，认为目前中国的大数据技术发展正处于突破期，具有较高的新颖性和创新性，同时专利申请人主要集中在高校和IT企业；韩先锋等（2016）利用DEA模型对2008—2013年中国大数据产业技术效率的测算结果表明，大数据产业技术效率及其构成总体的变动均存在较明显的区域差异；邸晓燕等（2018）提出智能产业技术创新力的概念，指出可借鉴美国产业技术全景图的方法来分析我国的大数据产业链、发展特征以及技术创新能力。在大数据产业的产业演化方面，国内学者主要关注了产业链演化、演化机制以及协同演化三个方面。例如，张铁群等（2020）指出，基于数字经济和技术变革的经济背景，国内大数据产业链也面临着结构演变，即从传统的线性映射结构向包含供需链、价值链、企业链和空间链的多维空间结构演化；李桥兴等（2020）基于哈肯模型，以我国17家大数据上市企业为样本对大数据产业的演化机制进行分析，其结果表明，劳动生产率是大数据产业演化的主要支配变量；郭皓月等（2019）基于协同学理论并通过数据测算和拟合手段探讨电子商务与大数据产业的协同演化关系，认为国内电子商务－大数据系统的协同程度尚处于较低的发展水平。

（4）大数据产业的政策研究。在国内大数据产业发展如火如荼的初期，国家相关部委和地方政府相继出台了涉及大数据技术开发、大数据社会治理和大数据产业发展等诸多方面的政策文件，积极规划和引导国内各区域的大数据发展。因此，为了探讨国内大数据相关政策的完备情况和演化特征，部分学者基于比较和演化的视角较深入地探讨了国内大数据产业的有关政策。如谢卫红等（2018）提出中国与英国、法国、美国和澳大利亚等其他国家的大数据产业政策在要素供给、数据隐私与安全保护、顶层设计、标准体系建设等方面均存在一定的差异性。张涛等（2020）基于文本相似度方法对国家层面与地区层面的大数据政策进行了比较分析，发现两者之间既存在相似性又有着差异性，即部分地区普遍关注数据资源的开发和安全保障体系的构建，而各地区在创新发展定位方面则各有侧重。刘亚亚等（2019）以大数据政策文件为研究对象，对政策文本进行量化分析后获得我国大数据政策的演化脉络为：2000—2009年为国内大数据产业的奠基部署阶段，此时国家和地方政府主要关注网络基础设施的建设，但大数据产业在企业界还只是处于模糊认知阶段；2010—2014年为大数据产业的培育与创新发展阶段，此阶段有物联网、云计算和大数据的技术和概念被相继提出，大数据产业开始被部分互联网巨头和商界有识之士所关注并实施；2015年至今为大数据产业体系的建设阶段，此阶段大数据被上升至国家战略层面，国内大多数区域普遍开始规划和规范大数据产业的发展。

（5）大数据产业的其他研究。国内学者除了主要集中在大数据产业的内涵特征、培育路径、发展问题以及政策分析四个方面的研究工作之外，还有部分学者分别探讨了大数据产业的战略价值（王伟玲，2015）、统计标准（周曙东，2017，2019）和产业融合发展（董亚琦等，2018）等相关问题。

3. 大数据产业的研究述评

尽管大数据产业在学术界还是较新的研究领域，但是由于信息技术和网络技术的快速发展以及大数据思维、大数据科学和大数据技术在生产活动中被逐步发现、开发和应用，因此大数据产业获得了企业界的实践和政府界的扶持，从而学术界也很快展开了大数据产业的理论和应用研究并取得了较丰硕的成果。在对国内外相关文献整理发现：国外学者比较注重应用实践研究，其成果较多关注大数据产业的案例研究；国内学者既关注基础理论（如大数据产业的内涵特征、发展培育、构建思路和政策建议等方面）的研究，也关注大数据产业的案例实践和具体应用等方面的研究，既有基于演绎归纳等定性分析成果，也有采用数据建模等定量分析手段。虽然国内外学者针对大数据产业研究已经取得了较丰硕的成果，但是大数据产业作为一个复杂经济系统，其基于系统论角度研究的成果还是较少且相关研究还处于起步阶段，而其产业系统分析的广度和深度方面都有待深入。

1.2.4 产业创新生态系统理论研究述评

创新生态系统最早出现在商业经济管理和产业经济管理等研究领域。该概念采用自然生态学中的研究方法来分析处于特定环境中的企业及其相关合作伙伴分别在创新价值链中的位置，以及企业及其伙伴之间存在的主体关联、要素流动、共生演化和环境生成等复杂情况。尽管创新在经济管理领域已存在多种分类，但相对于已有的其他创新范式，创新生态系统则更加注重其本身的可持续性发展情况，并且兼顾其他所有创新主体对系统环境的共同营造情况，同时也实现了创新评价从单一追求经济价值过渡到向社会、经济、生态和文化等多维度价值并重的转变。

1. 产业创新生态系统的国外研究现状

国外学者在产业创新生态系统研究领域的成果主要包括以下内容。

（1）产业创新生态系统的发展过程及内涵特征。国外关于创新理论的研究可以追溯到1912年，英国经济学家Freeman（1974）首次定义了创新，即企业在生产制造和运营管理的过程中，首次将对新产品的引用或在研发、生产、财税、管理和营销等流程中进行改造或引进的过程称为创新。Freeman（1989）首次基于宏观角度提升了创新系统的概念并重新提出“国家创新系统”，同时基于这个新名词解释了二战后日本经济迅速崛起的规律。然而，由于日本随后进入了“失落的十年”，因而“国家创新系统”逐渐不被学术界关注。但与此同时，美国却因为“硅谷模式”的成功实践而让创新系统研究重新进入了企业界和学术界的视野。硅谷实践所展示出来的强大的区域经济活力、产业持续发展力和公司显著竞争力等，为研究人员研究创新活动提供了现实素材。《硅谷前锋：创新创业的栖息地》和《区域优势：硅谷和 128 公路的文化和竞争》对硅谷深入而生动的剖析迅速获得了人们的关注，并认为不可复制的生态性是硅谷取得巨大成功的重要原因，加深大家对“创新生态系统”的认识（萨克森宁，2000；李钟文等，2002）。但是，“创新生态系统”却是美国总统科技顾问委员会（PCAST，2004）在 2003 年正式提出的概念。同时，Adner（2006）将商业生态系统进一步转变为创新生态系统，并对此研究做出了巨大的贡献。显然，学术界对创新的研究正是基于日本经济的赶超和美国经济的再振兴等世界经济发展的大背景之下，并经历了从创新到创新系统再到创新生态系统的演变。因此，创新生态系统正是世界生产力升级的直接成果，也是第三次工业革命前进的动力。

有关产业创新生态系统的内涵和特征，国外学者基于不同的角度有不同的认识。Malerba 等（2009）在对自然生态系统和创新生态系统进行认真比较后发现了两者之间的相似性，并重新提出产业创新系统的六个观察角度，即生态系统、商业模式、物种、种群、群落和环境。Shaw 和 Allen（2018）基于创新制度环境、各创新主体间的关系和创新需求供给环境等影响因素的特征总结了创新生态系统的相关特征。Russell 和 Smorodinskaya（2018）从复杂性科学的角度对产业创新生态系统进行了分析，并基于传统的系统思维方法和复杂的生态系统思维等对比，再次强调了产业系统的自组织性和适应性。以上学者的观点表明，在整个世界经济发展的大格局中，基于技术角度来研究创新已经不再适用于日益激烈的国际竞争环境，因此，需要从中观宏观的产业角度并采用创新生态系统概念来研究产业的创新活动。

（2）产业创新生态系统的发展范式及其演化研究。产业创新生态系统显然已经成为各国经济竞争力的一个基础动力，因而国外学者非常关注现实产业创新生态系统的发展范式和演化研究。如 West 和 Bogers（2014）指出，产业创新生态系统通过系统的开放而吸收新知识和新技术，并且将这些新知识和新技术整合进系统内部企业的生产制造过程中，就可以促进和提升系统创新的成功率。Bogers 进一步指出，系统创新不应该仅仅关注知识流入后如何进行吸收，还应密切关注知识的流出，否则单方面的关注将不利于知识和技术的进一步交流和进步，也就阻碍了创新的进度。Li 和 Garnsey（2014）提出，产业创新生态系统的参与角色包括了公司、非政府组织、政府和其他资源提供者，因而使创新生态系统成为各产业发展战略的核心要素。Adner 等（2016）以半导体光刻设备产业为例，研究了计算机硬件制造产业新旧技术的更迭过程，这一过程是遵循“S”型曲线的演替过程，同时也代表了产业创新生态系统中技术演化的过程。Kolloch 和 Dellermann（2018）采用行动者网络理论分析了商业创新系统的演变过程，并基于数字创新认为行动者网络理论是一种用于分析生态系统配置关系的一种方法工具，通过这个方法工具能够分析出创新生态系统中各角色受利益牵动而发生的相互作用，并且这种相互作用能够全方位配置于产业的生态系统。

（3）产业创新生态系统的运行机制研究。深入揭示产业创新生态系统的运行机制，有助于调整和优化产业系统的运行轨迹和指导现实产业系统的发展运行过程。Etzkowitz（2000）曾提出，采用大学－产业－政府的三螺旋结构能够较深入地剖析产业创新生态系统的运行过程。随后，Carayannis 等（2006）和武学超（2015）在此基础上相继进一步提出“四重螺旋”和“五重螺旋”的产业运行分析思路。以五重螺旋为例，武学超（2015）基于三螺旋基础并融入社会互动和学术流动等参与要素，让产业创新生态系统结构更具综合性和跨学科性，进一步生动地揭示了产业创新系统的发展基础。Adner（2006）认为企业的技术创新能力与其产业创新生态系统密切有关，并且企业间的合作程度与效果等决定了企业创新的成功与否，因此决策者在企业创新过程中更需要深入考察合作伙伴的创新能力和成功意愿等，然后基于整体视角采用链条式创新的协作方案来为企业客户解决创新的相关问题。Ron（2012）认为，在产业创新生态系统中，项目风险、依赖风险以及整合风险等容易被产业创新系统忽略。而为了规避这些风险，Hwan 等（2012）则表示，合作团队、伙伴信任、社会网络和外部环境等因素以及这些因素间的共同作用效果是产业创新生态系统的重要关注对象。Kolloch 等（2018）则认为，采用行动者网络理论研究产业创新生态系统不仅需要分析各类参与角色之间的关系，还需要分析、设计和研发如技术等非角色行为的关系，以及这些角色和技术对创新生态系统演变的影响，进而可全方位确定创新生态系统的进化机制。

2. 产业创新生态系统的国内研究现状

国内学者研究产业创新生态系统起步较晚。大约在 20 世纪 90 年代，学者们逐渐开始关注创新生态系统的相关研究。其研究视角大致可分为以下三部分。

（1）产业创新生态系统的内涵特征研究。在国外学者研究成果的基础上，我国学术界或基于其他理论视角或针对国内产业具体情况等也相继探讨了产业创新生态系统的内涵特征。如黄鲁成（2003）首先从生态学角度运用系统工程的思想对一定区域范围内的技术创新生态系统展开了较为全面的阐述。张运生（2008）以高新技术产业为例较深入探讨了创新生态系统的诸多构成要素，如系统边界范围、系统内外部结构、系统风险识别、系统内部机制调整、内部间角色选定、产品定价策略及产品价格控制机制等，并从多方面展开对创新生态系统的讨论。吕玉辉（2011）基于系统的内部构架角度和内部角色关系，梳理出产业创新生态系统的构成要素包括创新源、研发、生产运营、供应商、科研机构、中介机构和政府组织等，并且认为这些要素共同构成了一个稳定和平衡的创新生态系统。伍春来等（2013）在此基础上进一步丰富了产业创新生态系统的内涵，将产业创新生态系统界定为多个主体参与的拥有一个平台核心的复杂产业系统。但是，部分学者对创新生态系统有不同的理解。如孙福全（2012）认为，可持续发展的创新生态环境是创新生态系统能否持续发展的决定性因素。而梅亮等（2014）认为，共生演化才是创新生态系统的基本特征，同时也是核心要素。赵放等（2014）认为企业创新生态系统共同组成产业创新生态系统。张贵等（2016）则指出，创新种群、创新群落、创新环境以及创新网络等构成了一个动态的、开放的、复合的产业创新生态系统。

（2）产业创新生态系统的发展演化分析。在前期多数学者关于内涵特征等研究基础上，部分学者也开始密切关注产业创新生态系统的发展演化等研究工作。如郭莉等（2006）基于自组织理论认为产业创新生态系统的进步主要取决于技术创新的更新迭代。李煜华等（2014）提出，若想进一步稳定产业的创新生态系统，则需要优化升级系统内的基本共生单元并选择合适的共生模式，同时还需要在适合的可持续的创新发展环境下建立共生界面，以便于企业之间或产业之间的协同创新。李万等（2014）则认为，资源的整合和系统内部要素的共生发展是产业创新生态系统的根本条件和存在基础。何向武等（2015）认为，类似于自然生态系统的创新，产业创新生态系统的内部也必定存在着多种不同的创新要素，而这些创新要素一起促成了产业创新系统的多样性并保证产业创新系统发展的持续稳健性。屠凤娜（2016）则认为，产业创新生态系统还应当涵盖动力资源、协调整合和保障机制三个层次，同时在产业系统运行过程中要尽量避免因资源配置不均、科研转化率低和协调创新度不高等因素而导致诸如服务、环境等要素在产业创新生态系统中受到制约。张笑楠（2016）表示，产业创新生态系统通过聚集、竞争与共生、扩散与传导等机制为企业的创新发展提供了全面的服务。李晓锋（2018）认为，创新生态系统的价值创造是基于创新主体间的合作协调，并配合产业链、创新链、资金链和服务链等共同运作，从而推动产业系统不断由低级别向高级别进行转变和进化。

（3）产业创新生态系统的实践应用研究。在探讨内涵特征与发展演化等理论研究的基础上，国内学者则更多关注产业创新生态系统的具体实践。在应用研究方面，学者们则普遍探讨了产业的创新系统和产业创新生态系统的评估优化两个方面。

① 具体产业应用：部分学者针对具体产业分别探讨了该产业创新生态系统的构成要素、问题分析和对策建议等，如张运生（2009）和张利飞（2009）分别从战略角度和耦合角度研究了高科技产业创新生态系统，但前者认为以技术标准为耦合纽带的高科技产业创新生态系统由专利、R&D、合作三个子战略协同演化、共生配套的技术创新体系；而后者则基于高科技产业创新生态系统的各类文献，结合战略耦合和技术创新，系统推演了创新系统的发展机理和基本路径。曹如中等（2011）则探讨了创意产业创新生态系统的类型，将产业创新生态系统类比为自然生态系统，总结出其中的模仿、传导和竞合机制以及其自主的类似于生命周期演化的阶段性特征。汤雨洋等（2013）基于系统动力学分析了以 RFID 产业为代表的信息产业创新生态系统的模型结构并分析其运行机理和存在问题，并分别从市场、政府和技术方面提出宏观、中观和微观的政策建议，包括增加采购、投资以及制定标准，规范市场。

② 系统评价研究：部分学者针对具体实例开展了产业创新系统的模型探讨和系统评估研究，并基于评估结果提出系统的优化建议，如苗红和黄鲁成（2008）以苏州科技园为例对高科技产业创新生态系统的健康程度进行评价研究，并且从系统的恢复力与自然环境质量提出优化系统的路径。赵斐（2010）从创新能力和创新绩效两个方面构建了区域创新生态系统的评估指标并开展评价研究，提出了优化建议。万立军等（2016）以广西地区产业为基础分析了资源型城市的技术创新生态系统，并运用层次分析法确定其系统评价指标的权重，提出应当充分发挥农业的基础地位、工业的技术引领、金融业的发展机遇以及自贸区和西部大开发的政策优势，推动广西产业的进一步发展。孙琪（2016）则应用拓扑熵法构建浙江省的区域产业技术创新生态系统的评价

体系和评估模型，提出通过政策引导以及产学研相结合的方式来构建产业技术创新的基础体系、支撑体系与引导体系，并由这些体系共同推动浙江地区产业技术创新生态系统的演化进程。

3．产业创新生态系统研究述评

通过对上述产业创新生态系统的文献分析表明，国内外学者分别从系统架构组成、系统内部创新机制、产业间竞争合作和具体产业应用案例等不同层面对其展开研究。尽管研究内容较为广泛，但整体来看研究仍有不足。具体表现在以下两方面。

（1）产业创新生态系统的研究成果还未形成较好的理论体系。目前，该领域研究仍处于基础理论的概念形成期，特别是创新生态系统还处于与自然生态系统的类比研究阶段且还未达成共识，同时基于系统的表现类型、发展阶段和作用关系等角度研究产业创新生态系统的成果还非常有限。

（2）产业创新生态系统的现有研究成果尚不够深入。尽管从宏观区域到中观产业再到微观企业，创新生态系统的研究均有所涉及，但是相关研究的理论深度因还未成体系而指导性不强；尽管针对某一具体产业的创新生态系统有较深入的研究，但是针对区域特性、资源配置和企业间关联的相关研究仍然较少，以及针对特定区域分析具体产业的创新规律性还没有进一步深入研究等。

1.3 贵州省大数据产业的发展概况

贵州省是地处中国西南部和云贵高原东部的内陆省份，恰好位于我国南方喀斯特连片地区的中心区域。由于特殊的地形地理位置，贵州省与我国东部的其他沿海省份相比，其在经济发展方面明显处于落后位置。但是，贵州省冬暖夏凉和相对潮湿的气候环境，也将给这个省份带来其他的发展机遇。近十年来，网络信息和人工智能等技术的快速发展带来了大数据科学与技术的兴起。2014年，贵州省委省政府相继出台了若干与大数据有关的重要文件，如《关于加快大数据产业发展应用若干政策的意见》和《贵州省大数据产业发展应用规划纲要（2014—2020年）》等；也在北京首次召开有关大数据产业发展的推介会；建立了全国首个省级政府数据云服务平台“云上贵州”，并很快将系统平台上线等。自此，大数据产业成为贵州省重点规划发展的战略性新兴产业，也促成了大数据产业被当作贵州省的重大发展战略之一。因此，2014 年成为贵州省的“大数据元年”。经过了若干年的持续努力，贵州省的大数据产业体量不断增大，大数据方面的人才也获得持续壮大，大数据资源相继被挖掘。本节将重点介绍和回顾贵州省近六年取得的大数据产业发展成就。

1.3.1 经济社会的发展概况

贵州省是一个多民族聚居的典型喀斯特地貌省份，素有“八山一水一分田”之称。自改革开放以来，贵州省委省政府在党和国家一系列政策的扶持下开始走上经济快速发展之路。尤其在 2010 年到 2019 年的近十年间，贵州省取得的经济发展成果有目共睹。其成就主要体现在以下六个方面。

1．经济发展增速在全国持续处于领先地位

众所周知，典型的南方喀斯特地形地貌导致了贵州省独特的自然地理和气候环境条件，限制和造就了贵州省长期落后的交通运输条件和持续缓慢的经济发展速度。但自从 2014 年以后，贵州省通过近十年的努力建设，其交通瓶颈开始逐步得到破解。现如今，贵州省内正在铺设和已经建成了多条高速铁路，其西南交通枢纽的地理位置已经形成。同时，贵州省境内的八十八个县区市完全实现了县县之间连通高速公路。正是借助于日渐良好的交通基础设施，贵州省的经济建设也走上了良性增长的快车道。便利的交通条件也促成了贵州日益凸显的区域经济竞争优势和不断提高的资源要素配置效率。根据习近平新时代中国特色社会主义思想和党的中心工作任务，贵州省相继提出了“大数据、大扶贫、大生态”的三大发展战略以及“坚持发展与生态两条底线”的思路，同时也出台了若干对省内经济建设和社会发展具有重大影响作用的政策措施。在这些政策引导下，贵州省相关部门及其地方各级政府不断地强化民生工程，积极稳妥地引导重点产业发展，持续加强引进国内外优强企业，使省内各主要领域均取得了显著的经济建设成果。

官方数据显示，自 2011 年以来，贵州省连续八年的经济增速位居全国前三且有多年居于首位，并在 2019 年贵州省全省 GDP 总值超过 1.67 万亿元。表 1-1 所示为贵州省 2010—2019 年经济增长情况，从中可看出 2010 年到 2019 年的十年间，贵州省生产总值持续稳健上升，并于 2015 年生产总值首次突破万亿元大关，超额完成了“十二五”规划的经济目标。另外，贵州省近十年的第一产业、第二产业和第三产业的产值都获得逐年提升，且其三次产业结构日趋合理。另据官方数据显示，贵州省近十年来在批发零售业、住宿餐饮业、交通运输业以及仓储邮政业等第三产业发展方面成果显著，体现了贵州省在实施全域旅游、深耕旅游产业和强化交通基础、增强物流行业等方面取得了显著的成绩。

表 1-1　贵州省 2010—2019 年经济情况表　　（单位：亿元）

年度	生产总值	第一产业增加值	第二产业增加值	第三产业增加值
2010	4602.16	625.03	1800.06	2177.07
2011	5701.84	726.22	2194.33	2781.29
2012	6852.20	891.91	2677.54	3282.75
2013	8086.86	998.47	3276.24	3812.15
2014	9266.39	1280.45	3857.44	4128.50
2015	10541.00	1641.99	4175.24	4723.77
2016	11792.35	1861.81	4669.53	5261.01
2017	13540.83	2032.27	5428.14	6080.42
2018	14806.45	2159.54	5755.54	6891.37
2019	16769.34	2280.56	6058.45	8430.33

资料来源：《贵州省统计年鉴》。

2．脱贫攻坚成果显著

由于特殊的地形地理条件，贵州省在历史上长期处于经济落后的状态，也成为全国贫困人口人数占绝对多数的省份之一，其脱贫攻坚也成为党和国家关注的重点。党的十八大以后，我国政府开始把国计民生的发展重心放在全面建成小康社会的轨道上来，因而扶贫工作也成为党和政府的工作重点。自从 2015 年以来，贵州省扶贫攻坚连战连捷，其脱贫成果也日渐丰硕。资料显示（表 1-2），贵州省自脱贫攻坚以来，每一年均在政策文件、财政投入以及民生保障措施等方面有所突破，这使得贵州省脱贫人口的绝对数量日渐增多和脱贫攻坚工作进展有序。贵州省政府在脱贫工作规划中曾要求：坚持脱贫工作由表及里并不断深化，同时不仅让贫困人口能够有效摆脱贫困，还要通过惠民措施让全体人民的生活幸福感饱满。从脱贫攻坚的成果中可以看到，贵州省近年来的脱贫成绩较为喜人。

表 1-2　贵州省 2015—2019 年脱贫攻坚成果表

年度	政策文件及措施	专项财政支持 / 亿元	脱贫人数 / 万人	民生保障
2015	《大扶贫战略行动意见》 《“33668”脱贫攻坚行动计划》	89.27	130	学校地质灾害治理 建造乡镇卫生院
2016	贵州省扶贫开发惠农政策	102.53	120.8	新增就业岗位 社会保障托底
2017	《贵州省扶持人口数量较少民族贫困村整体脱贫实施方案》	130.01	120	四重医疗保障 危房改造 贫困学生资助
2018	春风行动 夏秋攻势	148.99	148.14	扶贫安置房建设 城镇保障性安居工程
2019	《关于深入开展消费扶贫助力打赢脱贫攻坚战的指导意见》	182.80	124.45	农村饮水安全工程 新建城乡养老机构

资料来源：贵州省统计局。

3. 农村产业发展不断取得了历史性的突破

我国的“三农”（即农民、农业和农村等）问题长期以来被党和国家所重点关注，而每一年度中央出台相关文件都会重点涉及“三农”问题的政策。贵州省从 2010 年开始就在农业发展方面获得了较好的成果。农业增加值和粮食作物种植面积等都是衡量农业发展情况的重要指标，并分别从经济和社会两个方面有效反映了农业发展情况和农民生存状态。在 2010 年到 2019 年的这十年间，贵州省无论是农业增加值还是粮食作物种植面积，这两个指标基本都处于稳步的增加阶段，如表 1-3 所示。虽然在个别年份的指标值上略有缩减，但不影响贵州省农业方面在整体上处于向上的良好发展势头。

表 1-3　贵州省 2010—2019 年农业发展情况表

年度	农业增加值 / 亿元	粮食作物种植面积 / 万公顷①
2010	625.03	303.95
2011	726.22	305.56
2012	891.91	305.43
2013	1031.70	311.84
2014	1317.15	312.09
2015	1714.03	311.06
2016	1959.93	312.22
2017	2139.97	305.28
2018	2276.74	274.02
2019	2408.03	271.07

资料来源：贵州省统计局。

① 1 公顷 $=10^4$ 米 ^{2}。

4．现代产业体系逐步优化且蓬勃发展

由于贵州地处我国南方喀斯特地区核心地带，其独特的自然地理环境和人文分布特征等导致该省长期处于经济欠发达和改革较滞后的状态。但是，自2010年以来，贵州省经济建设进入快速发展阶段，其经济发展和经济结构均发生了明显的改观。贵州省基于“大扶贫、大数据、大生态”三大发展战略、“牢牢守住发展和生态两条底线”思路，配套出台了多项产业政策，如《关于支持健康养生产业发展若干政策措施的意见》《贵州省大健康产业发展新一轮六项行动计划（2018—2020）》《贵州省十大千亿级工业产业振兴行动方案》《贵州省大数据产业发展应用规划纲要（2014—2020年）》《关于加快大数据产业发展应用若干政策的意见》等文件以及“贵州省有关12大特色生态产业的实施举措”等。在这些政策文件的引导下，贵州省相继打造了具有贵州名片和特色的若干重大产业体系，特别是大健康产业体系、大数据产业体系、十大千亿级工业产业体系、十二大特色生态产业体系等，在构建贵州现代化产业体系方面做出了显著成绩。

（1）大健康产业。近年来，贵州省通过扶持和培育“中草药种植基地”“养生养老胜地”“体旅融合项目”“体育运动小镇”“全域旅游”“智慧旅游”等发展模式，着力打造包括健康医药医疗、健康养老、健康运动、健康管理、健康旅游和健康药食材等大健康支柱产业，逐步形成了具有贵州特色的大健康产业体系。据资料显示，贵州省2017年的大健康产业增加值为1143.2亿元，占当年GDP比重达8.4%，已拥有大健康产业机构13800余家，其中上市企业有19家。

（2）大数据产业。自2016年获批国家级大数据综合试验区以来，贵州省既大力引进包括百度和腾讯等著名企业的大数据项目，也积极培育如满帮集团等在本地初创的大数据公司，在短短数年内其大数据产业发展成就显著。加上贵阳市国际大数据产业博览会等活动的持续召开和广泛影响，贵州省及其省会贵阳市目前俨然成为国际大数据中心和中国大数据产业之都，并获得“中国数谷”美誉。据《2019中国大数据产业发展报告》显示，贵州省大数据产业发展指数位列全国第三，仅次于北京和广东。又据《中国数字经济发展与就业白皮书（2019年）》显示，2018年大数据对贵州省经济增长的贡献率已经超过20%，并且其经济增速和就业增速均列全国首位。另外，《贵州省服务业创新发展实施方案（2018—2025年）》提出，贵州将于2020年建成我国重要的数字产业基地和数据交换交易中心，并于 2025 年力争大数据及相关产业突破万亿元产值。

（3）十大千亿级产业。贵州省把基础能源、现代化工、先进装备制造业、优质烟酒、大数据电子信息、清洁高效电力、生态特色食品、健康医药、新型建材和基础材料等产业确定为优先发展的十大千亿级工业产业（王法，2020；王淑宜，2019）。据官方网站统计，贵州十大千亿级企业总和将占据全省工业经济结构的 95% 以上，并且 2019 年大数据电子信息、新型建材、清洁高效电力和优质烟酒等产业的总产值已经达到 1500 亿元以上，并且生态特色食品和健康医药等产业也跻身千亿级行业。

（4）十二大特色生态产业。基于扶贫攻坚、经济发展和生态保护的需要，贵州省推进十二大特色产业发展，如中药材、石斛、食用菌、茶叶、刺梨、油茶、竹、蔬菜、辣椒、精品水果、生态畜牧、生态渔业等（李坚，2020）。据官方资料统计，贵州省 2019 年茶园面积已达到 700 万亩[①]，带动就业人口约 356 万人；另据贵州省科技厅相关人士透露，2019 年贵州全省食用菌和刺梨的种植面积分别约为 30 万亩和 176 万亩，以及野外栽培铁皮石斛面积约 14 万亩。再者，松桃苗族自治县油茶产业、桐梓县鲜笋产业、兴仁市薏仁米产业等也已经具备批量生产规模；特色水果如猕猴桃、蓝莓、火龙果、百香果、樱桃等产量也有大幅增长；生态农业如蔬菜、辣椒等种植规模扩大；生态畜牧和生态渔业等产业的成绩喜人。

5. 积极实施大生态战略，坚持省内生态环境持续向好

贵州省是我国扶贫任务最重和生态环境最为脆弱的省份之一。因此，贵州省在改善民生、发展产业的同时，还要肩负保持生态环境的重任，即“牢牢守住发展和生态两条底线”。将沙漠化治理、植树造林和新增耕地面积等作为重要的环保指标，可以很好地衡量近几年来贵州省的环保成果。作为国内生态环境保护最好的省份之一，贵州省在 2013 年就开始狠抓生态环境建设，积极把贵州省创建并规划为全国的生态文明先行区和主体功能区，并在清水江、红枫湖等贵州省若干重要的流域内制定并实施了水污染生态补偿制度，以及开展了环境污染的强制责任保险等试点工作。经过了几年的努力，贵州省已经落实了

① 1 亩≈667 米^2。

十余项环境保护的措施；全省所有县城基本实现了对生活垃圾的无害化处理；省内有 39 个产业园区建成了污水和垃圾的集中处理站等。另外，贵州省近几年的生态建设工作成效显著（表 1-4）。贵州省 2010—2019 年度《政府工作报告》的资料显示，贵州省的生态保护成果包括以下两个方面。

表 1-4　2013—2017 年贵州省环境指标数值变化表

年度	环保资金投入 / 亿元	营造林面积 / 万亩	新增废水治理能力 /（万吨 / 日）
2013	133.70	450	7.50
2014	175.25	454	4.46
2015	161.61	2161	10.45
2016	177.18	2586	8.70
2017	171.43	2882	8.25

资料来源：贵州省统计局。

（1）政策规划方面。从 2013 年开始，贵州省开始编制包括全国生态文明先行区和主体功能示范区在内的两项实施规划，每年在政策层面，都会有新的突破，包括倡导"'多彩贵州 拒绝污染'强音"、"继续推进十二件环保实事"、"建设绿色贵州"、"拒绝环境污染"及"坚持生态优先和绿的发展"等，为实践层面具体措施的实施提供了良好的政策基础，为后续的治理工作提供坚实的政策保障。

（2）实践举措方面。贵州省在实际治污的行动中完全践行"再好的政策都需要落实到实践中去"的理念。在省政府的带头作用下，地方各级政府和其他相关政府部门从 2013 年开始就在污染防治、拒绝噪声、造林治沙等各方面都取得巨大的成果。其具体成果包括：

① 在水治理和垃圾处理方面。首先，通过各县城实现生活垃圾的处理，以及重点产业园的污水和垃圾集中处理站的建设，有效实现了城市的污水治理率达到 90.5% 以上和城乡的生活垃圾无害化处理率为 87.3%；其次，贵州省各县区中心城市饮用水的水源质量达标率为 100%；再次，长江流域的水污染治理取得了显著成绩，在全省范围内取缔网箱养鱼行为，有效改善了长江经济带的生态环境问题。

② 在大气治理方面。贵州省持续开展环保的深化工作和实施力度，具体内容有：在省内全面启动县、乡、村的三级造林绿化规划；对重点磷化工企业

进行原料的技术改革和管理提升等工作，严格实行“以渣定产”等措施防控省内空气的污染。

③ 在造林防沙方面。通过三级造林绿化规划的强力实践，贵州省取得了石漠化治理与水土流失防治等工作的重大突破。在 2014 年，全省总计完成了 1059 千米^{2}的石漠化治理与 2235 千米^{2}的水土流失治理；基于前期工作基础，全省于 2016 年又累计完成 2161 万亩的营造林和 8270 千米^{2}的石漠化治理；贵州省于 2019 年更实现了达到 1006 千米^{2}的石漠化治理和减少 2720 千米^{2}的水土流失面积。

6．民生福祉全面增进

贵州省曾是我国贫困人口最多、贫困程度最深的省份，是我国扶贫攻坚和全面建成小康社会的“主战场”。近年来，贵州省政府全力实施惠民民生工作并取得明显成效。例如，全省于 2010 年就已经全面开始实施“农村居民最低生活保障”的制度。经过了近 10 年的惠民行动，贵州省在农村学前教育儿童中已经实现了营养改善计划的全覆盖，并在西部省份率先实现了县域义务教育的基本均衡发展，以及在全国范围内率先建成了“省、市、县、乡”四级的公立医院远程医疗服务。表 1–5 展现了贵州省于 2010 年到 2018 年期间在社会福利救济、教育资金和新增就业人数三个方面都有较大的投入，并且取得了显著的成果。

表 1–5　2010—2018 年贵州省惠民措施一览表

年度	社会福利救济投入 / 万元	教育资金投入 / 亿元	新增就业人数 / 万人
2010	522166	292.06	21.89
2011	830472	376.66	28.37
2012	891463	500.51	42.23
2013	972636	560.67	55.49
2014	970604	637.03	68.37
2015	1013671	772.91	72.70
2016	1031479	843.54	75.78
2017	1073998	901.96	76.90
2018	926795	985.95	77.71

资料来源：贵州省统计局。

贵州省政府通过政策引导与资金保障并重，相继提出“十大民生工程”和“十六件民生实事”等具有贵州地方特色的代表性规划，并强调避免因“临时性”重要工作而致使民生工程停滞。这些政策指导性规划因地制宜地针对贵州省民生情况而制定并具有很强的政策连续性。另外，贵州省政府还始终关注资金的保障作用，并强调资金保障是影响政策规划实行的重要因素。为此，贵州省每年均加强民生方面的资金投入来保证百姓实现其安居乐业。贵州省2010—2019年度《政府工作报告》的资料显示：贵州省在2011年、2012年、2013年和2015年民生方面投资分别为650亿元、662亿元、700亿元和963亿元，实现连续增长。在政策保障及资金投入的双向保险之下，贵州省民生涌现了一系列的喜人成果，具体如下。

（1）医疗改革持续深化。农村医疗制度与城镇居民医疗保险制度得到深入推行，并且城乡居民的医保补助标准普遍提高，使得全省人民的医疗保障越发安全；全省率先实现乡村中小学的校医配备和农村学龄前儿童的营养改善；省、市、县、乡四级公立医院的远程医疗服务体系获得建成通过，并实现了23.6万人的远程会诊服务等。

（2）就业人口不断提升。贵州省的新增城镇就业人口从2011年的28.37万人到2015年的72.70万人再到2018年的77.71万人，即新增就业人数逐年增长并取得重大突破。

（3）可支配收入连年增长。贵州省的农民及城镇居民的人均可支配收入在2010年分别只有3400元和14180元，在2019年则分别达到10000余元和34400余元。经过约9年的持续努力，贵州省农村人均可支配收入实现近三倍增长以及城镇人均可支配收入实现两倍以上增长，大大提升了人民的生活水平质量。

贵州省在过去的10年间分别在环境保护、污染治理、生态优化、风险防治、市场激励和脱贫攻坚等多个方面都得到显著提升和有效保障。

1.3.2 大数据产业政策述评

为了全面实施贵州省的大数据发展战略，规划和落实大数据产业是必经之路。贵州省依据省内原有的生态资源和气候环境优势，强调通过基础设施建设来促进大数据产业的发展。产业政策是政府调控的重要手段，贵州省良好的政策环境将为实现大数据产业的后发赶超发挥重要的推动作用。自2014

年以来，贵州省在提升大数据产业的核心产业、关联产业和延伸产业等方面分别制定了相关政策，分别涉及了战略导向、行业发展、产业管理、数字政务等多个方面。各项产业政策有力支持了贵州省大数据产业的发展，加速提升了地方政府数字化治理能力，有效改善了贵州省的社会发展和政府服务水平。

本书作者收集了贵州省政府及其相关部门目前已经颁布的所有与大数据相关的产业政策，见表1-6。基于政策体系的指导分类，贵州省大数据产业政策涉及了新一代信息基础设施、大数据生产流通、大数据创新应用和大数据端产品制造4个领域的27项共133个条目，为推动贵州省大数据产业发展发挥了显著的导向作用。

表1-6 贵州省大数据产业政策汇总表

时间	政策文件	部门
2014年2月	《贵州省大数据产业发展应用规划纲要（2014—2020年）》	贵州省人民政府
	《关于加快大数据产业发展应用的若干政策的意见》	
2015年1月	《关于加快大数据产业人才队伍建设的实施意见》	贵阳市人民政府
2016年1月	《贵州省大数据发展应用促进条例》	贵州省人大常委
2016年5月	《贵州省卫生计生委关于加快医疗卫生事业与大数据融合发展的指导意见》	贵州省卫生和计划生育委员会
2016年7月	《贵州省关于实施2016年第一批大数据发展项目工程包》	贵州省发展和改革委员会
2016年8月	《关于以大数据为引领实施区域科技创新战略的决定》	中共贵州省委、贵州省人民政府
	《贵州省大数据产业发展引导目录（试行）》	贵州省发展和改革委员会
2016年9月	《政府数据 数据分类分级指南》（DB52/T 1123—2016）、《政府数据资源目录 第1部分：元数据描述规范》（DB52/T 1124—2016）、《政府数据资源目录 第2部分：编制工作指南》（DB52/T 1125—2016）、《政府数据 数据脱敏工作指南》（DB52/T 1126—2016）	贵州省质量技术监督局

续表

时间	政策文件	部门
2016 年 11 月	《贵州省应急平台体系数据管理暂行办法》	贵州省人民政府
	《贵州省政务数据资源管理暂行办法》	
2017 年 1 月	《贵州省大数据发展管理局主要职责内设机构和人员编制规定》	
2017 年 2 月	《贵州省数字经济发展规划（2017—2020 年）》	贵州省大数据发展领导小组
	《推进大数据应用的实施意见》	贵州省人民检察院
2017 年 4 月	《贵州省“数据铁笼”工作推进方案》	贵州省大数据发展领导小组
	《关于推广“块数据”促进数据共享开放的通知》	
2017 年 5 月	《大数据 + 产业深度融合 2017 年行动计划》	
2017 年 7 月	《关于促进和规范健康医疗大数据应用发展的实施意见》	贵州省人民政府
	《贵州省政府数据资产管理登记暂行办法》	贵州省大数据发展领导小组
	《关于金融支持贵州省大数据产业发展的指导意见》	贵州省大数据发展管理局、贵州省发展和改革委员会、贵州省财政厅、贵州银监局、贵州证监局、贵州保监局
2017 年 9 月	《贵州省发展农业大数据助推脱贫攻坚三年行动方案（2017—2019 年）》	贵州省人民政府
2017 年 10 月	《贵州省政务信息系统整合共享工作方案》	
2018 年 2 月	《贵州省实施“万企融合”大行动 打好“数字经济”攻坚战方案》	
2018 年 3 月	《2018 年贵州省大数据发展工作要点》	贵州省大数据发展领导小组
2018 年 6 月	《关于促进大数据云计算人工智能创新发展加快建设数字贵州的意见》	贵州省人民政府
	《全力推动数字贵州建设打好数字融合攻坚战相关工作方案》	贵州省大数据发展领导小组

续表

时间	政策文件	部门
2018年8月	《贵州省推动大数据与工业深度融合发展工业互联网实施方案的通知》	贵州省人民政府
2019年5月	《贵州省省级政务信息系统项目第三方机构评审管理办法（试行）的通知》	贵州省大数据发展管理局
2019年8月	《贵州省大数据安全保障条例》	贵州省人大常委
2020年1月	《贵州省大数据发展专项资金管理办法（2020修订版）》	贵州省财政厅

首先，基于系统视角观察，贵州省大数据产业政策已经基本形成了较完善的体系。比如在战略层面，贵州省政府于2014年先后发布了《贵州省大数据产业发展应用规划纲要（2014—2020年）》（以下简称《规划》）和《关于加快大数据产业发展应用若干政策的意见》（以下简称《意见》）等重要文件。《规划》和《意见》基于顶层设计角度，规划了大数据产业的发展方向并积极推动大数据开发和大数据服务，是贵州省最早出台的具有战略导向的产业发展政策。《规划》指出，贵州省遵循“基础构建、集群聚集、创新突破”的发展路径，以2015年、2017年和2020年为主要节点，分三个阶段规划发展。《意见》提出，贵州省按照“基础构建、集群聚集、创新突破”的发展思路，科学规划大数据产业布局。贵州省和贵阳市、贵安新区自2014年起连续3年，每年各安排不少于1亿元用于支持大数据产业发展。同时，贵州省于2016年发布了中国首部的大数据地方法规，即《贵州省大数据发展应用促进条例》，从立法层面推动大数据产业的健康发展并填补了中国大数据产业的立法空白，从而正式将大数据产业纳入了法制轨道。

其次，基于支撑角度来看，虽然《规划》和《意见》这两部纲领性政策针对如何扶持大数据产业做出了较为具体的规划，但是贵州省在大数据的人才引进培养、资金应用、创新生态系统构成等方面还没有具体的针对性政策。值得注意的是，贵州省的基础设施建设实现了全省的通信骨干网络扩容升级并保证了宽广的网络覆盖率，为推进贵州省大数据产业发展提供了坚强的后盾。在大数据企业的引进和培育方面，贵州省积极引进发达地区的行业龙头企业，并制定了税收、补贴和奖励等财政性奖励措施以及发布了直供电等基础设备的资源型奖励条例，为大数据企业降低运营成本和管理风险创造了良好氛围。在大数据企业的研发和创新方面，贵州省积极倡导由高等院校、科研院所、产业联盟和行业协会会同企业组成战略联盟来协同发展大数据产业，强调通过各行为主体间的协同创新来建立健全大数据企业的创新体系，从而提升大数据创新能力和促进产学研运转。在大数据产业的生态建设方面，贵州省积极支持省内的龙头企业建设大数据服务平台，同时整合软硬件企业和服务资源企业，并通过大数据平台达到延伸和扩展产业发展的目的，从而形成较全面的有关大数据的产品和服务的供应体系。在大数据产业的投融资体系方面，贵州省基于财政专项方式建立了大数据产业的发展资金，并引导社会资本多方筹建投资基金，从而构建了多种形式的投资体系来满足不同阶段的大数据产业发展需求。在大数据产业的人才建设方面，贵州省积极鼓励各高校特别是职业院校开展大数据相关的专业和课程，努力培养贵州省本土的高端管理人才和应用技能人才；同时，贵州省还努力通过各种政策条例推动省内外的高校和科研院所开展合作，通过学者间的合作研究模式培养大数据的科学技术人才。

最后，从应用视角可以发现，贵州省的政策条例基本上侧重于数据资源的开发和利用，并且主要涉及政务、民生和新兴产业等应用方面。如《规划》中明确指出，要推动面向政府、公众和企业的各类大数据平台，探索全新的商业模式并及时推广等。在数字政务大数据的应用方面，贵州省出台了《贵州省政务数据资源管理暂行办法》《贵州省政务信息系统整合共享工作方案》《政府数据 数据分类分级指南》《政府数据资源目录 第1部分：元数据描述规范》《政府数据资源目录 第2部分：编制工作指南》《政府数据 数据脱敏工作指南》等一系列的政策文件，从而通过建立数字政务来引导各产业主体主动开放数据，同时也规定了相关大数据采集、管理、交换的标准来支持数据的开放共享。在民生大数据的应用方面，贵州省相继出台了《贵州省卫生计生委关于加快医疗卫生事业与大数据融合发展的指导意见》《关于促进和规范健康医疗大数据应用发展的实施意见》等重要文件，以此推动大数据在民生方面的应用。另外，在多产业融合的大数据应用方面，贵州省根据工信部发布的《大数据产业发展规划（2016—2020年）》等文件来推动省内各行业之间的跨界融合创新，并出台《关于促进大数据云计算人工智能创新发展加快建设数字贵州的意见》《全力推动数字贵州建设打好数字融合攻坚战相关工作方案》等文件来推动大数据与云计算和人工智能等其他新兴技术的融合应用。

1.3.3 大数据产业发展成就

习近平总书记在2015年听取贵州大数据产业发展、规划和实际应用的情况介绍后发出了这样的感慨："我听懂了，贵州发展大数据确实有道理。"从2014年到2019年的短短五年时间内，贵州省创下了多个大数据之首，如建设全球首个大数据交易所；挂牌运行中国首个国家大数据工程实验室；率先建成全国第一个省级数据集聚共享开放的"云上贵州"系统平台；颁布实施全国首个大数据地方性法规《贵州省大数据应用促进条例》等。贵州省用实际行动阐述了习近平总书记的"贵州发展大数据确实有道理"这句话。图1-2展示了贵州省仅在2019年度的大数据建设投资增长变化情况。综合而言，贵州省2014年到2019年的大数据产业发展成就大致体现在以下几个方面。

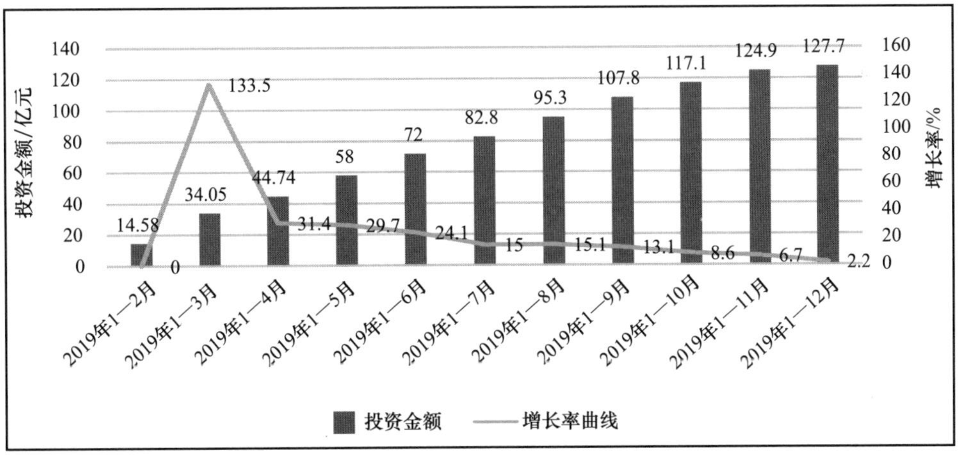

图1-2 2019年贵州省大数据建设投资增长变化情况

资料来源：贵州省大数据发展管理局。

（1）大数据企业的落户情况。自《省人民政府印发〈关于加快大数据产业发展应用若干政策的意见〉、〈贵州省大数据产业发展应用规划纲要（2014—2020年）〉的通知》（黔府发〔2014〕5号）发布以来，贵州省贯行"筑巢引凤栖，花开蝶自来"计划，吸引了越来越多的大数据企业投入贵州大数据的"蓝海"。大数据企业从2013年不足1000家一跃增长至2018年的8584家[①]。随着贵州大数据产业的良好发展以及一系列政策的颁布实施，贵州省相继

① 王磊．贵州：大数据企业从"落地生根"到"枝繁叶茂"［EB/OL］.（2018-05-23）［2019-12-25］.http://gz.cir.cn/chinanews/20180523/abba9c46-bf56-f6bf-c7b9-33c4668e49b9.html.

吸引了众多有名的数据公司来黔投资。这些公司包括全球知名的数据企业，如苹果公司、微软公司、英特尔公司和甲骨文公司等世界500强企业；也包括全国大数据互联网的领军企业，如阿里巴巴、华为、腾讯、京东和百度等公司；还有贵州本土的大数据企业，如云上贵州、货车帮、白云山和易鲸捷等。这些大数据企业正在致力于为传统行业提供数字化服务内容，展现了贵州省后发赶超的大数据力量①。

随着越来越多国内外知名的数据企业入驻，贵州正慢慢成为全球的数据聚集区以及大数据企业和大数据人才的汇聚场所。仅在2018年，贵州省成功引进如科大讯飞、科大国际等12家大数据企业，同时通过开展“寻苗行动”培育了233家成长型企业，其中有5个项目入选2018年国家大数据产业发展试点示范项目和2个国家新型信息消费示范项目等②。国内三大运营商如移动、电信和联通等也先后在贵州省投资建立了南方数据中心，并建设了大型云计算数据中心基地。三大运营商于2019年在贵州省的投资情况见表1-7。

表1-7　2019年三大运营商贵州省投资情况

月份	省移动公司投资情况		省电信公司投资情况		省联通公司投资情况	
	投资额/亿元	投资进度/%	投资额/亿元	投资进度/%	投资额/亿元	投资进度/%
1—2月	6.7	16.75	3.69	18.45	0.7	7
1—4月	13.46	33.65	10.02	33.40	3	30
1—5月	16.82	42.05	14.16	47.02	3.65	36.6
1—6月	20.19	50.48	18.04	60.13	5.13	51.3
1—7月	23.57	58.93	20.03	66.77	5.77	57.70
1—8月	26.93	67.33	22.93	76.43	6.44	64.4
1—9月	30.3	75.75	27.15	90.15	9.5	95.00
1—10月	33.39	83.83	29.63	98.77	9.60	96.00
1—11月	36.75	91.88	29.63	98.77	9.60	96.00
1—12月	42.9	107.2	30	100	11.5	115

资料来源：贵州省大数据发展管理局。

① 岳振．牢牢抓住大数据“贵州话语权”［EB/OL］．(2020-05-06)［2020-10-15］.http://szb.gzrbs.com.cn/gzrb/gzrb/rb/20200526/Articel06007JQ.htm.

② 贵州大数据发展管理局.2018年全省大数据产业运行情况［EB/OL］.(2019-03-12)［2020-05-10］.http://dsj.guizhou.gov.cn/zfsj/sjjd/201903/t20190312_10392603.html.

（2）大数据产值情况。贵州省作为全国首个国家大数据综合试验区，近年来在工信部等国家部委以及国家工业信息安全发展研究中心等机构的帮助和支持下，自 2016 年开始持续开展大数据与实体经济的深度融合工作。为了推动大数据与工业、农业和服务业的深度融合，贵州实施“万企融合”大行动，展开“数字经济”攻坚战，并在全国首次发布《大数据与实体经济深度融合评估体系》。自此，贵州省组织 16991 户实体企业开展了融合水平的评估工作。另外，贵州省还邀请了阿里、华为、腾讯等 228 家优秀的大数据服务商为省内大数据融合企业提供了 815 个解决方案，还打造了 338 个典型示范项目和 2197 个示范项目，同时带动了 3905 户实体企业与大数据开展深度融合和引导 15000 户以上企业进入大数据云服务平台[①]。图 1-3 展示了贵州省在 2019 年实现大数据与实体经济的融合情况。

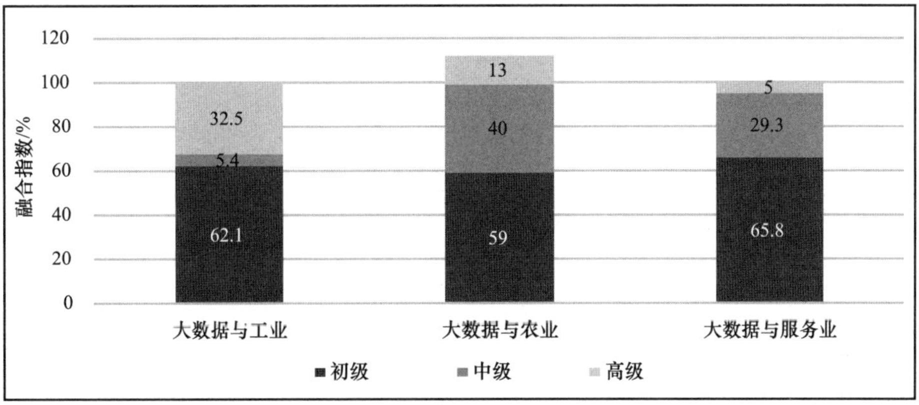

图 1-3　2019 年大数据与实体经济融合情况
资料来源：贵州省大数据发展管理局。

据官方数据统计[②]，贵州省截至 2018 年 8 月已拥有 8900 多家大数据企业，其产值超过 1100 亿元，并且每年有上万名大数据相关人才从省外流入贵州。显然，大数据产业已经成为贵州经济增长的重要支撑因素。再如，成立于 2015 年的全国首个大数据交易所——贵阳大数据交易所，开始即与金融、医疗、旅游和农业等约 30 多个门类的传统产业进行紧密融合，而且其累计交易额已经

① 袁航．贵州省大数据与实体经济深度融合水平连续三年持续稳步提升［EB/OL］.（2020-07-29）［2020-10-25］. http://www.gywb.cn/system/2020/07/29/030621300.shtml.

② 贵州省大数据发展管理局．2018 全省大数据产生运营情况［EB/OL］.（2019-03-12）［2020-10-15］.http://dsj.guizhou.gov.cn/zfsj/sjjd/201903/t20190312_10392603.html.

突破1亿元，并服务于2000多家会员企业进行数字化转型升级[①]。贵州省标杆民营企业“老干妈”运用大数据精准分析全球的销售情况，然后采用精细化管理模式提升其生产效率和提高其产能，实现年产值超过44.5亿元和销售遍及全球的战略目标[②]。

另据中国信息通信研究院的报告显示，贵州省已经连续5年在数字经济增速方面全国排名第一和已经连续3年在吸纳就业增速方面全国排名第一，并且贵州大数据产业发展指数居全国第三位。截至2019年底，贵州省共2280家企业已经实现大数据融合，超过1.5万家企业的核心应用“上云”。贵州省大数据局的报告称，全省2018年度的软件和信息技术服务业收入为348.5亿元，同比上一年增长31.8%；电子信息制造业总产值为706.6亿元，同比上一年增长11.2%；全省2019年度的大数据电子信息总产值为1002.82亿元，以及计算机、通信和其他电子设备制造业比上年增长12.9%，软件业务收入增长18%以上等。这些数据表明，贵州省的大数据产业发展势头良好。

（3）大数据应用情况。大数据思维能够改变当前组织管理的思路和模式，有效适应当前创新时代的发展潮流和科学技术的发展趋势。企业界的大数据思维即把数字作为生产资源或生产要素并开展一系列相关的招商引资活动，当属贵州省首开先河。然而，开展招商宣传活动仅仅是一种政府姿态或产业定位，而要当各类组织聚集了大量的数据之后，相关企业组织或政府部门等该如何使用这些数据或怎样使这些数据产生价值等问题，将是贵州省发展大数据产业的最核心指向[③]。随着贵州省不断建设与完善大数据相关的基础设施，如建立5G通信基站、增加铺设通信光缆以及不断挖掘网络覆盖用户等，贵州省大数据的产业基础不断夯实，促使和推动大数据逐渐被各行各业应用，特别是智慧旅游、智慧医疗和智慧农业等新业态、新模式，使大数据思维和大数据资源等开始逐渐进入人们的日常生活，给贵州人民的生产生活带来了极大的便利。图1–4展示了2019年度贵州省建设数字基站的基本情况；图1–5展示了2019年度贵州省新增通信光缆的基本情况；图1–6展示

① 佚名.贵州，因大数据而精彩［EB/OL］.（2019–05–27）［2020–05–20］.http://www.wenming.cn/ziliao/jujiao/201905/t20190527_5128714.shtml.

② 董小迪.贵州大数据产值超1100亿 农村电商销售超2000亿［EB/OL］.（2018–04–23）［2019–12–25］.http://news.china.com.cn/txt/2018–04/23/content_50954059.htm.

③ 佚名.贵州大数据应用和产业发展观察：洞见大数据价值［EB/OL］.（2016–06–03）［2019–12–25］.http://www.gywb.cn/content/2016–06/03/content_4965975.htm.

了 2019 年度贵州省的网络覆盖用户数。这些数据充分说明了贵州省大数据产业的建设和应用成果。

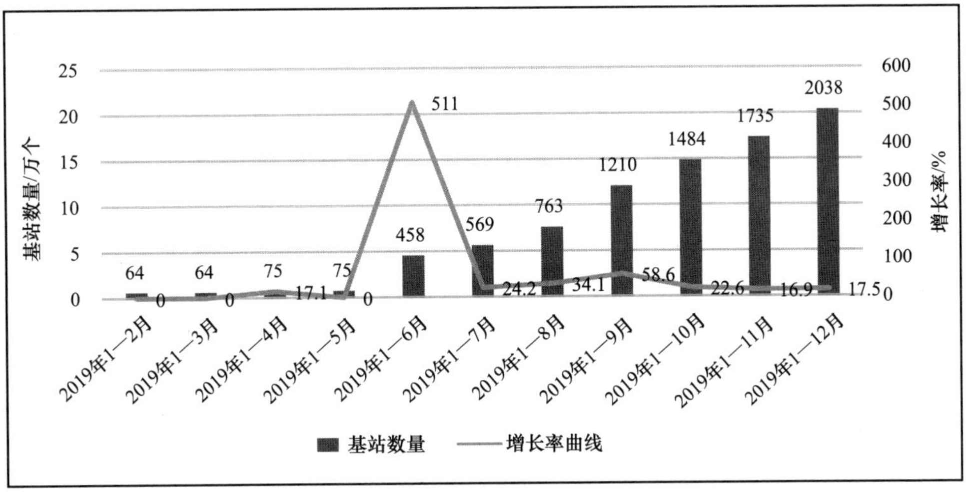

图 1-4　2019 年贵州省数字基站建设情况
资料来源：贵州省大数据发展管理局。

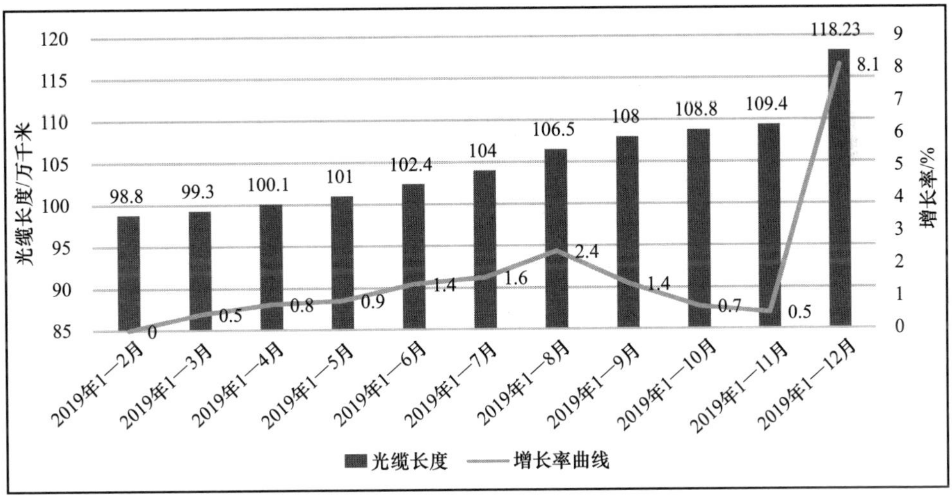

图 1-5　2019 年贵州省通信光缆建设情况
资料来源：贵州省大数据发展管理局。

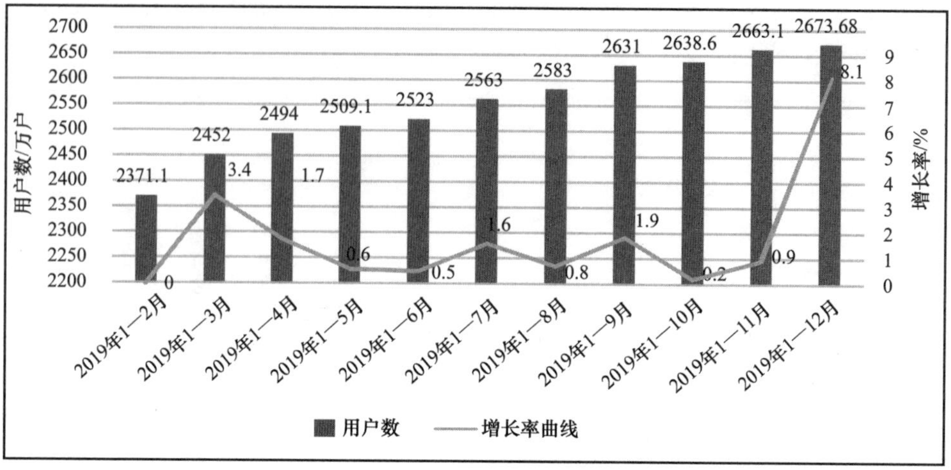

图 1-6　2019 年贵州省网络覆盖用户数

资料来源：贵州省大数据发展管理局。

2014 年，贵州省在新兴产业的规划和培育方面开始迈出了坚实和崭新的步伐，适时提出了能够深刻促进省内产业实现结构调整和转型升级的“五大新兴产业”，其中以大数据为引领的电子信息产业、以大健康为目标的医药养生产业、以民族和山地为特色的文化旅游业等三大新兴产业与大数据产业密切相关或联系紧密。2014 年到 2019 年期间，贵州省三大产业的发展势头强劲，并很快成为全省新的经济增长点。贵州省 2010—2019 年度《政府工作报告》的数据显示：仅 2015 年大数据信息产业的年增长已经达到 37.7%。特别是在 2018 年度，贵州省的大数据相关业态收入已经出现了显著增长，如电子信息制造业增长 11.2%，规模以上软件和信息技术服务业收入增长 21.5%，互联网和相关服务营业收入增长 75.8%，电信业务总量增长 165.5% 等，同时还有 1625 户实体经济企业实现了与大数据的深度融合等。贵州省在 2019 年度通过深入实施“万企融合”大行动更加突出了大数据的引领作用，在信息产业的产量和收入等方面取得显著成绩，如智能手机产量增长 180%、电子元件产量增长 25%、集成电路产量增长 20% 和软件业务收入增长 18% 以上等。贵州省已经实现大数据产业发展指数位居全国第三。

同时，贵州省及其地方政府在关注和培育发展好的大数据本土企业，特别是对领头企业发挥了很好的指导服务作用。例如，货车帮是贵州省培育的较为成功的本土大数据企业之一。该企业在 2013 年落户贵阳至今的七年发展时间内建立了能够覆盖全国的货源信息网络，已经成长为中国最大的公路物流互联网信息平台企业。目前，该信息平台聚集了占全国货运企业45%的经过认证的30余万家物流企业，并联通了全国80%以上的孤岛状物流园。如今，“货车帮”每天可提供超过200余万条的全国货源信息量，并采用互联网、物联网、机器人和人工智能等先进的信息技术手段对其平台所收集积累的大数据进行清洗、挖掘和分析，促成了平台的运费交易额超过50亿元，极大提高了司机的响应速度（吴大华等，2019）。贵州省政府依据“货车帮”的企业特性开展了针对性的培育扶持工作。“货车帮”的发展壮大离不开贵州省多年来积极扶持大数据产业发展的努力，它的成长轨迹也几乎与贵州省大数据产业蓬勃发展的阶段相吻合。显然，物流企业发展最重要的条件是通过交通的便利性带来经济的高效率。在近10年来，贵州省内相继贯通了兰海高速、厦蓉高速、杭瑞高速等公路大通道。仅2014年，贵州全省高速公路的通车里程就突破了4000千米，并且出省通道中高速公路达到10条；还有普通的国道和省道的公路干线达到2236千米并新建成585千米[①]。目前，贵州省政府多年来在政策、资金、人才等方面的支持，对本土大数据企业的发展壮大起到非常重要的推动作用，其经营范围已经涉及航天、医疗、交通和旅游等行业，产生了包括贵州航天云网科技有限公司、贵阳朗玛信息技术股份有限公司、贵州海康交通大数据有限公司等一批具有代表性的大数据企业。

贵州省政府同样重视外来企业的引进和服务工作。首先得益于与百度公司、腾讯公司和美国苹果公司等龙头企业共建合作项目，贵州省陆续吸引到更多的外来大数据企业入黔发展。为了更好地吸引和支持外来大数据企业，贵州省在技术和资金等方面给予了大力支持。以贵安新区为例，首次落户并获得国家技术先进型服务企业认定的企业可获得一次性50万元支持；首个形成规模商用的数字化应用项目企业可获得最高200万元支持；企业建设公共服务云平台、大数据中心和软件创新中心以及产业联盟（平台）实施重大软件产品的创新研发和推广等工作，均可享受最高1000万元的软硬件投资支持等。

贵州省大数据在各个行业的成功应用，催生了多项新兴业态。其突出成绩表现在以下五个方面：

① 智慧医疗。贵州省以互联网服务平台“云上贵州”为支撑点，汇集了全省大多数的医疗卫生机构，为城乡居民提供医疗服务和公共卫生服务；同时，

① 刘力维．贵州省全力构筑立体交通网络［EB/OL］．（2015-02-14）［2020-08-20］．http://news.gog.cn/system/2015/02/14/014117818.shtml.

以该平台采集到的医疗和健康数据为基础，建成了覆盖省、市、县、乡四级公立医疗机构的全省统一的远程医疗服务管理平台，并可对接省外发达地区的优质医疗资源①。该平台在为基层群众提供便捷、高效、实惠和可持续的医疗服务的同时，也为相关健康服务机构和政府部门提供强有力的科学决策。例如，在2020年初的新冠肺炎疫情期间，该平台充分利用其远程医疗覆盖网，实现远程会诊超过2000余次。2016—2019年贵州省的智慧医疗发展情况见表1-8。

表1-8　2016—2019年贵州省智慧医疗发展情况

时间	发展进程	应用
2016年	贵州建成基于信息化为手段的全省统一的远程医疗服务管理平台，其远程医疗能力覆盖全省所有县级以上的公立医院	
2017年	贵州远程医疗服务体系覆盖全省乡镇卫生院，实现省、市、县、乡四级公立医疗机构的联网服务，建成“乡乡通”的卫生服务体系，并将远程医疗延伸到社区卫生服务中心	从2016年6月到2017年末，全省各级医疗机构累计开展远程会诊达到2.3万例，开展远程心电诊断、远程影像中诊断和远程检验质控达到13.4万例
2018年	贵州省卫健委与科大讯飞股份有限公司建立了贵州省人工智能医疗联合实验室并签署战略合作协议，探索人工智能在医疗领域的应用创新模式	全省实施达23.5万例的远程医疗业务量，其中2.6万例远程会诊、13.1万例远程影像诊断和7.8万例远程心电诊断等
2019年	贵州省通过将远程医疗服务体系延伸到乡村卫生机构实现省、市、县、乡、村五级远程医疗，可满足1万个远程门诊	2016年6月到2019年12月，全省共完成105.43万例的远程医疗服务量，被纳入远程医疗服务网络的医疗机构有1836家

资料来源：贵州省卫生健康委官网。

② 智慧扶贫。贵州省以精准扶贫、精准脱贫为目标，以“大数据手段＋制度框架设计＋精准管理”的方式搭建“扶贫云”平台。该云平台主要围绕对贫困户的精准识别，建成重点面向贫困人口动态监测的基础数据支撑平台、精准管理的脱贫指挥调度平台、精准监管的项目资金管理平台以及精准督查的扶贫工作移动巡检平台等。同时，为了有效针对痛点问题量身定做脱贫方案，贵州省搭建了省级劳务就业扶贫大数据平台（图1-7）。截止到2020年6月，劳务就业扶贫大数据平台已经为16311名重点扶贫人员和2062名普通贫困人员开展了岗位推荐就业，并完成了重点扶贫人员就业1088名和普通贫困人员就业5374

① 张凌.贵州省走出远程医疗服务体系建设新模式［EB/OL］.（2018-12-29）［2020-05-18］.http://news.gog.cn/system/2018/12/29/017023475.shtml.

名，真正实现了就业人员与就业岗位相互匹配和帮助就业人员快速就业[①]。

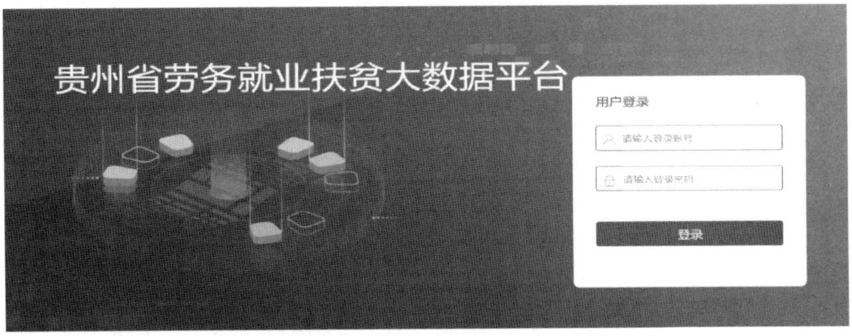

图 1-7　贵州省劳务就业扶贫大数据平台

③ 智慧乡村。为了更好地进行乡村治理，贵州省研发了“贵州省数字乡村建设监测平台”（图 1-8）。该平台包括了村镇生活垃圾收运板块、乡镇生活污水处理板块以及传统村落建设管理和传统村落数字博物馆板块三大板块。另外，该平台也同步开发了手机客户端（即贵州数字乡村 App），在国内率先实现了乡村建设一张图、一体化和集成式的管理模式，体现了大数据分别与农村危房改造融合、与传统村落保护融合以及与农村人居环境整治和生态环保融合等。在这个数字平台上，用户可以随时随地查看省、市、乡、村的基本信息，掌握核查进度，确保住房位置的精确定位和精准导航，实现房屋改造的成果与效果图之间的记录和比对[②]。

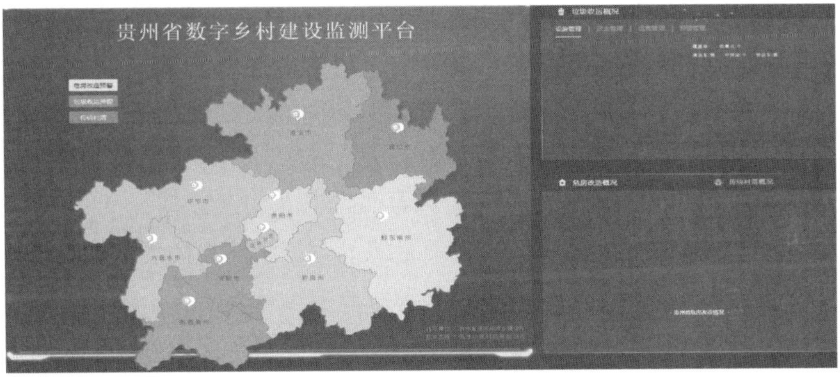

图 1-8　贵州省数字乡村建设监测平台

① 贵州省大数据发展管理局 . 贵州省劳务扶贫大数据平台在全省开始推广使用［EB/OL］.（2020-06-05）［2020-10-25］. http://dsj.guizhou.gov.cn/zfxxgk/fdxxgk/dsjyytg_5619967/202006/t20200605_60931694.html.

② 陈宇 .“智慧”美好生活之乡村治理现代化 贵州数字乡村建设初显成果［EB/OL］.（2020-02-10）［2020-11-05］. http://www.xinhuanet.com/info/2020-02/10/c_138770874.htm.

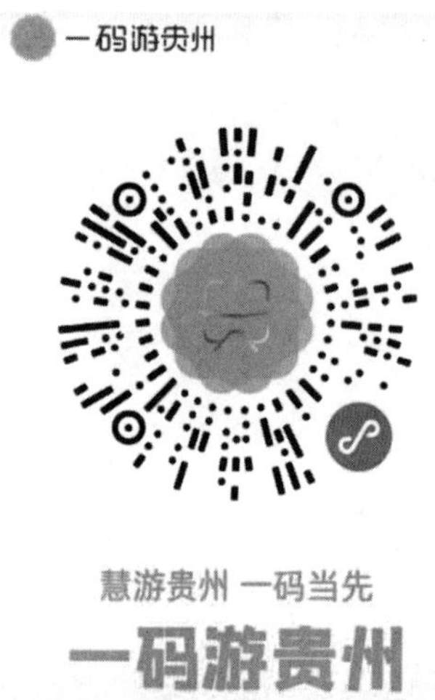

图 1-9 “一码游贵州”全域智慧旅游平台二维码

④ 智慧旅游。面向日益发展的旅游行业管理和旅游景区信息化等需求以及自驾自助游的井喷式增长趋势，国内各省份相继着手建立了本省的智慧旅游云服务平台。在 2020 年“5 · 19”的中国旅游日，贵州省“一码游贵州”全域智慧旅游平台正式上线（图 1–9）。该平台无需下载、安装和存储，只需扫描二维码便可以全方位地为游客服务，标志着贵州省全面开启了智慧旅游新篇章。贵州省“一码游贵州”全域智慧旅游平台是以大数据、云计算和 5G 网络等新一代高新技术为手段，通过采集全省 415 家景区的 2 万多条基础数据，如交通数据、酒店数据、导游数据和旅行社数据等，来实现现有涉旅数据的全覆盖，从而为广大游客提供“吃、住、行、游、购、娱”等全方位的智慧旅游服务和全面提升游客入黔的旅游体验。同时，“一码游贵州”全域智慧旅游平台基于 LBS（location based services，基于位置的服务）定位功能，可以自动识别游客扫码时所处的地理位置，为游客精准推送当地旅游的相关服务信息①。

⑤ 智慧农业。伴随着贵州大数据发展战略的深入实施，全省各地也在积极推进“大数据 + 农业”的创新实践。如修文县的猕猴桃、遵义市的辣椒、娄三关的茄子、水城县的食用菌等示范点产业基地，均采用大数据思维和管理模式开展智慧农业项目的应用。智能温室大棚环境监控系统②如图 1–10 所示。

这里以湄潭县茶产业为例对智慧农业进行介绍。湄潭县隶属于贵州省遵义市，是全国著名的农村改革试验区。该县目前种植有生态茶园 60 万亩，被称为贵州省第一茶叶大县。近年来，湄潭县热烈响应贵州省的大数据发展战略，努力打造现代化生态茶园，积极推进智能温室大棚快速繁育的茶苗创新技术、茶园物联网种植技术和茶园监测技术等，建成了能够对茶园进行科学管控、对茶叶产品可追溯的大数据云平台，有效促进了新信息集成技术的应用，创新了

① 贵州广播电视台 .“一码游贵州”贵州开启“码上开游”金域智慧旅游新模式［EB/OL］.（2020–05–19）［2020–11–20］. http://whhly.guizhou.gov.cn/xwzx/tt/202005/t20200519_60504662.html.

② 圣启科技 N2. 贵州省智慧农业让农业生产变得“更简单、更节约、更高效、更科学”［EB/OL］.（2018–11–24）［2020–10–25］.https://www.sohu.com/a/277510236_120000604.

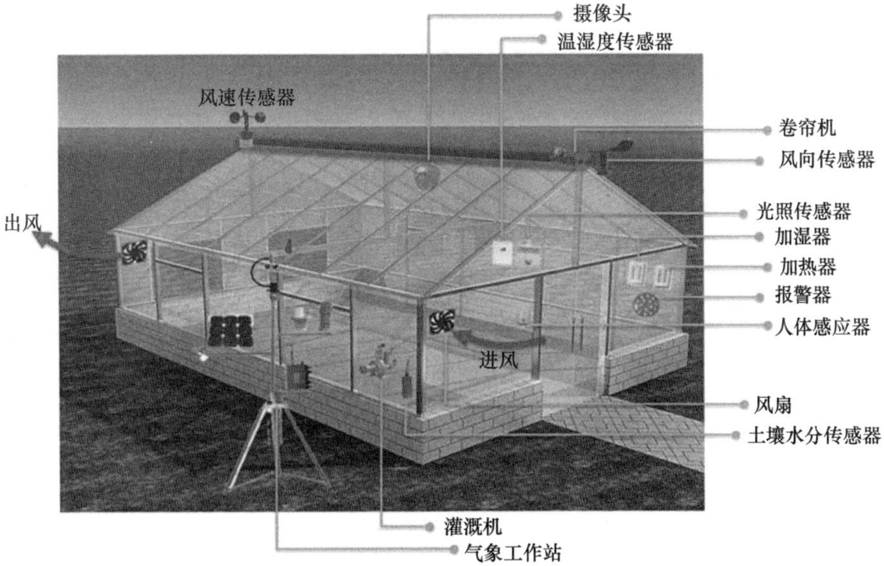

图 1-10 智能温室大棚环境监控系统

智慧农业、生物农业和“互联网 + 现代农业”等新兴业态[①]。茶叶种植的大数据云平台可科学有效地监控茶园环境情况，实现 24 小时实时收集并监控茶园的土壤、水分、温度和湿度等数据资料，并将监控情况直接反馈给专家团队，使专家们可远程实现对茶园的规范指导和有效管理。

1.3.4 大数据产业发展问题

在较短的几年时间内，贵州省大数据走过了从无到有、从被动到主动和从落后到先进的艰辛历程，在实现弯道取直和后发赶超的拼搏中取得了良好的经济建设成绩。然而，贵州省在大数据建设过程中也逐渐暴露了其不足的一面，因而克服这些发展短板也就成了贵州省各界人士需要深入思考的现实问题。

1. 大数据企业投资集中，企业发展受限

基于贵州省大数据发展管理局官网的资料显示：自 2018 年 1 月至 2020 年 6 月期间，大数据企业投资资金主要有贵州省的移动、电信、广电、铁塔和联

① 李明杰，常力强 . 贵州：种上“摇钱树” 做好“茶文章”［EB/OL］.（2020-04-28）［2020-11-20］.https://baijiahao.baidu.com/s?id=1665185128604000744.

通等国有大型公司。特别是从 2020 年 1—6 月的投资情况来看，贵州省的三大运营商以及广电和铁塔等公司的投资额度已经占据了全省大数据领域投资总额的 60.76%，即投资达到了 85.3 亿元人民币。此外，从投资地域来看，这些投资项目主要位于贵阳市、贵安新区、毕节市和遵义市等地，其计划投资额分别为 30 亿元、29 亿元、17 亿元和 13 亿元人民币。贵州省虽然有数量较多的私营企业积极投资于大数据建设项目，但这些企业和前面的国有企业相比，其投资额度偏小、现代化信息集成技术偏弱、应用效率不够显著。而国有企业虽然其内部环境和外部环境都比较稳定，但其员工之间乃至企业之间的竞争较小，在一定程度上也会限制国有企业的工作效率，使其发展受到一定的限制。另外，投资地区集中又会导致大数据的各项资源利用程度不够，在一定程度上妨碍了大数据企业与地方特色产业的融合创新程度，使大数据企业在长期发展上也受到了一定的限制。

2．大数据产业创新力度较低

根据《贵州省数字经济人才发展白皮书（2019 年）》的资料显示：贵州省在 2018 年的数字经济人才只有 32.03 万人，其人才总量明显不足；省内数字经济人才的供给规模为 5.3 万人，但中职中专毕业生占比却达到了 52.83%，其人才质量有待提高；从人才结构来看，省内高校的人才供给仅占 47.17%，同时，省内数字经济人才的需求缺口又达到了 11.57 万人，因而省内的培养人才和需求人才的数量都有待提升。此外，贵州省的大数据企业与高等院校和科研院所的联合力度还明显不够，其重点（工程）实验室、工程（技术）研究中心和企业技术中心等大数据研发平台由于缺乏企业的资金支持而很难长久持续，从而难以提供这些研发平台的研发设计和技术创新等服务能力。显然，资金和人力的匮乏是贵州省大数据产业创新能力薄弱的重要原因。

3．大数据产业与其他产业的融合程度较低

贵州省大数据发展管理局的官网数据显示（图 1–11）：在 2018 年度，贵州省大数据产业分别与工业、农业和服务业的融合指数中，其与农业和服务业的高级融合指数比例在所有指数比例中处于最低，仅为 13% 与 5%，这表明大数据产业与其他产业之间的融合发展壁垒较高。高壁垒会导致产业内部资金匮乏，产业数据信息拓展范围受限，从而对大数据产业的长期发展造成了不良影响。

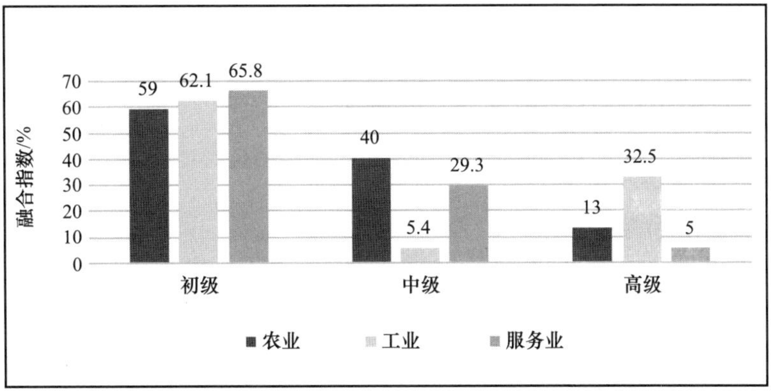

图 1-11 大数据产业分别与农业、工业和服务业等的经济融合情况

4．大数据产业的各项针对性政策还有待加强

从贵州省大数据发展管理局的官方网站检索到截至 2020 年 6 月 29 日共出台了 12 项政策，而其中具体针对大数据的政策条例只占了两项，即《贵州省大数据安全保障条例》和《贵州省大数据融合创新发展工程专项行动方案》。通过对政策内容的解读，作者发现目前的这两项政策在对大数据中小企业资金的支持方面力度还不够，且政府在资金扶持方面也缺乏适当的监督手段。

5．大数据人才的需求与供给不对口

据《贵州省数字经济人才发展白皮书（2019）》的统计资料显示：在 2018 年，贵州省数字产业化人才中的经营管理、专业技术和技能型等人才的供给量分别为 3.73 万人、4.39 万人和 7.85 万人，其中技能型人才的供给占比 49.15%，接近人才供给总规模的一半（图 1-12）。而在数字产业化的人才需求结构中，企业经营管理类的人才需求量为 1.8 万人；专业技术型的人才需求量为 2.65 万人，其需求规模占比最高；而技能型人才的需求量则为 1.75 万人（图 1-13）。显然，贵州省在 2018 年的大数据人才市场对各类型人才的供给都已经达到饱和，即供给远大于需求。大数据人才的需求与供给之间的不对称不仅影响大数据市场的健康长远发展，而且长期以后还会引发一些社会问题。

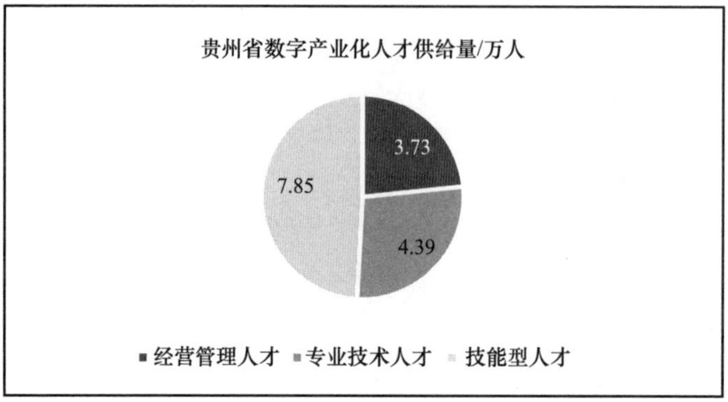

图 1-12　2018 年贵州省数字产业化人才供给量

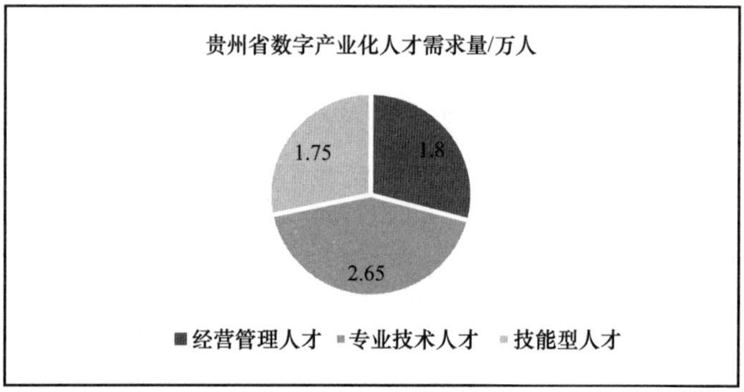

图 1-13　2018 年贵州省数字产业化人才需求量

6. 大数据开发应用受限

目前，贵州省内的大数据产业还存在数据共享程度不够的问题，其数据壁垒问题还在一定范围内存在。虽然在 2019 年 5 月贵州省政务数据“一云一网一平台”正式运行，并规划统揽省内的政务、经济、社会、文化各领域，以及推动数据从“云端”向政用、民用、商用落地[①]，但是此举仅取得了部分的成果。如“贵州政务服务网”注册用户达 2370 多万户，但仅占全省常住人口的 66%；“云上贵州多彩宝”注册用户 190 多万户，也仅占全省常住人口的 5% 左右。因此，贵州省要想真正做到大数据的普及应用，还需要进一步拓宽用户群体和挖掘客户的具体需求。

---

① 佚名 . 贵州省政务数据“一云一网一平台”正式运行［EB/OL］.（2019-05-26）［2020-12-15］.http://www.xinhuanet.com/local/2019-05/26/c_1124543582.htm.

第 2 章　贵州省大数据产业创新生态系统分析

贵州省地处云贵高原东部，是我国南方喀斯特地区的核心区域，其内山脉纵横、峦峰绵延、山高谷深，是一个气候宜人、资源富集的多民族内陆省。贵州境内呈西高东低并由中部向北、东、南三面倾斜。全省地貌主要包括高原山地和丘陵地带。贵州省植被丰厚，岩溶地貌发育丰富，构成了一种特殊的岩溶生态系统。贵州省属亚热带湿润季风性气候区，其内温暖湿润、冬暖夏凉、气候宜人，全年平均气温不足 20℃，最高平均气温仅为 22 ～ 25℃，为典型的冬暖夏凉地区。因此，贵州省委省政府决定把大数据产业作为该省走出经济洼地实现后发赶超的战略选择。

由于特定的地理环境、复杂的地形地貌和相对落后的经济基础，贵州省的大数据产业发展道路将有别于西部其他省份和东部发达地区。本章即从系统论视角特别是产业创新生态系统理论探讨贵州省大数据产业的系统构成和演化路径等。

2.1　大数据产业创新生态系统的内涵

生态学理论认为，在一定的时间和空间范围内，自然界中生物群落及其所处的生物环境共同构成了自然生态系统。在这个生态系统内部，各生物之间以及生物与环境之间是相互影响和相互制约的关系，从而共同维持该系统在一定时间内的动态平衡。类比于自然生态系统，产业生态系统可认为是由产业群体及其支撑环境等共同构成的一个整体，并且这个整体中的各要素之间能够通过物质、能量、资金和信息的流动或传递，使各要素之间以及要素和支撑环境之间能够达到相互关联的目的，从而促进整个产业群体发挥更大的经济作用和实现更佳的综合效果（王娜等，2013）。另外，创新成为促进产业发展的重要推动力。而创新生态系统则普遍被认为是以创新为纽带，以核心企业或平台为中心，由创新主体及其所处的创新环境为达到共同的价值目标而彼此之间相互联系的具有自组织和自调节功能的动态系统（王娜等，2013；陈健等，2016；

Iansiti et al.，2004；Autio et al.，2014；李其玮等，2016）。文献整理发现，政界和学界关于大数据产业的内涵界定都离不开对数据价值链的探讨，即数据从产生、采集、管理再到服务应用的数据价值实现流程，因而政、产、研都认同大数据产业是围绕数据价值链而展开的一系列经济活动的集合，包括数据资源建设、相关软硬件产品的开发、销售和租赁活动以及相关信息技术服务等（《中国大数据发展调查报告（2018）》）。综合以上有关产业创新生态系统和大数据产业的相关观点，本书认为大数据产业创新生态系统即是以与数据价值链相关的大数据企业为核心构成要素，由参与创新的其他相关企业、高校、科研院所、政府以及其他各类中介机构等作为创新主体，以及由与这些构成要素和创新主体所处的创新环境作为系统环境，从而使构成要素与创新主体之间为达到不断创新的目标彼此相互作用而形成的动态创新系统（吴航，2014；黄敏，2011）。

2.1.1 产业生态属性

大数据产业创新系统首先是一个生态系统。从生态学角度来看，大数据产业从属于社会生态系统，即类似于生物一样遵守从个体到种群再到群落的发展历程，使得大数据产业在较大程度上体现出生态系统的生态属性。从产业结构来看，不同形式的产业按照社会发展的经济需求和资源禀赋的要素能力等形成合理的分工，同时各产业要素需要以一定的比例关系和组织方式而在整个产业链中占据不同的地位。因此在大数据产业结构中，按照数据价值链可将大数据产业链分为数据生产、数据采集、数据管理、数据挖掘和数据应用等环节，其中数据生产是开展大数据产业一系列经济活动的前提，数据采集和管理在整个产业链中占据基础地位，数据挖掘是产业链的核心环节，而数据应用则成为最终目的。但是无论大数据产业链的哪一个环节，均以大数据企业作为其构成要素。另外，行业规模、资源条件、行业政策等要素则共同构成了大数据产业发展的生态环境，影响着大数据企业即大数据产业系统的个体运行。从微观层面来看，大数据企业是大数据产业系统的基本组成单位，它需要通过与政治、文化、科技、自然等环境要素进行物质、能量、资金和信息的交换和流动，不仅能够影响企业自身的发展轨迹，而且其行为模式也会对产业环境产生关联影响，并同样影响着其他大数据企业或其他行业企业的成长与发育，从而促进或抑制整个大数据产业的发展。生态学的“阈限物质原则”认为，任何生态环境系统都存在有限的生产能力和承载能力。对大数据产业而言，随着产业的不断发展，其产业集群的规模也不断壮大，其面临的资源限制问题将会逐渐显露出来。一方面，当大数据核心企业（例如提供数据管理和数据挖掘等服务的企业）在数量与规模方面低于生成产业链要求的阈值时，则其无法有效吸引其他更多的同类与配套企业以及诸如研发、物流、运输等的相关支持机构入驻；另一方面，产业发展所需的资源并不是取之不尽的。当大数据企业过多时，大数据产业发展所需的人才、技术、市场、信息等有限资源就会变得逐渐紧张，由此导致大数据产业中的企业与企业之间的竞争愈发激烈，从而造成行业利润的下降。因此，大数据产业要想实现其可持续发展，需避免盲目追求产业集群的经济效益而必须考虑其生态环境的资源和环境等的负载问题，即恰当的大数据企业发展密度可确保企业在索取和利用外部资源时处于生态环境的承载能力之内。由此可见，大数据产业作为社会生态系统的组成部分，也具备了和自然生态系统相似的环境开放性、物质平衡性、要素协同性等生态属性。

基于习近平总书记的重要指示精神，贵州省提出“牢牢守住发展和生态两条底线”的思路，要求发挥贵州省的生态环境优势着力发展那些环境和生态友好型的产业；强调贵州省的工业化和城镇化要以生态文明理念引领产业发展；要求以生态优势吸引外来要素资源和营造发展优势。贵州省在发展大数据产业体系的过程中，突出了电子信息产业的培育，以“抢占先机、后发先行”的姿态引进和实施了一批引领性的大数据项目。例如，贵州省基于得天独厚的气候、地质和煤炭等资源，首先吸引通信运营商建立产业附加值较低的基础性数据存储中心，然后基于数据存储潜在优势向数据分析实际优势过渡而获得相关产业大数据发展的先行优势。

2.1.2 产业经济属性

任何一种产业都是随着经济发展到一定历史阶段的产物（张保华等，2006）。随着经济的发展，网络和信息技术也在不断更新，由此带来的信息传递将社会推向信息化方向发展。在信息化社会中，大数据已逐渐成为衡量各国综合国力的重要战略资源。在此背景下，大数据产业作为现阶段国民经济的重要组成部分，具有与其他一般产业相似的经济属性，主要包括非物质属性、市场属性和产业属性等（张保华等，2006；薛永武，2016）。

（1）非物质属性。满足人的物质需求和精神需求是人类开展生产活动的基本目的，但是满足需求的产品不仅仅体现在实物形态上，即也包括服务类产品等非实物形态，因而生产活动既创造了物质产品也提供了服务产品（张保华等，2006）。中国信息通信研究院发布的《大数据白皮书 2016》认为：从广义上来讲，由于数据生产没有行业限制，各行各业都能够产生数据，因此大数据产业能够同时涵盖现有国民经济的三大产业；从狭义上来讲，大数据产业以大数据的采集、存储、管理和挖掘等活动为核心内容，并主要围绕信息的采集和加工来构建生产单元，因此大数据产业也可以看作是以网络和新兴技术为基础的信息产业的一部分。因此，大数据核心产业为社会提供的大数据产品如数据可视化等属于非物质的服务类产品，故其应归类于第三产业。大数据产品同样甚至更强地具有与劳动产品等有形实物产品相同的使用价值和可消费性，能直接提供满足人的精神需求的服务。

（2）市场属性。任何产业在市场中都存在真实的商品货币关系，即不存在无市场的产业（张保华等，2006）。大数据产业在向市场提供最终产品和服务的同时，也在不断地从市场中得到反馈和分解。大数据产业的市场属性主要体现在其产品的资源稀缺性和市场竞争性。这种稀缺性和竞争性既存在于大数据产业内部的各企业之间，也存在于大数据产业与其他产业之间。大数据产业要提升其产品的市场竞争性，同样需要加强自身的市场化运作方式和经营管理能力以及增加其资本的投入力度。

（3）产业属性。在企业界和学术界，大数据常常被看作是一项生产技术而非产业活动。因此，大数据产业目前还很难划分到国民经济行业的现有分类当中。但是，大数据产业已经被政府部门看作为国民经济重要组成部分的国家战略性产业，其自然具备了产业的属性。首先，从产业范畴来看，凡具有投入和产出的各种部门和相应生产活动都可以被列为产业范围内。大数据产业在经济活动中显然是投入了一定的人力、财力和时间，其不仅产出了大数据硬件设施的有形产品，还生产出了不以物质实体存在的大数据技术服务类产品；其次，从产品性质来看，大数据服务和产品同时具有使用价值和价值，其提供的技术服务能够加快企业的信息化进程以及企业在产品设计和生产等环节的更新速度。另外，与传统产业不同的是，大数据产业是以大数据的价值实现为核心。因此，从价值层面来看，大数据产业还具备强价值衍生性的经济属性，主要表现在大数据产业是以大数据为核心的圈层形产业价值链群，以大数据从生产、加工到应用的价值实现流程是由内而向外辐射（王羽，2009）。其中，紧紧围绕数据生命周期和大数据的关键技术及核心业务等生产活动处于最内圈层次，并且这些生产活动由于支撑了整个的大数据产业价值链而成为大数据产业的核心业态，也就是说，核心业态包括了大数据的采集、加工、存储、分析、交易、安全、服务和云平台等的建设和运营；中间圈层是围绕大数据产业链上下游和核心业态并为其提供软硬件支撑的关联业态，包括智能终端、电子材料和元器件、呼叫服务、软件和服务外包等；最外层为大数据与各行各业的融合应用所产生的衍生业态，是大数据与传统经济的融合，如智慧旅游、智慧农业、智慧物流、智慧交通和智能制造等。

2.1.3　产业体系属性

学术界普遍认为，体系是多系统的组合，是由多个开放、复杂的系统通过特定的方式组合起来并可以实现特定功能的集合体。从广义上讲，体系实质上是一类复杂巨系统，它由一般系统到复杂系统再演化而成体系（游光荣等，2010）。在系统科学中，体系通常被视为为了实现共同目的而耦合的系统的集合（游光荣等，2010）。体系具有与系统相似的开放性和复杂性，并且各组成成分之间既相互独立又彼此联系，同时还具有规模庞大、技术复杂的特点（张维明等，2011）。另外，源于体系现象与问题发现的体系工程是一个学科交叉、系统交互的过程（张维明等，2011）。大数据产业作为以数据为核心的新兴产业，其涉及的行业范围广泛，产业规模庞大且复杂。并且，其能够与传统产业相互融合发展，体现了很强的开放性，还整合了多种复杂技术，如信息通信技术、数据挖掘技术等。同时，技术的复杂性及产业的开放性使得大数据产业所需的人才呈现出了复合性的特征，涵盖了数学、计算机科学、统计学和软件工程等多学科领域，因此大数据产业的多学科交叉特性与人才需求的复合型特点为该产业的发展带来众多的可能。由此可见，大数据产业具备了显著的体系属性。大数据产业的体系属性具体可概况为构成多样性、单位独立性、边界模糊性和开放性四个方面（游光荣等，2010）。

（1）构成多样性。该特性主要指大数据产业能够包含那些众多的行业及企业，即它们涉及数据从产生、采集、管理到分析和利用等一切与数据价值实现相关的经济活动。这些从事与数据的生产活动或服务活动等相关的行业和企业共同构成了大数据产业体系。

（2）单位独立性。该特性是指大数据产业中的各个组成单位都能够保持着自主运作的独立性，即具备自主行为、结构、功能和目的（谭跃进等，2011）。大数据产业体系涉及多条产业链，单独拆分开来都可视为一个小型的复杂系统。为了推动全产业链的顺利运行，每个产业链条就需要确保产业链上代表每一环节的小型系统能够独立运作并再与其他系统相互协调，从而为整个大数据产业体系发展贡献能力。

（3）边界模糊性。该特性主要体现在大数据产业的融合度高，能与几乎所有其他行业包括传统产业等融合发展而形成新业态，造成体系边界的模糊性。目前，学术界大多是基于数据价值实现的产业链角度去界定大数据产业体系的边界，但即便如此，其边界仍存在不全面性和模糊性。

（4）开放性。该特性是指大数据产业体系内的各子系统不仅在彼此之间进行交互活动，而且还与体系外部的环境之间存在着交互作用。大数据产业体系通过这种交互过程可以通畅地在子系统之间以及体系与外部环境之间进行资金、技术、人才、信息等的传递和交换活动。

2.1.4 产业创新属性

任何一个产业的升级发展都离不开创新活动，同时每一个创新活动都有可能促进某一个产业的升级发展。产业创新并非单指一个企业的创新活动，而是包括了企业群体的创新集合。产业创新通常经过技术创新、产品创新、管理创新、市场创新和产业融合五个层次，它可以指产业内某一项技术的创新，也可以指某一新产业的形成，还可以指原产业的改造升级。大数据产业实质上是信息技术高速发展的产物，是基于互联网、云计算、物联网和人工智能等新兴技术来实现人类衣食住行的便捷化和智能化。因此，大数据产业不能运用传统产业的划分标准来简单界定其行业属性。首先，从技术层面来说，大数据产业是涵盖多个技术领域的综合产业，其技术交叉性较强，这一点可以在大数据产业的人才需求中得到很好的体现。另外，根据《2018 中国大数据产业发展调查报告》提示，大数据产业对核心及高端人才的要求是掌握跨领域技术和知识的复合型人才，如市场运营、数据分析、软件应用等领域，表明大数据产业发展所涉及的技术不再是某单一领域，其涵盖的范围较广。同时，在大数据产业的核心技术领域，如数据挖掘、数据存储等环节对技术的要求较高，传统的处理模式及算法已不能满足需求，从而需要更为先进和优化的技术，这一过程常常伴随着技术突破。其次，从产业融合层面来说，大数据产业的辐射范围广，其产业的规模体量庞大，并且能够与传统的种植业、制造业和服务业等产业交叉重叠（邸晓燕等，2018），进而涌现出诸如智慧种植、智能制造、智慧旅游、智慧物流和智慧医疗等新兴业态，而这些新兴业态实质上可视作传统产业的改造提升和换代升级。同时，大数据产业融合还能够促进商业模式的创新，并涌现出“软件产品免费，服务收费”的商业模式（邸晓燕等，2018）。大数据产业发展的目的是实现数据价值或数据增值，因此传统产业基于价值增值这一角度再通过数据的加工服务手段，可使大数据产业最终落到服务业领域。随着市场需求呈现层次的多元化特征，企业不断整合产业链的上下游资源来提供系统的一体化解决方案，并促使制造环节的高附加值逐步转向服务环节（邸晓燕等，2018）。但是，大数据产业更符合长尾理论而注重位于产业链尾端的数据价值服务并接近用户的应用层，因此其提供的服务更具多样性和个性化（邸晓燕等，2018），这表明大数据产业具备的创新属性主要体现在技术创新及产业融合两方面。

2.2　大数据产业创新生态系统的构成

大数据产业创新生态系统作为一个复杂的、开放的、动态的系统，是受较多要素的共同影响而构成不断变化的网络体系。综合分析大数据产业创新系统的构成要素，可分为四种类型，即产业创新主体、产业创新客体、产业创新功能和产业创新环境。在大数据产业创新生态系统中，与产业创新直接相关的组织或机构即为产业创新主体，如在大数据产业链中的企业，以及为大数据产业创新提供新技术、人才的高等院校和科研机构等；在大数据产业创新生态系统中，提供产业创新环境、制度、资源和服务等的组织机构称为产业创新客体，包括政府、银行、中介等；影响大数据产业的创新主体和创新客体之间关系的网络（如创新要素的流动性、价值链的协同竞争、创新链的共同合作、系统内部风险管控等），并可为大数据产业创新生态系统提供基本功能的定义为产业创新功能。在大数据产业创新生态系统的外部环境统称为产业创新环境。产业创新环境既包括为构成系统的软件和硬件等所需要的物质基础和运行需要，也包括为大数据产业提供所必需的相应政策环境和营商环境等。产业创新主体、产业创新客体、产业创新功能和产业创新环境四个要素缺一不可，相互作用，相互配合，在大数据产业创新生态系统中互利共生，通过资金、信息、人才、物资、政策等形成一套完整的体系，并为产业创新生态系统提供源源不断的物质和能量基础。

2.2.1 产业创新主体

在大数据产业创新生态系统中，产业创新主体不仅能够具备对产业创新的能力进行决策和承担风险，还能够获得其进行创新的收益。大数据产业创新生态系统既包括了大数据企业、高等院校和科研机构等产业创新活动的直接参与者，也包括了政府机构和中介服务机构等产业创新活动的间接参与者。

1．产业创新的直接主体

根据创新主体的分工和创新内容的不同，本书将创新主体分为技术创新主体和原始创新主体两种类型，其中技术创新主体的主要代表是企业，而原始创新主体则为高等院校和科研机构等组织。

（1）技术创新主体：企业。企业是所有创新活动的源头和终点。在大数据产业链中，众多企业共同促成产业技术创新的实施基础，为产业创新生态系统提供基本的物质基础和建设资金。在大数据产业创新生态系统中，企业的目的是获取营利，最高的目标是生态和利润双赢。大数据企业通过调查了解市场的需求，协调企业自身的可支配资源来提高其对同类企业的市场外部竞争力并提升其自身内容的创新源动力；通过研发新产品或新服务并创新其商业模式，从而实现其营利目的。而贵州省的大数据企业正是依托大数据技术和服务，在符合生态环境的承载力基础上不断创新，用新产品和新服务促进贵州大数据产业的茁壮成长。

经过若干年的努力，贵州省已经在大数据与医疗产业、零售业、信息产业和制造业等相关领域有效实现了融合，这表明各产业创新主体在创建贵州省大数据产业创新生态系统的过程中发挥了应有的贡献。本小节将重点介绍相关行业领域较为典型的若干大数据企业。

① 朗玛科技：大数据＋医疗推进医疗产业技术创新，促成智慧医疗新业态[①]。朗玛科技曾连续四年获得全国“百强互联网企业”荣誉称号，是贵阳

① 曾帅．贵州大数据企业争先行动投身抗疫第一线［EB/OL］．（2020-02-12）［2020-11-20］.http://www.cbdio.com/BigData/2020-02/12/content_6154552.htm.

市颇具代表性的大数据医疗企业，在远程诊断和线上治疗等方面做出了重要贡献。特别是在 2020 年暴发新冠肺炎疫情期间，朗玛科技依据自身的技术优势，联合 39 健康网（医疗保健信息与在线健康服务平台）、贵健康（医疗健康云公众服务平台）、39 互联网医院（疑难重症二次诊断远程会诊平台）等，为全国志愿者和医生搭建起健康服务平台，采用“互联网 + 医疗”模式帮助医生、患者和护士等人员实施线上诊疗，积极助力国内疫情的防治防控，有效缓解了实体医院的就医压力和交叉感染风险。据不完全统计，在 2020 年 2 月到 4 月期间，朗玛科技旗下的在线医疗平台的日访问量达到了 3 万余次，累计访问超过 500 余万次。该平台的访问人数不仅局限于我国的各省市区，而且还包括了泰国、新加坡和马来西亚等 15 个国家和地区。超过万余名医生利用朗玛科技的线上诊疗平台支持医患线上问诊，其视频问诊量和图文问诊量日均达到 600 余人次，累计服务 10 万人次。

互联网医院一般由实体医院根据自己的资源组建或与第三方互联网公司合作搭建。朗玛科技作为互联网医院的典型代表，主要提供在线预约、在线咨询、检查检验、在线复诊、医药配送和医疗保障等多重一站式的在线诊疗服务。互联网医疗平台的成长与壮大，不仅能够丰富医疗专家和实体医院之间的多种合作方式，还能够有效解决部分医疗资源分布不均的问题。因此，大力促进互联网医疗服务的健康发展，也有利于互联网的普利互惠。

② 星力集团：大数据 + 购物是一种更新零售行业服务能力形成智慧零售新模式[①]。线上销售是为了增加和促进消费的一种新的零售渠道并被广大消费者所热捧。在互联网时代，各种类型的销售公司都在积极发展线上零售业态，特别是当今的年轻消费者因受到网络文化的影响而掀起的“直播带货”的销售热潮。以 2020 年的五一小长假为例，为了恢复因新冠肺炎疫情导致的经济疲软和资金链紧张等，星力集团借助节假日来促进线上消费。贵州星力百货集团旗下的荔星名店聘请贵州本地主播在“荔星直播间”开始了 5 小时的不间断带货直播，极力推荐包括运动、出游、家居、护肤和美妆等在内的 48 种商品，并在短短的 5 小时内实现销售额突破 18 万元。但是，星力集团通过主播直接网上推销和网上销售只是其网上销售布局的第一步。在网上的销售和促销取得

① 庭静，樊成琼．星力集团打造“线上商场”尝试“直播带货”等新模式［EB/OL］．（2020-05-06）［2020-11-20］．http://www.cbdio.com/BigData/2020-05/06/content_6156062.htm.

成功后，该公司的第二步则是将其涵盖的服务、民宿、旅游和黔农产品等融入这种新零售模式，形成了集购物、旅游和服务为一体的体验消费。紧接着，星力集团又特别针对企业微信群和品牌微信群等其他渠道来创新其企业与消费者的关系，并主要采用每日推送新闻、各类资讯和活动提醒等方式来拉近和维护该企业与消费者关系，同时为了挽留客户还针对高级会员和大客户等开展了“一对一”的定制服务等。目前，星力集团已经发展了上百万的线上会员，而这些会员也为星力新零售业务提供了巨大的增长动力。比如，星力推出的微信小程序“星力乐购”为星力集团实现了线上销售额已经超过一千万元人民币，并且星力集团也正是通过这种在线销售模式为我国零售企业破除新冠肺炎疫情对经济影响发挥了良好的榜样。

③ 易鲸捷：大数据 + 数据库是提升数据安全保障水平实现数据存储的新路径[①]。数据库在内容和形式等方面的发展是大数据企业发展的基础。贵州省发展大数据产业离不开基础技术，特别是数据库技术的发展。而由于种种因素受限，我国互联网在发展之初所用的数据库均为国外数据库，这种现象导致我国的整个互联网行业面临非常严重的危机。而随着数据在容量和价值等方面的不断增长使得数据在国家战略中占据着越来越重要的地位，因而我国也开始越来越重视通过建立本国的数据库来保障国内软件服务行业的安全体系。因此，我国传统的软件企业巨头（如人大金仓、达梦、南大通用和神州通用等公司）一直在共同努力发展我国自己的数据库，华为、腾讯和阿里等互联网公司以及越来越多的新兴创业公司也都积极参与建设国产数据库。这些企业通过逐步强化自身的技术能力而促使其市场份额也获得逐年增长。例如，在 2020 年 4 月，由易鲸捷推出的基于银行核心交易业务系统的国产分布式金融数据库“沙箱”成功在贵阳银行上线使用。这款国产数据库具有如下显著优点：系统联机交易平均成功率高达 99.99%；核心业务系统日处理交易成功率高于 99.99%；账务类平均交易响应时间小于 300ms，而非账务类的平均交易响应时间小于 200ms。另外，易鲸捷的非核心业务系统还在贵阳农商银行推出前端图形系统和统一支付系统，并开创实行了主库（传统数据库）和辅库（易鲸捷数据库）的双库并行架构，建成了在 5G 时代下更容易满足物联网、人工智能和区块链

① 石煜倩 . 易鲸捷国产数据库：摒弃 “拿来主义” 守住金融安全底线［EB/OL］.（2020-04-27）［2020-10-28］.http://www.cbdio.com/BigData/2020-04/27/content_6156557.htm.

等新兴互联网通信技术对大数据的快而复杂的融合管理需求，为我国在其他领域实施国产数据库提供了良好的样板。“沙箱”系统成功上线得到了贵州省政府和贵阳市政府的大力支持，标志着金融领域国产数据库技术的重大突破和崭新高度，也意味着国产数据库无论是数据的处理性能还是运行的稳定性和安全性等方面都能够满足当前数据发展的需要。显然，数据库国产化符合我国信息服务业特别是大数据产业发展的趋势要求，而贵州省能够在国产数据库领域率先试行也将为该省发展大数据产业顺时造势。

④ 德昌祥：“大数据 + 制造”改变工业领域制造理念转型智造新概念[①]。贵州省独特的地理环境、适宜的气候资源和悠久的民族文化等优势给民族医药的生产和制造提供了便捷的条件。为了响应《贵州省大健康医药产业发展六项实施计划（2015—2017 年）》和《贵州省大健康产业发展新一轮六项行动计划（2018—2020 年）》等文件要求，贵阳市修文县规划修建了省内规模最大的医药产业园，其内分布着多种类型的民族药、中药、中成药以及生物制品等数十家医药企业。贵州省现存最早的制药企业德昌祥即坐落于该园区内。德昌祥是当地医药行业的龙头企业，经历了从单一的中药材原材料销售商到制药厂、再从国有企业改制为民营企业、又从传统炮制工艺改为现代制造流程的多次转变。现在，德昌祥同样跟上了大数据的时代步伐，再一次实现了生产技术的飞跃。近年来，德昌祥积极响应大数据发展战略的号召，充分利用贵州大数据综合试验区的区域优势，勇于创新将大数据理念引入其生产活动中，大胆运用大数据技术和互联网技术来解决其生产运营问题等，使该企业从传统制造业转变为现代化智能制造业，成为中医药行业的国家高新技术企业，成功体现了“传统中医药 + 大健康 + 大数据”的现代发展模式。

以上四个大数据企业是贵州省大数据产业创新生态系统中较为典型的技术创新主体。产业生态系统的有效形成和健康发展离不开大数据技术创新，而技术创新则是大数据企业发展的基础载体。无论是以大数据技术和大数据服务为主营业务的现代公司还是以大数据技术升级的传统企业，都在大数据产业创新生态系统中发挥着整合资源的重要任务，也在促进相关产业链形成的过程中有效促进相关配套企业、供应商以及用户终端和地方政府、中介服务以及科研机

① 汤正．德昌祥：创新是百年老店的全部秘密［EB/OL］．(2019-09-05)［2020-10-25］.http://www.cbdio.com/BigData/2019-09/05/content_6151002.htm.

构等的相互融合，也使得企业链、知识链和技术链等得以协同演化。在这些大数据企业的实例中，只有拥有足够实力的企业担任龙头企业才能发挥产业创新生态系统中产学研交融的表率作用。核心龙头企业的技术创新主体在系统中的作用非常大，不仅需要承担企业内部的创新风险，还要综合考量如何与其他主体协同合作，才能有效发挥其在产业创新生态系统中横纵联合的作用。显然，技术创新主体需要根据其在大数据产业创新生态系统以及在企业内外的知识互补和管理协调过程中及时调整其创新步调，并及时注意系统内其他各要素的发展速度和市场价值效率，才可以有效避免系统内部各成员的成长进度不相匹配的问题。

（2）原始创新主体：科研机构和高等院校。原始创新主体是指承担着基础性和前沿性的科学研究任务的机构，并多以高等院校和科研机构为主。原始创新主体为大数据产业创新生态系统提供了大量的新知识、新技术和新人才，其进行的基础研究和应用研究能够从不同层面为大数据产业的创新发展提供了不竭动力，是创新任务的主要承担者。在大数据产业系统的整个创新过程中，高等院校和科研机构参与了创新的研发、传播、应用和反馈等所有工作，在整个大数据产业生态系统中表现出较强的“溢出效应”。因此，原始创新主体不仅为技术创新主体提供了创新技术和创新人才、传播了创新思维和创新知识，而且为产业系统内外相关要素提供了创新素质和创新需求，并且根据反馈信息适时调整创新方向以避免资源的浪费。

原始创新主体在很大程度上决定了大数据产业创新生态系统能否健康的可持续发展，因而对大数据产业发展有着相对重要的地位。原始创新主体为经济和社会贡献的信息越大，其在大数据产业创新生态系统中的地位也就越高。该部分将在介绍贵州省大数据产业相关的若干高等院校和科研机构的基础上，顺势阐述原始创新主体的重要意义。

① 科研机构主体。贵州省大数据产业创新生态系统的原始创新主体主要介绍以下三类科研机构主体。

a. 大数据应用技术国家工程实验室：突显智慧施政，提升政府治理[①]。大数据应用技术国家工程实验室（简称“国家工程实验室”）位于贵州省贵阳市，

---

① 陈俊佼．提升政府治理大数据应用技术国家工程实验室：突显智慧施政 助推政府治理能力提升［EB/OL］.（2020-01-21）［2020-11-10］.http://www.cbdio.com/BigData/2020-01/21/content_6154271.htm.

是我国首个大数据领域的国家工程实验室，也是贵州省目前唯一的国家级大数据研究平台。该实验室是由中电科大数据研究院有限公司联合中国电子科技大学、国信优易数据有限公司、贵阳信息技术研究院和贵阳块数据城市建设有限公司等 11 家单位共同建设而成的协同创新平台。其目的是有效提升政府在大数据时代下的现代化治理能力，以及充分发挥政府在大数据应用方面的平台优势而特别设立的国家级工程实验室。该实验室确立的研究方向包括针对政务数据的融合与分析、共享与开放和安全与隐私等方面的理论研究以及促进政府的廉洁高效、科学决策、社会管理和公共服务等方面的应用研究，帮助政府治理提出改革创新的路径和科学合理的建议。以“面向政府社会管理的大数据应用”这一个研究方向为例，国家工程实验室通过对海量、多源、异构的数据进行处理和分析，获得的结果可用于改善当地社会的治安管理、舆情管理和环境治理等方面，也可解决政府治理的管理粗放和监管不力等传统难题。其较具代表性的成果包括：“一云四平台”，即电科云、“一网通办”大数据政务服务平台、智能媒体大数据云服务平台、司法大数据资源共享平台及异构政务大数据承载与挖掘分析平台等；第二届“中电慧治”杯政府治理应用大数据算法大赛等。这些成果在提升政府利用大数据治理能力、推动贵州大数据产业的创新创业文化形成等方面具有重要的参考价值；同时也在充分利用大数据、人工智能、区块链等新一代信息技术推进政府和社会的智慧治理等方面发挥了表率作用。

b. 中国电建集团贵阳勘测设计研究院有限公司：“BIM+”时代智能建筑，传统行业升级①。互联网、物联网、云计算和人工智能等技术的快速发展和不断变革，深刻推动着传统企业的转型变革。传统的建筑行业也借助了“互联网 +”的技术浪潮并运用新兴技术来实现其企业的升级发展。智慧建筑即从设计、建造和管理等各方面都向数字化转型从而获得更加高效、经济、协同的管理效果。智慧建筑在对以往相关数据进行收集和积累的基础上，通过对大数据的挖掘和分析来实现资源的优化配置，从而为工程的建设和运维等提供更优质和智能化的服务。而 BIM（building information modeling，建筑信息模型）技术是一种应用于建筑工程设计、项目施工管理、协同运维管理等的数据化工具和管理方法。中国电建集团贵阳勘测设计研究院有限公司于 2012 年全面推广 BIM

① 蒲志莉 . 对话中国电建贵阳院：“BIM+”时代传统建筑行业的智能升级之路［EB/OL］.（2020-01-17）［2020-10-25］. http://www.cbdio.com/BigData/2020-01/17/content_6154199.htm.

技术研究，是贵州省最早成立和最具实力的BIM技术研发机构。该机构把互联网技术与物联网、云计算和虚拟现实等信息技术共同集成了现代建筑行业的“BIM+”时代，实现了工程建设的数字化管理、实时性共享和高效透明的业务流程等。经过多年的努力，中国电建集团贵阳勘测设计研究院有限公司已经完成了织金水环境综合治理、马岭水利枢纽数字技术应用和坦桑尼亚鲁非吉水电站项目等多项典型的工程应用平台建设。

c. 贵州省创新研究基地：块数据理论与应用研究，启动大数据决策[①]。贵州省创新研究基地是为了响应贵州省的大数据发展战略而成立的研究机构。其研究领域主要包括块数据的理论与应用研究以及空间决策大数据的应用研究等，其成立宗旨是促成贵州省大数据研究占据中国大数据领域的理论高地，以及采用大数据思维和技术来实现创新城市规划理念、完善城市治理体系和引领城市调控能力等的应用典范，并助力贵阳市建设成为具有贵州特色的西部新型智慧型城市。

② 高等院校主体。除了上述的科研机构外，贵州省各高校也积极参与贵州省大数据的人才培养和学科建设。

a. 贵州大学；发扬综合师资集聚优势，打造大数据人才培养基地。为配合贵州省大数据发展战略，深入实施《贵州省大数据产业发展应用规划纲要（2014—2020年）》，实现贵州省的产业升级和快速发展，作为省部共建的贵州省内唯一双一流大学，贵州大学依托现有的办学资源和学科力量，分别成立大数据与信息工程学院、公共大数据国家重点实验室、贵州省大数据产业发展应用研究院等教学科研部门，同时依托管理科学与工程数学等一级学科博士点助力贵州省大数据产业的发展。

大数据与信息工程学院。经贵州省政府和省教育厅批准，2014年4月贵州大学电子信息学院更名为大数据与信息工程学院。经过多年的调整发展，大数据与信息工程学院已经进入了学科门类齐全、师资队伍合理、科研水平突出和教学质量优秀的全面发展阶段。其毕业生相继在贵州乃至全国的工业信息、能源交通、金融服务、教学科研等领域部门承担重要科技力量，为贵州省和我国信息化建设贡献自己的力量。

---

① 谢江林．贵阳与北京市科委共建大数据战略重点实验室［EB/OL］．（2016-05-23）［2020-10-22］.http://www.cbdio.com/BigData/2016-05/23/content_4954086.htm.

公共大数据国家重点实验室。随着大数据渗透到各行各业，政府也借助大数据技术在逐步改变政府治理的方式和效率。该实验室致力于提升政府现代治理能力、公共服务的现代化水平以及促进大数据产业的发展等方面。实验室的主要研究对象包括块数据与区域治理、多源数据融合与集成、公共大数据安全与隐私保护、行业数据分析与应用技术四个方面，并在基础能力、科研产出、合作交流、人才培养等方面取得了诸多成绩。

贵州省大数据产业发展应用研究院。依据《贵州省大数据产业发展应用规划纲要（2014—2020 年）》等重要文件精神，由贵阳市、贵安新区和贵州大学等单位联合建设成立贵州省大数据产业发展应用研究院。该二级研究机构主要依托于贵州大学，从世界各地的知名大学和研究机构的优势学科中引进和汇聚优秀的科研人才。该研究院通过跨学科、跨行业的协同模式，充分利用贵阳市的政府政策、贵安新区的产业发展以及贵州大学的人才科研等多种支持，积极促进贵阳市大数据产业发展和贵安新区大数据型科技企业入驻，通过高层次人才培养、政策研究、信息咨询和区域规划等，保证区域大数据产业的集聚发展并提高区域产业竞争力。

b. 贵州财经大学。为响应大数据产业的人才需求和提升学校科研的影响力，贵州财经大学相继成立了大数据统计学院和贵阳大数据金融学院等多个二级教学机构，为贵州省大数据高质量人才的培养提供良好的平台。贵州财经大学是国内首批开设大数据管理与应用的高校之一，采用政府、高校、企业、科研机构等协同培养模式，为政府机构、互联网企业、金融中心和大中型企业等培养大数据统计人才。

大数据统计学院。为培养贵州引领和全国知名的大数据统计人才，大数据统计学院是由国家统计局与贵州省人民政府合办并由贵州财经大学承建和管理的二级教学机构和协同创新中心。该学院内部设立了贵州省社情民意调查中心、统计基础研究中心和统计应用研究中心等近 10 个研究所（中心），并致力于打造国内特色鲜明的大数据统计理论与实践研究基地。

贵阳大数据金融学院。由贵州财经大学和贵阳市人民政府联合成立的贵阳大数据金融学院，是全球首家以大数据金融的人才培养和科学研究为主要任务的教学机构。该学院结合国内新兴金融产业的发展需要，相继设立了大数据金融研究院、大数据工程研究院和大数据扶贫研究院以及贵州省互联网金融实验室和大数据金融培训中心等若干研究机构，构建了以本科生教育为基础，研究生教育和社会培训为突破点的实操性高的培养体系，以及以基础理论为支撑、以实践应用为导向的科学研究体系。

c. 贵州师范大学。为了参与大数据的学科建设和高级人才培养等工作，贵州师范大学也组建了大数据与计算机科学学院。该学院以大数据具体应用为学科发展目标，以大数据产业的市场需求为办学导向，坚持以高质量人才培养为核心，通过产学研结合打造大数据特色学院。同时，该学院也成立了以跨学科组建和多学科交叉等为重要特征的大数据应用科研团队来支撑和创新贵州省大数据产业的发展。

显然，在大数据产业创新生态系统中，原始创新主体主要以高等院校和科研机构为主。其中科研机构往往承担了大数据技术领域的基础研究和应用研究，而高等院校除了承担基础研究和应用研究之外，还有着培养与大数据产业发展相关的技术和管理人才的任务。因此，在大数据产业发展实践中，科研机构和高等院校往往担任创新创业的先锋作用，并且根据产业化和市场化的结果来反馈和促进技术研究和人才培养。尽管科研机构和高等院校的研究成果并不都能够实现产业化，但是大多数已推广的科研成果还是为产业发展做了重要工作，其主要作用就体现在与企业合作并提供了产品、技术、服务和方案等。

2. 产业创新间接主体

在大数据产业创新生态系统中，除了产业创新的直接主体（包括企业、科研机构和高等院校等）外，还有同样支撑创新生态系统正常运转的产业创新间接主体。本书认为，产业创新间接主体类似于生态系统中的空气、水、阳光和营养物质等要素，是系统中不可或缺的构成部分。根据在产业创新生态系统中的分工和在大数据产业链上担任的角色等不同，本书将产业创新的间接主体分为制度创新主体、产业创新服务主体和产业创新投入主体等要素。

（1）制度创新主体：各级政府及其行政部门。在市场经济中，政府机构一直在行使着市场调节作用，通过制定发展规划、政策条例和法制法规等来引导市场经济的发展和走向，引导、扶持和推动重要产业开展企业主体和个人主体的创新创业等活动。而在社会主义市场经济体制下，政府的引导作用显得尤为重要。在大数据产业创新生态系统中，政府作为制度创新主体，将为大数据产业的发展提供政策推动、资源供应、法律保障和资金支持等重要作用。而政府的引导、扶持和推动等手段包括了宏观层面的调控、法规层面的监控、政策层面的引导、财税方面的优惠和公共服务层面的保障等方面。另外，政府也能够直接参与到大数据产业的创新创业等活动中来。自从实施大数据发展战略以来，贵州省各级政府及其行政部门从各管理层面和服务领域为大数据产业发展做出了积极的贡献。制度创新主体在贵州省大数据产业创新生态系统中的作用主要体现在以下几方面。

① 贯彻国家文件精神，推进贵州大数据产业发展。贵州省各级政府部门在省委省政府的正确领导下，深入领会党中央和国务院关于大数据发展战略和大数据产业规划等各种文件精神，适时出台配套文件、积极开展招商引资工作、努力营造良好营商环境等，持续推进贵州省大数据产业的区域布局和发展规划。例如，为了加快全民健康信息化的建设进程，贯彻落实国务院办公厅《关于促进和规范健康医疗大数据应用发展的指导意见》等文件精神和有效推进贵州省健康医疗大数据的健康发展，贵州省于 2017 年 7 月及时出台了《关于促进和规范健康医疗大数据应用发展的实施意见》等文件。从多个方面夯实健康医疗大数据产业的基础，具体包括研发健康医疗大数据应用、推动并规范“互联网＋健康医疗”服务、培育健康医疗相关业态、加强组织健康医疗大数据的安全保障体系建设等内容，为贵州省的健康医疗大数据发展提供了政策保障和便利条件。

② 加强顶层规划设计，优化贵州省大数据产业布局。为了有效助力贵州省经济的结构优化和调整升级，保障和强化数字贵州的发展，贵州省人民政府于 2018 年 6 月发布《关于促进大数据云计算人工智能创新发展加快建设数字贵州的意见》。该意见指出，到 2020 年，信息化驱动现代化能力明显提升，互联网、大数据、云计算、人工智能等新一代信息技术在经济社会各领域广泛应用，经济发展的数字化、网络化、智能化水平，社会治理的精准化、科学化、高效化水平，公共服务的均等化、普惠化、便捷化水平明显提升，初步形成融合深入、产业繁荣、共享开放、治理协同、保障有力的数字贵州发展格局，有力助推全省发展。与此同时，贵州省各市州和县区级政府根据省政府的指导安排也积极努力地推进和落实大数据发展战略。例如，毕节市政府依据《中共贵州省委 贵州省人民政府关于实施大数据战略行动建设国家大数据综合试验区的意见》，于 2017 年 9 月制定《毕节市大数据战略行动计划的实施意见》，从政策层面保证了以大数据产业为代表的信息产业发展，积极从产业培育、招商引资、平台建设、基础设施、融合发展和数据开放等方面为大数据产业发展保驾

护航，同时还在投入机制、组织机构、人才队伍、项目服务和绩效考核等不同方面制定相关条例和办法促进大数据产业的发展。

③ 规范发展资金运用，提升大数据产业基础设施。为了支持大数据产业的发展，贵州省从省级财政预算中设置了大数据发展专项资金，有力推动了全省的大数据战略行动。同时，为了进一步规范化管理和使用大数据发展专项资金并提高专项资金的使用效益，贵州省财政厅和省大数据发展局于2020年4月联合印发了《贵州省大数据发展专项资金管理办法（2020修订版）》。该办法明确指出，贵州省大数据发展专项资金是用于支撑具有引领性、应用型、支撑性大数据项目发展的基金；专项资金的使用和管理遵循公开透明、突出重点、统筹管理、创新方式、市场机制、引入竞争、强化绩效、加强监督的原则，充分发挥财政资金的引导和促进作用。另外，贵州省政府于2019年7月公布的《贵州省互联网新型数字设施建设专项行动方案》设定了“到2022年数字设施投资累计达500亿元”等目标[①]，部署了数字设施提升工程、工业互联网提升工程、“云网平台”引领工程和“数聚贵州”工程等任务。贵州省试图通过加强建设基础设施来吸引大数据企业落地，从而发展壮大其大数据产业。

④ 完善问责监管机制，构建大数据产业安全体系。为了进一步推动贵州省的大数据战略行动，杜绝部分领导干部对战略决策部署的不积极、不作为和不到位等懒政怠政行为，贵州省委办公厅和省政府办公厅于2019年2月联合印发了《贵州省实施大数据战略行动问责暂行办法》。该办法明确相关领导集体、负责人的问责机制，同时处理办法包括了取消单位或个人当年的评优先进资格以及对领导干部的职务调整等。2019年8月，贵州省人民代表大会还表决通过了《贵州省大数据安全保障条例》并于2019年10月1日起正式施行。该条例也从安全责任、监督管理、支持与保障和法律责任等方面对大数据的安全保障问题等做了相关的明确规定。

从以上四个方面可以得知，政府在大数据产业创新生态系统中担任着产业的组织和培育等责任，发挥着顶层设计和宏观调控的重要作用。同时，政府通过制定相关政策来合理引导产业布局和实施培育机制并营造良好的创新创业环境，从而使政策在不同创新主体之间实现沟通、联系和监督等黏合剂作用，但

① 施钱贵 . 贵州印发《互联网新型数字设施建设专项行动方案》［EB/OL］.（2019-08-27）［2020-10-18］.http://www.gywb.cn/system/2019/08/27/030145951.shtml.

又不能过分干预大数据产业创新生态系统发展。因此，贵州省各级政府部门需借鉴省内其他地方和外省各地的创新园区和产业园区等的建设经验，尽力避免功利主义和短期利益，基于宏观全局并结合具体产业发展状况等来制定合理的产业扶持政策（曹如中，2012）。

（2）产业创新服务主体：中介机构。在某个行业中，中介机构往往扮演着产业创新服务的主体角色。这个主体不论是作为直接主体还是作为间接主体，都发挥了一个信息沟通和中介服务的作用。同时，中介机构也为各创新主体提供了创新咨询的专业服务。这个服务作用可大大加速技术的创新和应用的反馈交流过程，也加速了创新的产生和落地的流程。中介机构不仅包括了以人才为中心的会计师事务所、律师事务所和咨询机构等公共服务机构（即为创新的产生提供各种各样资源的机构），还包括了行业协会、地区企业家协会和技术交流协会等群体代理组织（即为了突破行业、地域和规范等原因来加强创新主体之间交流沟通的组织）。显然，中介机构起到了互联互通、系统支撑、相互促进、整合协调和散发扩散等商业作用，营造了有利于大数据产业创新生态系统的可持续发展环境。

贵阳大数据交易所是大数据产业领域的典型中介机构[①]。该交易所通过立足西南面向全国来构建国际一流的综合服务类大数据交易平台，其宗旨是驱动全国的大数据要素进行有序和自由的流通。同时，贵阳大数据交易所积极地联系相关科研机构和高校成立了“中国大数据交易联合实验室”等研究基地来促进数据流通和激活数据资产价值。自 2016 年成立以来，该交易所就在其他地区设立了运营中心和服务分中心，吸纳了包括泰康人寿和中信银行等 2000 多家会员组织和上线了 4000 多种数据产品，其可交易的数据涉及电子商务、海关、能源、卫星和金融等约 30 个领域。目前，贵阳大数据交易所还打造了国内首个在线交易平台来保证相关数据平台进行合法合规地解决数据需求和数据交易等问题，并且制定了涉及如国家机密、商业机密和个人隐私等方面的十大标准来规范客户的数据交易活动。贵阳大数据交易所的在线交易平台是通过数据招投标的方式开展相关商务活动，其所有会员均可通过该平台进行交易活动。当现有的会员数据平台无法满足交易所客户对数据源、数据技术和数据服

① 黄岸 . 贵阳大数据交易所将打造国内首个数据需求在线撮合平台［EB/OL］.（2019-04-01）［2020-10-15］.http://www.cbdio.com/BigData/2019-04/01/content_6064045.htm.

务等需求时，交易所则可以通过在线交易平台进行招标而由其他会员进行投标，从而达到充分调动数据服务供求方积极性和进一步释放数据潜在需求的效果，并且交易所还能够充分利用各会员企业的生产力和资源进一步丰富其数据源。在线交易平台的应用不但扭转了以往数据源与产品和服务之间各自为政的局面，还将数据、产品和服务等转变为相互之间可以群策群力的交易市场，从而提升了数据的流通能力和融合能力。另外，在线交易平台还全程跟踪数据招投标双方的流程进度来促进双方履行职责，以维护公平公正的平台交易活动，从而有效地发挥了第三方的监管责任。贵阳大数据交易所在线交易平台的招投标制度对探索符合我国国情的大数据交易产业发展有着重要意义。

（3）产业创新投入主体：金融机构。金融机构在任何一个产业创新生态系统中的作用都不容忽视。如果把创新比作系统持续运转的“血液”，那么金融机构就是系统的“心脏”。显然，大数据产业创新生态系统也离不开金融机构的资金支持。作为产业创新的投入主体，金融环境的良莠情况和金融市场的发达程度直接决定了大数据产业创新生态系统能否获得强劲的发展动力、拥有高质量的研发技术和取得创新的持续应用等。因此，金融机构既是产业创新能力的基础，也是产业储蓄发展的基石。金融机构的构成类型也可分为三种：

① 银行金融机构，即包括各类商业银行、信用合作社等金融机构以及政策性银行。

② 非银行金融机构，分别由中国银监会、中国证监会、中国保监会等监管下的组织机构，如信托公司、金融租赁公司、财务公司、证券公司、基金管理公司、期货管理公司、保险公司、保险资产管理公司等。

③ 创投机构，即为新技术、新企业、高科技公司提供融资活动还有相关经验、知识和信息等的机构，帮助企业更好地管理企业。

贵州金融城是目前已经吸引将近 150 家金融企业、类金融企业以及金融服务企业等入驻的金融平台①，其中包括了中国农业银行贵州省分行、贵阳银行、贵阳农村商业银行、招商银行贵阳分行、中信银行贵阳分行、浦发银行贵阳分行、光大银行贵阳分行、交通银行贵州省分行等 12 家银行；还有中国人寿财险贵州省分公司、华安保险公司等 9 家保险机构。另外，包括中国银行贵

① 何欣 . 贵阳市观山湖区：壮大实体经济 提升质量效益［EB/OL］.（2019-03-14）［2020-11-15］.http://www.cbdio.com/BigData/2019-03/14/content_6045728.htm.

州省分行、农业发展银行贵州省分行、太平保险贵州省分公司、太平洋保险贵州省分公司、贵州银行等 20 余家金融企业有意向入驻。贵州金融城已经初步形成了以传统金融为基础、以互联网金融为引领和以大数据金融为突破的良好的大金融产业蓬勃发展局面，为贵州省经济社会发展、完善贵州金融体系、促进区域金融活跃以及提升金融服务质量等起到了重要的引领作用。

2.2.2　产业创新客体

产业创新客体一般包括新的产品、原材料或半成品、市场、生产方式以及营销方式等，是产业创新主体的作用对象。在大数据产业创新生态系统中，其产业创新客体主要涵盖了以下四种要素：

（1）技术创新的组织改进。技术创新的决定因素包括了创造和使用技术的所在外部环境和所处社会条件，是创新主体的重要作用对象和创新客体的重要组成要素。技术创新涵盖内容的范围很多，如技术改进、设备引进和场地更改等，而这些内容都直接影响了大数据产业技术创新的效率。对于具体产业和具体企业而言，技术创新被吸收后而引发的产业或企业的组织创新也是能够直接影响产业利润或企业效益的。基于技术创新的组织改进有助于提升科创类企业的创新效率和实施范围，支持产业组织层面创新组织的效率。在大数据企业中，运用新兴技术改善企业的组织结构非常重要，包括对工艺流程优化、人力资源调度等高智慧调度协同，是其与其他非大数据企业的重要区别之一。

将大数据应用于优化人力资源组织方面是大数据技术引发组织创新的有力佐证①。例如，在以建筑行业为代表的劳动密集型行业中，工资的发放问题甚至关系到社会民生。这个问题处理不当，不仅关系到工人的个人利益，还容易演化为影响社会和谐发展的对抗事件。这种问题也是需要政府职能部门加快解决的。铜仁市曾经是贵州省拖欠民工工资较为严重的区域之一，而当地政府也一直探索采用新的手段和思维来试图解决这个问题。为此，铜仁市政府联合贵州人和物联数据有限公司（简称“人和物联”）共同搭建了能提供薪金监控、就业帮扶和基于社保卡进行数据采集的全程信息化的人力资源大数据服务平台。该平台由铜仁市人力资源和社会保障局组织实施，由“人和物联”运营管

① 汤德正. 大数据有温度：农民工精准发薪无忧愁［EB/OL］.（2020-02-03）［2020-11-20］.http://www.cbdio.com/BigData/2020-02/03/content_6154378.htm.

理，以建筑工程行业为重点监督对象，采用实名制和银行代发工资的方式对监管范围内的农民工工资发放情况进行自动化监控，从发放方式上杜绝了拖欠问题。铜仁市政府在当地的406家工程项目施工现场上都安装了人脸识别考勤系统，对约4.4万名农民工进行实名制管理，并将其采集的数据直接连接到铜仁市的大数据监管平台，有效形成了将工资发放进行事前备案、事中监控和事后监督的全面治理格局。建筑企业需提前向银行支付保证金和预付款以保证工人工资能够按时发放。同时，政府工作人员和企业管理人员等也能够通过系统监测到企业用工的人数、时长和项目进度等情况，使监管部门及时掌握工人的各项工作情况。该平台自使用以来发挥了显著的效果，如2018年保障了农民工10亿元工资的正常发放；2019年则保证了150亿元企业资金的正常流转等。显然，将大数据应用于优化人力资源的组织形式，是社会进步的体现，也实现了农民工讨薪、企业用工权益以及政府监管多方共赢的有利局面。

（2）新产品或新服务的研发。产品或服务的研发直接关系到产业生命力和企业竞争力，但产品或服务的研发也需要根据市场情况进行科学的判断。其研发过程包括：对现有产品/服务的评估分析；对目标市场实施调查研究；确定研发方案；实施研发需组织的设备、设施和人员等。值得注意的是，尽管研发活动面向市场的时间越早就越能使新的产品/服务早日占领市场，但同时也应该注意新产品/服务的性价比。通过周全的布局安排和高效的工作安排（如线上+线下，以及本土+远程等）等，研发活动就能创造更高的经济效益和社会效益。一般而言，大数据产品或服务往往更能利用新兴技术特别是互联网、物联网和人工智能等的优势来突破传统地域的限制，达到有效降低研发成本和提高产品/服务价值的目的。

通过大数据技术研发的新产品和新服务能够使以往许多难以解决的问题得以尽快和有效的解决。例如，如何能够让校园学生营养餐变得更加合理？现在通过大数据实现校园的营养餐合理配置已经获得成功①。贵州山久长青智慧云科技有限公司（以下简称“山久长青”）便是一家致力于学生营养餐智慧云综合服务平台的大数据企业。学生能否享受充分的营养餐，营养餐的营养价值含量到底有多少，营养餐是否安全可靠，等等，这一系列问题促使一些创业者成

① 汤德正．云端上的舌尖：大数据打造校园营养餐智慧云［EB/OL］．(2020-02-03)［2020-11-15］.http://www.cbdio.com/BigData/2020-02/03/content_6154376.htm.

立了这家大数据公司。山久长青工作人员经过调研发现，这一系列的校园食品相关问题都可以归结到由信息获取和信息流通等不够及时而导致的问题。如果能有效监控信息流通的各个环节并将所有食品及其营养数据化，则校园食品的安全等一系列问题就能够得到有效根治。为此，山久长青基于大数据技术来专注于学生营养套餐和营养体系的数据化科学研究和管理模式，将校园食品流通所涉及的种植（农户）、运输（物流）和制作加工（食堂）等方面的数据纳入系统，从而打造起学生营养餐农业物联众创空间公共服务平台，并将其命名为“学生营养餐智慧云 + 校农云大数据平台”（以下简称“校农云”）。校农云平台搜集了包括从种植、采购、配送、存储、烹饪和销售等各渠道的食材 / 食品数据及其相关数据，并对这些渠道及其数据进行全面监督和全方位溯源，然后通过大数据技术来保证学生的每一份食物都能做到安全营养和卫生可靠。通过近几年的实践，校农云不但有效地解决了学生食品的营养和安全问题以及其他管理方面的漏洞问题，而且还为相关区域的“三农”发展（如扶持农业生产、帮助扶贫就业和促进乡村振兴等）问题提供了便利的解决途径。目前，该平台已经覆盖了 11360 余所中小学及幼儿园的食品工作，带动了近千个企业、合作社、种植养殖户和配送中心等的协同发展，惠及 200 余万学生群体和近万人的工作就业，累计实现交易金额已达 31 亿元。同时，山久长青还基于学生的食品数据并结合体育和睡眠等方面的相关数据来研究改善学生身体健康等国民健康管理方面的工作。

（3）开辟新的市场。国内外的市场经济实践表明，许多企业都是通过新的技术手段和新的商业模式来开拓新的市场和研发新的产品，并将这种新技术或新模式经过内部消化而形成企业的竞争力。市场要通过为产品提供资源和被认可与升级的空间来合理适配其适应的环境，这样才使得产品本身在新的起点上拥有更高的发展空间。同时，市场也会根据产品的性质并通过不同的市场机制充分利用其产业链、信息链与人才链的优势等对产品（包括其品种、数量、价格等）进行调节，从而使得市场能够朝着多元化的方向发展。高效的市场常常是使用先进的技术手段来完善其产业的产品结构并指导现有的产品进行合理地销售，同时也在不断地拓宽市场的边界和探索新产品的需求并将现实中的产品需求反馈到生产实践中。显然，大数据产业就是通过互联网、物联网、电子商务和人工智能等信息技术手段为其产品开辟了广阔的新市场而成为“大数据 +”领域，如传统农业被升级为“大数据 + 农业”，不但使农业实现了精细化管理而且扩展了销售范围并提升其使用价值。

近年来，国务院、财政部发布了一系列政策来改革融资体制以避免政府由于基建大量举债而导致的债务风险。鉴于此，许多地方投资融资平台普遍感受到极大的压力和挑战。因为这些平台不仅缺乏可以盈利的自营收入和市场主体地位，还需要帮助政府担负起项目融资、工程建设和欠债还款的经济压力。为了帮助政府解决投融资平台面临的这些问题，贵阳思普信息技术有限公司在对政府投融资进行深入的调查研究和问题访谈之后，采用云计算和大数据等集成技术开发了“政府投融资业务综合管理大数据平台”①。这个大数据信息服务管理平台包含了政府部门的多个财务模块（如投融资管理、工程项目管理、资产经营管理和企业财务管理等）并融合为一体，同时根据投融资平台的一些共性特点（如借债涉及方复杂、债务期限不同、借款利率有差异以及平台无法保证自营收益等）来实现投融资业务的全渠道管理。大数据平台可以通过投融资业务展开的数据输入、审批采集、清洗加工和整理分析等数据流程角度来掌握有关信息。政府投融资业务综合管理大数据平台有效解决了投融资平台不能及时了解各类债务信息的问题，通过精确掌控投融资项目的相关数据来实现债务风险的实时管控，使投融资过程从经验驱动转向数据驱动的管理模式，有效提高了投融资决策的效率和质量。

（4）原材料或半成品的创新来源。产品或服务的质量同时会受到多种因素的交互影响，因而科技创新将是一个复杂的过程，并且在这个过程中的每一环节都有可能出现某个（些）因素直接影响到新产品 / 新服务的成败。在这些错综复杂的影响因素之中，与产品直接相关的原材料或半成品就可以直接决定创新的难易程度和发展方向。对企业而言，新市场的确定、新产品和新服务的设立等都是由众多市场经营者、研发专家和顾问等组成并进行探讨和评论，而探讨的根据之一便是获取原材料和半成品的难易程度及其价值。然而，原材料或半成品尽管能够为产品尤其是科技产品提供大量的升值空间，但同时也会制约产品的发展方向。创新者只有不断地应用新的原材料 / 半成品才能达到持续降低研发和制造成本的目的，并使其科技创新活动在创造出更大的价值的同时继续推动创新发展的力度、速度和精度。对大数据企业而言，数据源或已有的数

① 王婕 . 你曾感叹“债台高筑”，但大数据正革新投融资管理［EB/OL］.（2018-10-18）［2020-11-10］.http://www.cbdio.com/BigData/2018-10/18/content_5890735.htm.

据技术框架等就是大数据产品或服务的重要原材料或半成品，并且这些数据源或数据技术框架等也会对后续的产品 / 服务（特别是数据的产品 / 服务）的开发方向有重大的意义。其中，贵阳大数据交易所就是为发展大数据产业所必需的数据源提供了一个可以规范交易的场所①，并且其数据已经成为贵州省乃至全国大数据产业发展的源动力。

2.2.3　产业创新功能

复杂系统的主体要素之间存在着复杂的结构，而复杂的系统结构内部催生、蕴含甚至涌现了系统的特定功能。贵州大数据产业创新生态系统具备的主要功能包括创新主体之间的协同创新、创新要素间多向流动以及创新生态系统风险管控等。

1．创新主体之间的协同创新功能

在大数据产业创新生态系统中，大数据主体之间表现出了明显的协同创新现象，这种协同创新现象主要有以下几种模式。

（1）大数据企业间的协同创新与相互竞争。随着我国制造业的生产水平不断提高，工业企业在制造同种产品过程中的质量差异和在调动自身资源方面的能力差距等已经逐渐缩小，而决定现代企业能否拥有竞争优势已经开始逐渐转移到企业在其产业链环节方面的协同合作能力。从宏观角度来看，企业间的竞争已经逐步演化成为企业所在产业链之间的竞争。显然，对大数据产业创新生态系统而言，大数据企业（特别是生产同类别大数据产品或提供同类别大数据服务的企业）之间的竞争也逐步转向这些企业通过内部结构优化和 / 或产业链上下游合作协同等方面，因此产业链的薄弱环节将直接影响这些处于产业链上的企业的竞争能力。国内研究已经表明，供应链的多主体（包括供应商、制造商和销售商等）协同创新不但能够有效提高供应链中所有企业的总效益，而且可以将其中各产业链的“蛋糕”做得更大而实现互利共赢（何勇等，2007；张巍等，2009）。所以，越来越多的企业（尤其是互联网产业链上相关的企业）都已经把企业间的协同视为企业可持续发展的必然选择，并通过战略转型、业

① 黄岸．贵阳大数据交易所将打造国内首个数据需求在线撮合平台［EB/OL］.（2019-04-01）［2020-10-25］.http://www.cbdio.com/BigData/2019-04/01/content_6064045.htm.

务重组和模式创新等手段从内部管理、技术需求和资源选择等角度进行协调创新。

① 在产业链协同合作能力的优化过程中，大数据企业可以针对产业链上的薄弱环节特别是针对数据的生产与服务环节等方面不断优化其价值链的内部供应，并从内部供应中不断获取和强化企业在数据存储服务等领域的专业优势来提升其竞争力。同时，大数据企业特别要注意通过信息交流、知识传播和技术扩散等方式不断与产业链上的其他企业进行高度的技术协同和服务合作，并强调在数据交换和数据共享等角度以较低的成本来快速调整和及时优化其客户不断更新变化的大数据产品需求和大数据服务要求。基于此，大数据企业不但能够有效提高其在自身产业链上的运行效率，而且也能杜绝或减少大数据行业的寡头控制和数据垄断。

② 将大数据企业置于产业链之上，能够使大数据企业间的合作更加频繁而有效沟通，同时大数据企业间也能通过投资互助等管理手段不断深化产业链上的企业间协同。大数据企业加深其战略合作关系可使其产品和服务在产业链上的开发、生产、运转和销售等环节互通信息而紧密联系。同时，大数据企业也可以通过这样的产业链结构来巩固或强化自身优势，并通过企业间的结构优化来提升自身的功能价值和涌现新的功能价值。

③ 大数据企业能够基于产业链角度思考或反思自身在链条中的思维落后、技术劣势、管理薄弱和创新不足等方面，主动弥补或避免自身不足以及学习并提升自身的知识能力、技术水平、组织协调和产品 / 服务优化等，从而改善大数据企业在产业链上的运作效率并提高自身从上下游获取更大收益的能力。例如，大数据龙头企业可通过提供数据服务的合作模式引导低效率的中小企业与其建立战略联盟关系来实现其对整个产业链进行高效率的资源调控和协同运作，就能够实现大数据产业创新生态系统的功能整合和功能涌现。

（2）大数据企业与高等院校或科研院所的协同创新与相互合作。技术创新主体（大数据企业）和原始创新主体（高等院校和科研院所）之间的有效合作可以增加大数据产业创新生态系统的稳定性。然而，我国目前的大数据企业的创新能力还相对较弱，同时以高校为代表的科研机构尽管其研发能力较强，但是其应用效率还不够。因此，大数据企业与高等院校或科研院所的协同合作不仅能够促进产业创新生态系统的内部资源实现再调控和再优化，同时也促使两种类型创新主体之间实现共赢。一方面，大数据企业通过对市场进行科学的研判，能够较为准确地掌握市场需求并为高等院校和科研院所提供有重要市场参考作用和实践应用价值的研究方向，从而大大提高原始创新主体的研发价值和市场针对性；另一方面，大数据企业相对而言也具备比较充足的资金和拥有较为先进的设备，能够为高等院校和科研院所提供必要的资金支持和设备支撑。显然，原始创新主体即高等院校和科研院所往往是高技术人力资源的聚集地和前沿技术领域的领航者，能够协助大数据企业对其员工进行知识培训、技术指导、信息咨询和战略规划等服务。如果把大数据企业强有力的资金和设备等资源以及新技术快速转化为现实生产力的能力等与高等院校和科研院所的创新理念、技术成果以及优秀人才等进行有机结合和彼此促进，通过学术交流和技术合作等方式实现大数据产业创新生态系统内部的知识流、人才流和技术流等高效运转，就可以大大提高资源的利用率和科技的转化率（李建邦等，2010）。从复杂性科学的角度来说，技术创新主体和原始创新主体的有效协同，有助于大数据产业创新生态系统从低层次的平衡态向高层次的平衡态演变。

因此，通过加强大数据产业创新生态系统内部产学研的协同合作和沟通交流，能够在很大程度上弥补大数据企业的创新能力并将科研机构的研发能力转换为现实生产力。在其他产业领域中，产学研合作大多数是以短期项目和人员交流等合作方式为主。尽管这两种合作模式能够在一定程度上促进企业的技术应用，但是对重要技术的研发和生产流程的创新改造以及人员的培训开发等则很容易形成断层，因而既不利于企业开展重大课题研究，也不利于产业系统提升其整体综合实力。鉴于此，大数据产业创新生态系统应根据其与生俱来的高技术特性，主动促进和加强大数据企业与科研机构等之间的长期合作，构建诸如高校驻企业技术创新中心、以企业冠名资助的研究机构实验室以及以研究机构冠名的大数据企业人员培训班等，通过长期合作机制增加大数据企业与高等院校和科研院所的沟通与联系。也就是说，大数据产业两种不同类型创新主体间的联系不仅提升了产业的创新能力，同时也有力提升了产业创新生态系统的整体功能。

（3）高等院校与科研院所之间的协同创新与交流合作。高等院校和科研院所的合作重点在于其优势能够互补以及人才、知识和技术等能够共享，从而容易促进产业创新生态系统内部产生技术创新的规模效应并促使创新要素得到最大化的利用。一般情况下，高等院校和科研院所可以通过共建科研场所、共用设备设施、共享科研资源和共克科研难关等方式来加强彼此之间的合作与交流，如此可减少大量不必要的重复性支出和避免严重的资源浪费现象以及最大程度降低创新的风险。显然，科研机构受益于其丰富的知识储备量，可以不断地突破思维的限制和技术的壁垒而获得创新，因而能大大增加产业生态系统的技术创新能力（吴荣斌等，2012）。高等院校应当充分发挥其人才培养和基础理论等方面的传统优势，而科研院所也应当充分发挥其科研成果转化率高以及科研实践能力强等方面的天然优势（陈慧等，2015）。通过在大数据产业创新生态系统内部加强高等院校和科研院所之间的协同创新和合作交流，将可以大大提升人才培养以及技术创新成果的数量和质量。例如，贵州大学内设的二级机构贵州省大数据产业发展应用研究院就是坚持大数据技术研究成果的产业化导向和商业化模式，通过跨学科、跨领域地组织和整合优势的科研资源，并围绕贵州省及其各地区各领域的各项重大任务而加强其大数据的人才资源积累和技术成果产出等。该研究院通过大力推动贵州省大数据产业的应用和发展，为贵州省转变经济发展方式和调整产业结构提供有力的技术支撑，将很好地推动贵州省培育区域新兴产业发展的增长极①。

（4）直接创新主体与间接创新主体之间的协同互补。在大数据产业创新生态系统内部，其直接创新主体和间接创新主体之间的协同互补也有助于该系统的发展演化。

① 直接创新主体与大数据中介机构的协同。在现代社会中，各行业的中介服务机构往往对相关行业的企业发展发挥着不可或缺的促进作用。中介机构能够充分利用自己的信息渠道和多项服务能力，通过与大数据企业、高等院校和科研院所等直接创新主体展开合作来加速大数据产业系统的资源流动与运转。中介机构不仅可以为直接创新主体提供各种专业化的服务，如技术咨询、市场研发、人员培训和风险评估等；而且也可以将自身直接作为整合资源和协调关系的平台来加速各种大数据的资源、人才、信息和技术等要素的流动。因此，中介机构充当了大数据直接创新主体之间的联系纽带，在促进自身发展的同时也实现了各类资源效用的最大化，在降低成本的同时也加速了技术的落地

① 佚名 . 数据观查访贵州省大数据产业发展应用研究院副院长魏琴：只有分析挖掘出可用的信息大数据才能支持我们的决策［EB/OL］.（2016-07-24）［2020-11-10］.https://www.sohu.com/a/107397362_353595.

（蓝晓霞等，2014）。例如，贵阳大数据交易所积极与中国科学院自动化研究所、北京邮电大学、北京万方数据股份有限公司和九次方大数据信息集团等科研机构组成课题研究团队[①]，合力有效地推进了如“服务数据资源产权交易服务关键支撑技术研究”等若干重大课题的开发，为数据资产的管理、交易和服务等提供了技术支撑体系的推进研究工作。

② 直接创新主体与金融机构的协同合作。技术创新其实是在人才、资源和资金等要素的综合作用下而实现的创新，因此，技术创新的质量与投入的资金有较为直接的关系。也就是说，大数据技术创新的整个过程即从大数据技术的市场调研、技术研发和落地上市等各个阶段都需要资金的支撑，尤其是技术创新的研发阶段更需要投入大量的资金支持。大数据企业、高等院校和科研院所等直接创新主体为了保证大数据产业技术创新的可持续进行，除了大数据企业努力自行筹集资金来充当科研经费之外，政府的科研补助也是必不可少的投入来源。政府补助一般采用专项补贴和税收优惠等形式来实现。但是，在大数据产业创新生态系统中，其最重要的资金来源还应是来自金融机构的支撑。商业金融体系在市场和政府的双重引导下要积极融合到大数据产业创新生态系统中。首先，金融机构通过与大数据企业、高等院校和科研院所等直接创新主体进行协同发展，积极创新资金提供方式，有效转移金融市场风险；其次，金融机构还可以利用自身专业的信息获取能力和分析优势来弥补大数据产业创新生态系统中的信息匮乏问题，引导大数据企业或大数据创新创业者开展投资；再次，金融机构还具备对创新企业和投资企业等进行审查和监控的权利，以便保证金融资源能够充分发挥其最大的价值来促使大数据产业创新生态系统的良性循环（袭著燕等，2012；祝佳，2015）。

2．创新要素间多向流动

在大数据产业创新生态系统中，各创新主体（含直接创新主体和间接创新主体）之间通过相互交换资源、知识、技术、信息、人才和资金等生产要素，可以在产业系统内部实现设施共享、人才流动、物资转移、技术交互、知识产权和资金流动等功能，从而使各创新主体不但达到相互适应、相互协调和互为

① 佚名．国家科研项目“科技成果与数据资源产权交易技术”交流工作会专家团队访问贵阳大数据交易所［EB/OL］．（2019-03-21）［2020-11-28］.https://www.sohu.com/a/302962369_398084.

关联的组织形态，而且实现与大数据产业创新系统的共同发展、共同演化和共同创新。

（1）资金流动。目前，在国家以及贵州省政府的大力支持下，贵州大数据产业已经构建起多元的资金供给体系，表现在：政府层面成立有大数据产业专项发展基金，并建立起较为完善的联保联贷机制以确保在各种类型风险下不同偏好的投资服务；金融层面已经建立金融机构的服务支撑平台，并设立各种引导基金以鼓励投资者关注并投资以高科技领域为代表的长线收益；贵州大数据行业也成立了产业投资平台公司，并采用扩大股份制收益的分成方式来建立市场化的运作和营运模式，如在贵州省委省政府的监督支持下，贵州大数据发展管理局建立了大数据发展专项资金的项目管理系统，以此来规范省内大数据产业专项资金的申请运用流程并促进和规范大数据产业的发展。

（2）人才流动。贵州省政府及其相关职能部门已经从多个层面建立起能够有效解决省内大数据产业的人才流动问题。首先，从薪资待遇方面，贵州省特别针对大数据方面的人才建立了特殊的薪资体系，以尽可能缩小省内与一线发达城市的待遇差距。其次，从产业市场层面，贵州省根据省内的大数据产品和大数据服务等市场需求，建立了相对健全的人才市场服务体系，以期望达到不仅吸引人才而且要把人才留住的目标。再次，从工作环境层面，贵州省通过构建省内统一的大数据技术创新的人才扶持条例和人才管理办法等政策文件，以推动并建立贵州省良好的工作环境及创新创业氛围。最后，从人才流动层面，贵州省一方面通过其日渐完善的城市圈基础设施建设，特别是高速公路和高速铁路等交通基础建设来实现其健康舒适的生活环境和方便快捷的交通条件，以此促进省内省外大数据人才的交流与合作；另一方面，贵州省及其地方政府也采取定期发布人才流动的需求公告等市场化方式来引导省内省外大数据人才的合理而有序的流动，以此促进贵州省大数据人才的储备并实现人才队伍的优化等。

（3）技术扩散。技术扩散是指某一项技术从研发成功开始到被商业化应用的整个过程，同时也是技术被企业或其他相关组织采用、推广和普及的整个流程，其中还包括了技术的更新、替代和淘汰的整个周期等。对于大数据产业创新生态系统而言，大数据技术的研发和创新也只有在其被应用于商业化后才能产生其应有的价值和使用价值。显然，一项成功的大数据技术在其被企业应用落地之前，该项技术是不会对大数据产业链及其产业创新生态系统造成任何的积极影响。而一旦这些成熟的大数据技术被推广应用之后（即大数据技术的扩散），就能实现其推进大数据的产业链优化升级和产业创新生态系统的可持续发展，使该项技术在更大范围内和更大程度上对区域的经济和社会发展产生效益并进而推动国内乃至国外的经济发展。因此，贵州省应加速建立规范统一的大数据技术市场标准，实现大数据各类技术成果的有效匹配和对接，加速大数据创新成果及其科技数据的存储、交换与利用等，将对大数据产业创新生态系统的功能强化与优化发挥有益的作用。

（4）信息（数据）传递。在复杂性科学的理论范围内，数据即是信息，而信息也在绝大多数情况下表现为数据的形式。因此，在大数据产业创新生态系统中，信息（数据）作为主要的生产要素，必然密切影响着产业系统的发展。而信息（数据）的传递过程类似于自然生态系统中营养物质的交换方式，即每多一位产业直接创新（或产业间接创新）主体，其产生的信息（数据）就要通过多种关系链或信息（数据）网等进行传递和相互交换信息，从而使大数据产业创新生态系统中的各个主体以及主体群之间的联系更加紧密。在大数据产业创新生态系统中，其信息（数据）特指在技术创新或管理创新过程中所产生、应用和改进并经过交流与探讨最后达成共识而形成与发展的各种概念、知识和技术等。显然，以信息（数据）作为媒介，大数据技术的创新成果将在产业生态系统中经历生产者、消费者直至分解者的所有主体要素和客体要素，同时其本身所具有的价值和应用价值也在被各主体和客体所汲取和使用的过程中发挥了至关重要的作用。

（5）知识传播。在大数据产业创新生态系统中，知识传播的功能类似于信息（数据）传递的功能。但两者之间还是存在一些相异之处，表现在：数据特别是信息的传递过程更强调知识的多向交互方面，而知识传播则突出强调了某一部分创新主体在向另一部分创新主体的传播过程是通过特定知识的方式和手段而进行传递的，并且这一过程是期望能够达到一定的宣传和教育效果的一种社会活动。因此，作为知识源的（直接和间接）创新主体能够通过知识传播的方式将知识价值转化为知识应用价值并进一步提升其价值。如此良性循环，不仅让更多的创新主体拥有知识，而且提高了知识进一步创新的可能性，同时还能避免因知识沉淀或知识重复而导致的信息（数据）资源的浪费，从而促使知识被最大限度地应用。

3．创新生态系统风险管控

无论自然生态系统还是社会生态系统，都必须具备自动调节功能的基本特征，即生态系统可以凭借或基于这种自动调节功能使其在承受来自系统内部或系统外部的可承载压力之后，能够自动调节其生态平衡以维持其平衡状态。生态系统的自动调节手段是通过自我调节和反馈调节两种机制完成。大数据产业创新生态系统尽管是一种人工的社会生态系统，但其同样具有对来自于市场、环境、技术等层面的风险管控能力。另外，大数据产业生态系统还具备了优于自然生态系统其他方面，如该系统的各创新主体除了其自身能够获得不断地成长和发展之外，其对风险的识别、规避、应对、控制和反馈等知识能力也会通过不断地积累而获得成长，并且这种知识能力是一种有意识和有针对性的自我调节和反馈调节。显然，不仅产业创新的直接主体会拥有风险的识别与管控能力，而且产业创新的间接主体也对风险具有同样的反馈调控能力。如以制度创新主体为代表的政府部门常常采取多种多样的政策和其他宏观调控手段来鼓励大数据产业的创新与发展，包括股权分配、专利保护和竞争管控等多种机制，同时，政府也会针对不同领域的大数据企业出台相应的更具针对性的保护和资助政策等。

大数据产业创新生态系统面临的风险包括以下主要类型。

（1）政策规避风险。在互联网技术高速发展和经济局面日新月异的今天，大数据产业的技术创新活动除了来自市场的挑战之外还面临巨大的沉没成本风险，即部分企业为了避免由于大数据技术的研发和改造等成本过高而导致企业停滞不前。因此，政府作为宏观调控者需要引导企业积极投入资金，并出台相关政策帮助企业尽可能地规避大数据的技术研发和设备升级等风险，如此才能保证企业通过大数据技术的升级改造来提升企业的自主创新能力和实现企业的可持续发展。针对部分企业规避大数据技术的研发和改造升级等相关问题，贵州省政府和省内各地方政府在通过构建较好的营商环境和良好的基础设施之外，还辅之以相对宽松的市场竞争和金融支持等环境来鼓励大数据产业的创新和发展。为了保证大数据产业拥有可持续的自主研发能力和高效的投入机制，贵州省运用税收优惠、专项补贴和定向招标等方式，引导大数据企业进行开展自主研发与技术升级，以此保证大数据产业创新生态系统的可持续发展。如贵州省大数据发展领导小组于2017年出台的《贵州省“数据铁笼”工作推进方案》

和贵州省人大常委于 2019 年审议的《贵州省大数据安全保障条例》等，均有规避大数据产业发展风险的政策措施。

（2）技术规避风险。一般企业在向大数据企业转型的过程中常常还需要面临有效识别大数据技术的风险。转型企业需要合理运用其他管理手段和技术方法并从大数据技术应用的源头来规避技术识别风险，同时还要增强其企业竞争力。例如，贵州货车帮科技有限公司就是通过采用互联网、物联网和人工智能等现代信息技术并有效避免了传统物流企业所面临的“货主找司机、司机等货主”等之类的管理痼疾。尽管货车帮科技有限公司取得了很好的营运业绩和社会效果，但是该公司在成立之初在选取 GPS 定位技术时因为没有很好地解决货车匹配问题而遭受了较大的损失。随后，通过深入调研物流行业的管理问题和能有效解决相应问题的技术痛点，货车帮科技有限公司加大了对大数据技术应用和研发的投入力度，并运用现代信息技术手段实现了企业和顾客的双赢。当前，货车帮科技有限公司不仅因为其自身技术的先进性而保证了企业的竞争优势，而且该公司还基于大数据技术做到了多项管理职能（如其发行的 ETC 卡同时为司机的加油、缴费和住宿等提供一卡通服务）和社会功能（如其基于自身的大数据资源为路政、运管和交警等政府部门提供咨询服务）互通，不但提前规避了传统同行的发展障碍和拓展了营业的收入范围，而且当其大数据技术的研发成果也作为主要销售收入渠道之后还形成了自主创新的良性循环和良好氛围。

（3）管理规避风险。大数据技术在企业中的强大应用除了表现在产品和服务的创新之外，在管理创新方面也同样发挥了重要的作用和明显的效果。但是，正如原美国麻省理工学院教授迈克·哈默（M. Hammer）与詹姆斯·钱皮（J. Champy）创立的“企业流程再造”理论在部分企业的管理应用获得了巨大的成功而大部分企业却面临失败和损失的情况类似，大数据技术在一些企业的管理应用也并未取得预期的效果，其主要表现在：技术应用并没有使企业的管理流程得到优化反而增加了巨大的技术支付成本；技术研发没有在人员搭配和市场调研等方面得到恰当的安排而浪费了巨大的资金投入成本，等等。因此，转型企业无论是在大数据的研发阶段还是在其应用阶段都需要注意避免管理方面的风险。例如，云上贵州大数据产业发展有限公司（以下简称“云上贵州”）通过在其实际发展过程中积累的管理经验并注意借鉴吸收国内外其他先进大企业的发展经验，基于本企业的实际问题采用了新型的管理模式和组织生产方式来构建适用于自身的大数据自主创新体系；在借鉴国际先进的管理方式基础上采用并购的管理模式来加速其现代化企业自主创新管理的进程。因而，云上贵州有效避免和降低了其大数据产业发展过程必然面临的自主创新风险。另外，贵州省的其他大数据企业也通过加大对人才的培养与引进的支持力度以及构建牢靠的技术研发团队等方式保证其大数据技术创新的质量，即从企业内部的人才制度保障方面有效避免了因人力资源管理而造成的风险等。

2.2.4 产业创新环境

作为新兴的高技术产业，大数据产业的创新能力与其产业创新环境也有较大的直接关系。在大数据产业创新生态系统中，产业创新的软件和硬件环境以及产业创新的外部环境（如市场环境、人力资源环境和自然地理环境）等共同构成了大数据产业的创新环境。一般来说，其特有的硬件环境包括了大数据产业的创新和发展所需要依托的物质、设施和设备等硬件条件，是夯实大数据产业发展的物质基础；而其软件环境则是指在大数据产业创新生态系统中那些可以决定该系统能否可持续健康发展的人文社会环境等，是决定大数据产业发展的软件条件。显然，大数据产业创新生态系统的硬件环境和软件环境都是大数据产业创新和发展所需要的必不可少的条件并构成了该系统的内部环境，其中硬件是软件存在的现实基础，而软件是硬件存在的社会意义。外部环境则是包括了政府政策条例、宏观经济情况、产业发展态势等外部趋势因素，它间接影响了大数据产业创新和发展的软件和硬件所能够产生的功效。

1．产业创新生态系统的硬件环境

在大数据产业创新生态系统中，各类创新主体所需要的物质实体等组成的集合被合称为产业创新发展的硬件环境。这些物质实体集合包括了土地储备情况、设备可购买情况、设施可利用情况和建筑物可租赁情况等，并且这些物质实体都可以采用统一的度量行为特别是资金等进行价值衡量。在实施大数据发展战略构建大数据产业体系的过程中，贵州省积极鼓励省内各地采用建立大数据产业园区和大数据企业上市培育基地等模式来加快促进省内的大数据产业发展。这些园区和基地其实就是发展大数据产业所必需的土地要素，同时也配备了园区（基地）的相关优惠办法等政策环境要素等。硬件物质条件是区域在开展创新活动中其他各要素的流动载体。因此，在大数据产业创新生态系统中，其硬件物质条件就成为大数据产业的生产活动或创新活动的承载基础，也是该系统存在的物质基础。但是，这些硬件环境的物质基础可以通过等价量化而转变为资金，即在有效时间内会发生变化，因而这些硬件物质要素属于不稳定的环境条件。自从我国实施大数据发展战略以来，各地区陆续或是划拨新的建设用地或是基于以前的高新技术产业园区而成立大数据产业园区，即这些政府行为是大数据产业创新硬件环境建设的突出表现。有学者研究证实，硬件环境的改善在有效降低知识和信息的流动成本的同时也能够提高其运转效率，因而也加快促进了区域的创新能力（张宗益等，2008）。

2．产业创新生态系统的软件环境

大数据产业创新生态系统的软件环境包括了文化、管理、教育等受人为因素影响且无法具体度量的所有环境因素的集合。由于产业软件环境主要由人为因素导致，因而大数据产业创新生态系统的软件环境将表现为那些接受大数据产业（直接和间接）创新主体的共同作用并可以缓慢改变的产业创新环境因素。显然，这个软件环境主要影响着大数据产业创新生态系统的创新活动的发展氛围和创新效率，因而有助于提升系统的创新水平并形成和塑造系统的创新价值观。在大数据产业创新生态系统中，其软件环境将突出展现在以下两个方面。

（1）劳动者素质。对任何一个产业创新系统特别是现代产业创新系统而言，劳动者的素质与创新的质量和效率高度相关并且直接影响企业的发展方向和竞争能力。劳动者作为大数据企业的（技术和管理）创新主体，不但直接影响着大数据技术的创新能力和创新效率，也直接影响着大数据企业的管理水平和管理效率。因而，拥有高素质（技术和管理）人才的大数据企业往往在大数据产品 / 服务的市场竞争中具备更有利的市场机会。特别地，大数据技术的研发能力是大数据产业创新生态系统运行过程的最重要的推动力，因而高素质的劳动者能够帮助大数据企业取得先人一步的竞争优势。另外，劳动者素质是一个综合性质较强的指标，它包括了某个地区的教育补贴水平、就业人口中高等教育人口比例、地区新增人口、人均受教育年限等多个方面的内容来共同衡量这个地区的劳动者素质（李虹含等，2015），因而也决定了大数据产业创新生态系统的复杂性和多样性。

（2）市场需求水平。市场需求也是一个综合性很强的指标，包括了居民消费水平、资产投资增长率、政府财政支出和产品进出口差额等诸多方面，因而某个地区的市场需求水平如何需要从这些方面进行综合评价。市场需求（含大数据技术产品需求和大数据分析服务需求等）是促进大数据产业系统开展创新活动的直接动力。显然，旺盛的市场需求需要当地居民对大数据产品或大数据服务具备较高的消费水平和消费欲望，而居民的现实需求又直接促进政府和企业增加投资而使其资产增长率保持平稳的上升趋势。反过来，地方政府平稳的财政支持又增强企业的投资信心并因此产生大数据技术产品和大数据服务消费的溢出效应，从而产业系统协调大数据商品进出口的顺差能力得以实现。在这种情况下，市场需求就能够极大地促进大数据企业的技术创新速率和成果转化率。因此，大数据商品的市场需求越高，大数据企业的创新绩效也就越高（周晓艳等，2009），即市场需求将不仅维持大数据产业创新生态系统的平衡态，还推动该系统朝着更高级的平衡态发展。

3．产业创新生态系统的外部环境

在产业创新生态系统中，由政府政策指导、宏观经济运行、产业发展趋势和产业发展进程等共同构成一个产业创新生态系统外部环境。一般来说，不同产业构成了不同的产业系统，但不同的产业系统所受到的外部环境也因为其具体组成要素的差异而具有其特殊性和独特性。显然，产业系统与其外部环境之间是相互影响和相互协调的作用关系，并且这种作用是推动产业创新生态系统演化的外部动力，而且外部环境由于独立于产业系统而不受产业创新主体的控制。在大数据产业创新生态系统中，政府政策指导和宏观经济运行等外部环境又对产业系统演化发挥着主导性的推动作用，即它们一方面起着支持大数据产业发展的外部环境支持因素，另一方面也在发挥大数据企业发展的决策干预基础上直接影响了大数据产业的发展趋势和发展进程。

（1）金融环境。在我国的经济市场运行中，金融政策往往体现了政府干预产业发展的方向和程度。在现代化经济体系的运行过程中，金融实力既体现了政府干预区域经济活动的能力，更是衡量区域创新软实力的重要标准。因此，金融环境集中反映了政府政策的指导作用和指导方向，是大数据产业创新生态系统的重要外部环境。而衡量一个地区的金融实力往往包括了该地区的金融机构数量和企业贷款可获得情况等。大数据企业进行大数据技术创新和大数据人才集聚的最重要支撑手段就是资金量，因而金融实力的雄厚程度直接决定了大数据产业创新生态系统的运行成败。也就是说，当某地区的技术和人才等其他外部因素恒定时，作为直接创新主体的大数据企业从外部能够获取的资金量将对系统发展起到决定性作用（Drucker，1993）。例如，中国人民银行贵阳中心支行联合贵州省大数据发展管理局、贵州省发展改革委和贵州省财政厅等6家单位于2017年7月共同签署《关于金融支持贵州省大数据产业发展的指导意见》的文件提出了如下目标：推动大数据产业融资规模持续增长，大数据产业贷款增速高于全省各项贷款平均增速；逐步建立起与贵州省大数据产业发展地位相匹配的金融服务体系；推动贵州大数据产业金融服务模式成为具有区域影响力的品牌①。在贵州省大数据产业发展进程中，该文件有力地推动了大数据企业的创新活动，并协助银行机构与企业实体成就了互助共赢的良好生态关系。又如，中信银行贵阳分行与贵阳市大数据交易所共建了金融风险大数据实验室，不但有效帮助贵阳市的中小企业采用大数据技术开展创新创业和大中型企业基于大数据技术进行转型升级，而且帮助该银行大大提升了贷款前的数据质量调查以及风险人群识别。

（2）创业文化。对于一个产业系统而言，创新与创业的关系密不可分。创新是创业的基础，而创业是创新的导向。在创业水平高、创业热情盛的地方，其经济、人才和资源的流动也往往更加活跃。在现代化经济体系中，许多创新特别是技术的创新会成为创业的基石，并且许多管理创新特别是商业模式的创新成为创业成功的保障。这些情形在高技术企业和民营企业为甚。在大数据产业创新生态系统中，大数据企业常常以大数据技术创新为导向，且招聘的人才也基本趋向于年轻化和信息化。具备大数据技术研发能力和大数据管理思维的青年人才均接受了最新的文化教育，因而也更能紧跟现代市场的需求来创造更受现代人青睐和实用的产品和服务。因此，当地政府往往可以通过这些创业者的创业意愿和新注册公司的经营范围来判断区域的创业文化，也可以通过当地的高技术企业发展规模和科技型企业规模等来判定区域的创业水平。贵州省自2014年起至2018年底，其大数据企业数量已达到9551家，其中有1600多家实体经济企业与大数据实现了深度的融合发展；全省数字经济及其吸纳就业的增速已连续3年居全国前列，同时大数据对全省经济增长的贡献率已连续三年

① 杜静. 贵州省六家单位联合出台意见，助推金融支持大数据产业发展［EB/OL］.（2017-07-24）［2020-11-15］.http://news.cnr.cn/native/city/20170724/t20170724_523864771.shtml.

超过了 20%[①]，这表明贵州省的大数据产业创新生态系统拥有了良好的创新氛围，因而也引起并具备了优秀的创业文化。

2.3 大数据产业创新生态系统的演进过程

产业系统的演进是指该产业从具有某个阶段性特征的整体结构与态势向具有另一个重要阶段性特征的整体结构与态势的发展过程。显然，在这个发展过程中，产业系统的结构和内容在不断地发生变化，同时产业本身也在不断地进行自我更新。产业演进在数量上表现为其经济的规模和总量获得了提高，而在质量上则体现了其经济的效益和素质得到了提升（李微等，2013）。贵州省大数据产业创新生态系统的演进过程可从产业演进阶段、产业演进特征和产业演进周期等三个方面进行阐述。

2.3.1 产业演进阶段

在党中央、国务院和贵州省委省政府的坚强领导以及党和国家领导人的关心关怀下，贵州省近几年来的大数据产业发展取得了令世界瞩目的成绩。大数据产业发展经历了从无到有、从弱到强的演进过程，其发展阶段大致可如下归纳。

1．初步规划阶段（2012—2013 年）

这一时期是贵州省大数据产业的孕育发展阶段。在 2012 年，贵州省委省政府出台《关于加快推进信息产业跨越发展的意见》并明确提出：构建以贵安新区为核心、贵阳市和遵义市为两极、多地协同发展的“一区、两极、七基地”的产业格局；全力抢占新一代信息技术发展先机（吴大华等，2019）。该政策表明了贵州省发展信息产业的决心，将为贵州省发展大数据产业提供基础条件。《贵州省云计算产业发展战略规划》（2013 年）提出：通过设立云计算产业园制定扶持政策、实施六个重点荐目，在贵州打造完整的云计算产业链。相关文件促成贵阳市政府与北京中关村科技园区管委会于 2013 年 9 月共同建立了中关

① 向定杰 . 贵州坚定不移推进大数据战略行动［EB/OL］.（2019-09-25）［2020-11-10］.https://finance.sina.com.cn/stock/relnews/hk/2019-09-25/doc-iicezueu8336599.shtml.

村贵阳科技园。另外，贵阳市在 2012 年至 2013 年期间也先后被国家相关部门批准建设为国家自主创新示范区及全国生态文明示范城市等，为贵州省的经济建设坚持“发展和生态”两条底线和贵州省的经济结构通过高科技战略性新兴产业实现转型升级奠定前期准备。随着中国电信、中国移动和中国联通三大通信运营商分别与贵州省政府签约并将其数据中心落户于贵州，贵州省的大数据产业开始其发展的端倪。另外，基于现代信息技术立志于汇集海量数据而成为全国物流数据中枢的货车帮在贵州成立并将其总部设在贵阳，更标志着贵州发展大数据产业走出了坚实的第一步。因此，贵州省为大数据企业在基础设施保障和技术产业支撑做好了初步规划，也为贵州省发展大数据产业的发展拉开了序幕。

2．快速成长阶段（2014—2015 年）

在这个时期，贵州省正式确定发展大数据产业。自此，贵州省开始进入大数据产业的快速发展阶段。在这两年期间内，贵州省发布了包括总体规划与具体措施等在内的诸多政策条例，为贵州省的大数据产业确立了总体规划方向和具体发展措施。贵州省政府在 2014 年先后印发了两份重要的政策文件即《关于加快大数据产业发展应用若干政策意见》和《贵州省大数据产业发展应用规划纲要（2014—2020 年）》，不仅从总体方面规划了贵州省大数据产业发展的方向和目标，更在后续相当长的一段时期内为省内企业开拓大数据业务、促进国内外大数据企业与贵州省建立合作关系等提供了信号，也表明了贵州省政府发展大数据产业的决心和信心，将对贵州省的大数据产业发展具有重要的战略意义。随后，《关于加快大数据产业人才队伍建设的实施意见》和《贵州省信息基础设施建设三年会战实施方案》等政策文件相继出台，将分别从基础设施支撑和人力资源保障等方面为贵州省的大数据产业发展提供重要的平台条件。因此，2014 年被人们誉为贵州省的大数据发展元年。其后，贵州省在 2015 年相继对大数据产业发展实现了多次首创。例如，贵阳市成立了全国首家大数据交易所、举办了全球首次以大数据为主题的峰会。国务院出台的《促进大数据发展行动纲要》更是加强了贵州省发展大数据产业的信心。显然，数据交易是数据流通产生价值的关键环节，因而贵阳市大数据交易所具有不言而喻的重要意义，其于 2015 年 4 月 14 日完成的首笔交易也在发展大数据产业方面具有开创性的意义。

在 2014—2015 年的两年时间内，贵州省的大数据项目建设和大数据企业发展等无论在数量方面还是在质量方面都有较大的突破。首先，在大数据企业的发展数量方面，仅 2014 年，参股“云上贵州”平台的企业已达 2900 余家，而贵阳市作为贵州省大数据产业发展的重点区域，其新增注册的大数据企业及关联企业也到了 227 家。其次，在大数据企业的发展质量方面，贵阳市及贵安新区等建成了包括阿里巴巴、高通和 IBM 等知名企业在内的首个国家级大数据发展集聚区；同时建成了 28 个数据科研机构和 36 家科技企业孵化器。再次，在大数据项目的发展方面，贵州省积极举办大数据产业发展推介会，并集中签约了 35 个大数据建设项目和总额超过 560 亿的投资量。最后，从大数据企业的发展情况看，贵州省政府从技术、资金和人才等方面积极支持大数据产业的落地发展，例如于 2012 年落户贵阳的贵州勤邦生物技术有限公司，紧紧抓住大数据产业的发展机遇并依托贵阳市政府的优惠政策，经过近三年的努力发展，其总产值已达到 6 亿元人民币①。

3．突破创新阶段（2016—2018 年）

经过了萌芽规划期和快速发展期等两个阶段，贵州省大数据产业迎来了三年的突破创新阶段。《贵州大数据产业发展规划纲要（2014—2020 年）》对大数据产业发展提出了更高的要求，也促使贵州省吸引了全国乃至全世界的目光。在这个时期内，贵州省在大数据产业的发展方面动作不断，如贵阳市于 2016 年成立了全国首家大数据资产评估实验室和大数据金融产业联盟。这两个机构的成立标志着大数据产业与金融产业的正式融合和共同发展，表明了贵州省在扶持大数据企业方面开始跨出新的坚实步伐。紧接着，《贵州省大数据发展应用促进条例》成为全国首部地方性大数据法规，展现了贵州省不仅在土地、人才和资金等要素方面树立了大数据产业发展的方向标，而且在政策法律等外部环境方面也为大数据产业发展筑起了保护屏障。基于贵州省大数据产业在诸多的方面走在了全国的前列，国务院正式批准贵州省作为全国首个国家级大数据综合试验区开展建设。

在 2017—2018 年期间，贵州省迎来了大数据产业发展的收益阶段。例如，在 2015 年成立的贵阳市大数据交易所，经过三年的发展建设终于在 2017 年开始实现盈利。截至 2018 年 7 月，大数据交易所的注册企业会员数量突破了 2000

① 数据来源：贵州省大数据发展管理局官网，http://dsj.guizhou.gov.cn/zwgk/xxgkml/zdlyxx/cyfz/。

家，累计交易额突破 1.2 亿元，交易数据产品多达 4000 余种。又根据 2019 年度发布的《贵州大数据战略发展报告》显示，在贵阳市注册的全国首家大数据物流企业“货车帮”仅在 2017 年就实现了平台会员达到 520 万户和诚信货主会员 125 万家，形成了一张能够覆盖全国的公路物流信息网络（吴大华等，2019）。又如，从其他有关数据来看，贵州省仅在 2017 年的软件和信息服务业收入就完成了 167 亿元并实现同比增长 36.1%；而电子信息行业也保持了高速发展的态势，其计算机、通信和其他设备制造业等共完成工业增加值达到 52.68 亿元，比上一年同期增长 64.3%；另外，大数据与服务业的融合发展也取得了实际成效，以云计算和大数据为代表的新兴信息技术与传统服务业实现快速渗透和深度融合，促进营利性服务业增加值增长了 18.8%。而在 2018 年，贵州省的大数据产业发展又取得了新的突破，特别是在“光网贵州”、“满格贵州”、“出省宽带”和“雪亮工程”等建设项目有了新的进展。在整个 2018 年内，贵州新增通信光缆 6900 千米和累计通信光缆达 93.33 万千米；光纤到户覆盖了 2256 万户；全省新增 4G 基站达到 2400 个和累计 3G/4G 基站达 13.3 万个，同比增长 10%；新增出省宽带 270Gb/s 并总计达 7600Gb/s；中国广电网络股份有限公司主持的雪亮工程顺利完成了省级平台建设和 33 个县级平台建设[①]。

4．平稳过渡阶段（2019 年至现在）

经过萌芽规划期、快速成长期和突破创新期等近七年时间的发展，贵州省已经成为全国大数据产业的四大集聚区之一和中西部集聚区的领先省份。与其他三个（即京津冀、长三角、珠三角）集聚区相比，中西部集聚区并不具备明显的经济技术优势。但得益于早期的政府规划和先天的自然优势，贵州省的大数据产业才得以在国内众多省份中脱颖而出。

显然，在高新技术产业蓬勃发展的新时期，社会资源已经成为各个省份发展大数据产业的关键因素。贵州省的经济情况在历史上长期处于全国落后位置，其高新技术企业在数量上与沿海地区的差距较大，而且其人才资源和基础建设等方面也处于紧缺状态。但是，从大数据产业的发展数据来看，与 2018 年相比，贵州省在 2019 年仍处于平稳发展阶段，表现在：全省继续新增通信光缆 6000 千米并且光缆总长度达 109.4 万千米，同比增长 13.7%；新增光纤到户 24.5 万户并且累计覆盖用户达 2663.1 万户，同比增长 13.7%；新增光端口 32.6 万个并且光端口总数达 1565 万个，同比增长 15.3%；新增 4G 通信基站

2000个，并且3G/4G基站总数达19.1万个，同比增长29.9%等[①]。上述数据表明，贵州省的大数据产业还处于可持续且较快速的发展状态。显然，贵州省大数据产业能否始终保持全国的领先地位，仍需要当地政府通过加强相关政策来指引其更好更健康地发展。

2.3.2 产业演进特征

任何一个产业系统都是在不断地演化和发展的，其演进过程也具有自身独特的规律性。从整体上把握一个产业的阶段性发展特征，将为把握该产业演变的发展趋势提供及时有效的支持（刘洪民等，2018）。对贵州省的大数据产业创新生态系统而言，其演进特征突出体现在以下若干方面。

（1）创新性。创新（技术创新、组织创新和管理创新等）是任何事物演进过程中的关键要素，而创新演进则是一种新颖的思维模式并成为演化经济学理论的核心内容。创新的本质实际上是指任何一个创新主体发现并逐渐认知一种新事物的过程（吕鲲，2019）。在产业创新生态系统中，创新和演进是一对相伴相随的概念，即系统在演进的过程中伴随着不断地创新，并且系统在创新的同时其实也在推进系统的演进。显然，大数据产业创新生态系统的创新环节与演进过程也是基于此种形式。

贵州省大数据产业创新生态系统作为一种开放式的复杂适应性系统，其每个创新主体（包括技术创新主体的企业和原始创新主体的科研机构等）都在大数据产业系统内部并基于创新活动进行不断的循环过程，并且这些创新主体还与大数据产业的外界环境进行相互呼应。这些外界环境主要包括：国家对贵州省发展大数据的帮扶政策和贵州省政府的大数据相关政策等组成的政策环境；国内外大数据相关企业的合作与交流等外交环境；由大数据专项发展资金和各种风险投资基金等组成的金融环境等。这些外部环境与贵州省大数据产业创新生态系统在不间断地进行物质、信息和能量等的交流过程中，通过促进其内部的创新主体与外部要素的结合而发生创新活动，特别是促进大数据技术的产生和应用，从而涌现出各种各样的新兴业态。例如，贵州省大数据产业创新生态系统包括了大数据＋交通、大数据＋物流、大数据＋医疗、大数据＋旅游、大数据＋购物、大数据＋茶业以及大数据＋制造等各种主体要素，而这些要素都是由于大数据技术的研发

① 数据来源：贵州省大数据发展管理局官网，http://dsj.guizhou.gov.cn/zwgk/xxgkml/zdlyxx/cyfz/。

和应用与其他各种传统产业进行融合而形成的大数据企业，其中大数据即代表了大数据技术的研发与应用（或者是大数据思维），而后面的被融合产业即代表了传统的行业。采用大数据（包括技术和思维）与传统行业进行融合的企业，即发生了重要的创新活动（特别是技术创新、组织创新和管理创新等方面），使原有企业发生了质变和量变从而蜕变为大数据企业。如将大数据技术运用于医疗行业的贵阳朗玛信息技术股份有限公司，将传统的医疗手段如挂号、问诊、会诊和缴费等方式基于互联网、物联网和云计算等现代信息技术来实现，其多种（组织和管理等的）创新方式对医疗系统改革的演进具有重要的实践意义，故而该大数据医疗企业连续四年获得了国内的百强互联网企业。在以这种大数据技术的研发与应用等作为创新性的带头作用和引导下，贵州省大数据产业系统内部还将会衍生出新的更多的大数据企业和科研机构，从而保持着贵州省大数据产业系统也在不断地、持续地发生创新和演变。这种（创新性演进的）变化过程不但提升了贵州省大数据产业创新主体（特别是企业和科研机构）的竞争力和创造力，而且还提升了这些创新主体的（特别是大数据思维方面的）认知能力。由此可知，创新性是大数据产业演进特征之一。

（2）依赖性。依赖性（通常表现为复杂自适应系统的路径依赖性）通常是指当创新主体适应了某种机制之后，由于在长时间内和在多个方面受到该机制的影响而使该产业系统形成了符合自身习惯的发展规律，并且沿着此规律不断地进行或维持系统的演进过程（吕鲲，2019）。大数据产业创新生态系统的演进轨迹即与此种路径依赖模式的演进过程大体一致，也就是说，大数据产业系统如果适应了某种机制的影响而继续向前演进，则该系统也就形成了一种循环变化的演进规律。

目前，贵州省期望全力抢占新一代信息技术的发展先机。显然，互联网、物联网、云计算和人工智能等现代化信息技术正是推动贵州省大数据产业创新生态系统正在形成和不断演进的主要动力机制。在这种发展规律下，贵州省大数据产业的发展效率也在稳步增长。贵州省大数据发展管理局披露的信息显示，截至 2020 年 4 月，贵州全省累计完成信息基础设施建设投资 47.20 亿元和累计建成 5G 基站 3581 个等，其信息基础建设与 5G 基站建设均取得了突出的成绩，将在未来的大数据产业发展中发挥重要的推进作用。作为物质要素的现代化信息基础设施建设已经成为贵州省大数据产业创新生态系统持续向前演进的重要动力机制，而其创新主体——大数据企业和科研机构等只要适应了这种演化机制，就会不断地结合自身的可利用资源特别是后期的社会资源等，并依赖这种强大的信息基础设施不断推动传统企业或新兴大数据企业等演化而促使大数据产业成为更具有发展潜力的系统。在这种发展路径模式下，贵州省的大数据企业和科研机构等创新主体也会不断地加深其对该机制的依赖并使得信息基础路径在系统内占据领先地位。贵州星力集团在2020年5月1日的直播卖货成功经验可以很好地解释这种依赖性特征，即由两名主播在线上发起了5小时不间断的卖货直播并创造了18万元销售额的佳绩，而这种销售模式就是基于良好的信息设施基础。其实，这种新零售方式在目前的大数据时代并不罕见，包括国内电商巨头的淘宝等已经将线上直播模式作为其增加零售额的一种新方式，并由此开启了专门的直播板块，因而也促成了卖货主播成为2020年的新兴职业并受到了网民的追捧和热议。如今，直播卖货越来越成为一种销售常态，也为其他零售企业基于当地强大的信息基础设施而开辟一条企业转型发展的新的演化道路。这种新型的企业演化机制不仅能增加大数据企业的效益，同时也提升了大数据企业的学习能力。例如，贵州星力集团除了把购物、旅游和服务等分别采取线上销售的模式外，还把这种模式进行升级并打造成一站式体验消费模式。显然，星力集团在经过线上直播卖货这种企业演化模式的实践尝试下，有效地降低了其他线上模式创新的不确定性。因此，贵州省其他大数据企业也会参照此种发展路径来加强自身的循环演变力度，从而确立了这种路径在市场竞争环境中的核心地位并形成路径依赖。由此可知，依赖性是贵州省大数据产业生态系统的重要演进特征之一。

（3）环境选择性。无论是自然生态系统还是社会生态系统，其个体在成长阶段、成熟阶段和消亡阶段都与周边的生态环境紧密相关（吕鲲，2019）。因而，大数据产业创新生态系统的萌芽成长阶段、成熟稳定阶段和衰退消亡阶段都与系统创新发展的外界环境特别是如市场环境、政策环境和金融环境等息息相关。

贵州省的大数据企业和科研机构等创新主体在逐渐适应了国家对贵州省发展大数据产业的政策帮扶、贵州省委省政府的政策引导以及国内外大企业的合作与交流等外界环境时，便会充分和有效地利用这种外部环境条件来促进其大数据产业系统的创新演进过程。由于产业的创新过程是一种动态的、非线性的、循序渐进的和不断变化的发展进程，因此，贵州省的大数据企业或相关科研机构等创新主体做出的创新成果不但形式多样而且还存在很大的不确定性，即大数据企业或者科研机构的大数据技术（或大数据管理）创新等存在较大的风险，并且这种风险与大数据产业系统的外部环境息息相关。例如，制造业作为传统产业，其转型升级的道路一直备受关注。为了跟上大数据时代的发展要求，贵州省的传统制造业需要适应并充分利用当地的自然资源条件、产业政策条例和金融创新产品等外部环境同时与大数据（技术和思维）进行融合，由此催生智能制造企业的新兴业态而获得新的发展生机。贵阳德昌祥药业有限公司最早是一家传统的医药类制造企业，后来利用贵州大数据综合试验区的政策优势，将大数据思维引入到企业的经营管理过程当中，在中医药产品的制造生产过程采用了大数据和互联网等先进技术，催生了“大数据 + 传统中医药”的融合新模式，成为我国中医药产业发展的新动力。因此，贵州省把大数据创新系统与产业生态系统两者结合，使大数据创新的人文环境和技术环境发挥了积极作用并促成大数据企业由单一化的创新主体变为了多样化的创新主体，从而形成一种合力共同推进大数据产业创新生态系统向前演化。贵阳德昌祥药业有限公司正是如此从最初的中药材原材料销售商而华丽转身变成颇具名气的国家高新技术企业。此时，贵州省的大数据企业或者科研机构之间产生了协同效应。正是基于贵州省大数据发展战略的外部环境，这些大数据企业或科研机构才可以在其合作与交流的过程中最大程度地降低其风险和不确定性，使得大数据产业系统能够朝着更高层次的结构有序逐步演进。因而，环境选择性成为贵州省大数据产业创新生态系统重要的演化特征之一。

（4）多样性。产业创新的最终结果就是产生了多样化的创新主体。在某个产业系统内部，若创新个体与其自身的自组织行为过程能够有序结合，则随之而来既可产生新的产业创新生态系统；即使多个产业系统的外界环境条件一致，但不同类型的产业系统也会表现出不一样的演化特征；即创新主体多样化是形成产业系统多样性的主要原因（吕鲲，2019）。

贵州省大数据产业创新生态系统的多样性表现在：贵州省的大数据企业与高等院校或科研机构相互结合，不但能够产生更丰富的大数据技术研发成果或者促进更多的大数据技术应用成果等，而且共同推动了由大数据技术引发的贵州省企业的管理创新或者组织创新，从而提升了大数据企业、高等院校和科研院所三者的协同创造能力，也因此使贵州省逐步催生多元化的大数据产业创新生态系统。目前，贵州省已经实现了多样性的大数据产业系统，如贵阳市大数据应用技术国家工程实验室旨在提升政府的治理能力，其作为一个开放合作的政府治理应用大数据平台，将政府部门和研究机构进行合作，充分利用大数据、人工智能和区块链等新一代信息技术来推进政府对社会的高效管理和智慧治理，即大数据＋智慧政府管理系统；又如大数据＋物流、大数据＋旅游以及大数据＋制造等其他的智慧产业系统等。这些智慧产业系统即是大数据产业创新生态系统的多样性表现。

另外，大数据产业系统的内部多样性也会影响其系统的外部环境多样性。针对不同的外部环境，贵州省大数据产业创新生态系统需要做出对应的反应才能更好地提升其生存优势和发展能力。例如，贵阳市相对于北京、上海、广州、西安和成都等大型城市而言，其人力资源储备和金融产品支持等外部环境均显弱势。但贵阳市拥有比其他城市更为优越的适宜发展大数据产业的自然环境条件。因此，贵阳市需要加强数据存储业等位于大数据产业链前端的产业。不过，在贵州省大数据产业创新生态系统的内部，大数据企业或者科研机构的多样性也是导致系统演化多样性的重要因素。当贵州省大数据企业或者科研机构的多样性发生变化时，大数据产业系统也需要逐渐适应其内部环境的变化并协同系统外部环境共同推进该产业系统朝着有序结构的方向演变。因而，多样性也是贵州省大数据产业创新生态系统演化的重要特征。

（5）自组织性。复杂性科学认为，外部环境的他组织作用在复杂系统的演进过程中发挥了重要影响，而系统内部的创新主体所具备的自组织作用也对复杂系统的演化产生同样重要的影响。

贵州省大数据产业创新生态系统在其演进的过程当中，将不断有新的大数据企业和新的科研机构等创新主体涌现，从而使大数据产业系统的原有内部结构发生了持续的变化。系统内部的创新主体之间通过大数据技术、金融借贷关系和产品服务交易等方式在原有结构被打破的同时又建立了新的结构，即通过自组织作用维护着大数据产业系统不断地演变。如贵阳银行开发的“数谷 e 贷”即通过大数据技术来管控金融风险，使贵州省的小微企业获得了崭新的发展活力，催生了数量众多的大数据企业，通过大数据投资机构——贵阳数据投资银行有限公司而进一步加强了大数据产业系统的内部联系，也就是增强了产业系统内部的自组织性。显然，大数据企业或科研机构的自组织特性使得贵州省大数据产业系统的非线性结构更加复杂，但整体也趋于更加稳定。因此，贵州省的大数据企业或者科研机构基于自组织作用将自行扩张或者收缩，其变化将引起大数据产业系统的创新活动和创新行为发生相应改变。这种变化最初主要表现在大数据产业的创新主体在数量方面的增减和在种类方面的改变等；随后，数量和种类的变化将伴随着创新主体之间的关系改变和产业系统的结构变化等。如此，贵州省的大数据产业创新生态系统发生了演进，因而自组织性也是贵州省大数据产业系统演进的重要特征之一。

2.3.3　产业演进生命周期

研究产业演进的生命周期有助于管理者全方位追溯产业在各个发展阶段的演进特征。贵州省大数据产业创新生态系统在不同的演进阶段其演进动力具有巨大的差异性。贵州省的各级政府及相关部门可依据大数据产业系统的不同阶段来制定和不断调整相应的政策内容和实施目标，并确保大数据产业系统长期处于平稳的发展态势。

1．集聚阶段

在大数据产业的发展初期，仅有少量的大数据企业在某一空间范围内率先发生集聚现象，因而该时期可称为大数据产业创新生态系统的集聚阶段。此时，以下几方面是导致贵州省大数据企业集聚的主要因素。

（1）历史原因促成。由于历史原因，部分较具实力的工业企业已经在某个区域内集聚。为了积极响应贵州省政府提出的大数据发展战略，该区域内的重要企业不约而同地采用大数据技术或思维来提升本企业的生产能力和管理水平等，从而在该区域内形成了大数据企业的初始集聚。例如，安顺经开区的军民融合产业园区即可归属于此列。

（2）政府规划支持。贵州省的气候环境和自然地理条件，促使当地政府把实现经济快速发展的愿望放到大数据产业。因此，多山且气候适宜并处于非地震带的贵阳市，成为贵州省规划大数据存储的理想区域。另外，贵州省委省政府制定了一系列政策鼓励省内各区域开展大数据产业的基础设施建设、人才培养引进、产业融合发展等，使贵州省多地形成了小规模的大数据产业集聚地。例如，湄潭县的茶叶生产基地即采用了大数据技术实现智慧管理模式。

（3）市场驱动形成。贵州省在地理上造就的生态脆弱和历史上形成的经济贫困，导致该区域的生产力水平和产业附加值等较低。但是，党和国家在新时期的历史任务就是要消除贫困、提高人们生活水平。鉴于此，贵州省就不仅具有较充足的消费品市场而且还形成了较宽广的生产资料市场。大数据技术分别与种植业、制造业和服务业融合而涌现出诸如智慧农业（如湄潭茶叶等）、智能制造、智慧旅游和智慧医疗等各种新兴业态。这些新兴业态既可满足贵州省的经济结构优化和产业调整升级的生产资料市场需要，也可提供诸多的大数据产品和大数据服务等来满足贵州省人民生活消费品的市场需求。

在大数据产业创新生态系统中，大数据企业的集聚阶段即是大数据产业的诞生阶段，并且一些巨头企业所发挥的基础和核心的作用就显得非常重要。在贵州省实施大数据发展战略的初期，少数信息行业的龙头企业如百度、腾讯、苹果等公司在贵州省委省政府的大力政策支持下率先汇聚于贵州。随后，其他行业中具备一定实力的企业积极引入大数据技术而转型升级；同时，一些信息行业的技术精英和管理精英创办新型企业等。由此，大数据产业开始在贵州省的贵阳市、贵安新区和其他市州级城市进行了空间集聚，同时也逐步显现了因集聚而产生的外部经济效应。显然，少数厂商特别是百度、腾讯和苹果等龙头企业不仅在基础建设、生产引领和合作示范等方面展现了巨大的模范作用，而且为贵州省大数据产业集聚也起到了引领示范作用（李南等，2018）。而各行业内稍具实力的国有大中型企业、颇具市场活力的中小型企业和专注于大数据技术的新创企业等，既需要依托于巨头企业的合作示范来发展，更需要借助于巨头企业的基础设施而壮大。在贵州省大数据产业发展初具规模之后，国内外其他大数据企业也积极谋求与贵州省内企业的合作与发展。此时，贵州省不仅拥有了良好的区位优势，而且省内的各级政府及优势企业也为大数据企业的集聚提供了发展动力。但是，贵州省大数据产业在空间上集聚之初，其内部各大数据企业间只具有临时性关系，即各类大数据企业并没有形成足够强大的信任关系而导致企业间的合作不够稳定。大数据企业因空间接近的原因暂时获得了较为明显的共享收益，如共性市场需求、同享交通设施和共用信息设备等，但是其他共生优势还尚未充分体现（李南等，2018）。由于缺乏明显的专业化分工，因此各类型企业的关系也还是竞争多于合作。再者，大数据产业系统内的多数企业由于其体量规模小、认知程度低、根植性弱和信息不对称等特征，导致各创新主体也主要表现为以利寄生或偏利共生的行为模式（李南等，2018）。

2．组网阶段

在经过集聚发展阶段之后，贵州省大数据产业创新生态系统的各创新主体在资源、知识和信息等方面相互交流而逐渐形成较稳定的合作关系。通过这种基于专业化分工的竞合格局，大数据企业间也就建立了互相信任的合作机制。

如贵州省政府分别与中国移动、中国联通和中国电信等三大巨头签订了合作协议，并在基础设施建设方面予以重点支持。今后也会随着合作关系的深入和稳固，其他合作业务也将会得到扩展。另外，贵州省大数据产业创新生态系统也将随着产业系统演进程度的不断加深，其内部企业的合作也会向系统外部的其他领域延伸，如贵州省内的金融业以及省外的其他企业等也积极谋求与省内的大数据企业进行融合而形成新的经济增长点。因此，只要贵州省大数据产业系统保持良好的开放性以及保障对称的信息，各创新主体（含大数据企业和科研机构）之间的偏利共生或以利寄生的关系将逐步过渡为互惠共生的关系（李南等，2018）。通过合作方的重复性交易以及地理的临近便利性等因素，贵州省大数据产业内部的合作机制开始形成并逐步稳固，因而第二阶段可称为贵州省大数据产业创新生态系统演进的“组网阶段”。

在这个组网阶段，贵州省大数据产业系统的内部主体通过自我强化的合作关系而使合作各方显著提高相互之间的协同效应。显然，各类大数据企业在政府引导、自然条件和社会参与等多方面因素共同作用下将形成强大的凝聚力，从而使企业主体的合作数量迅速增加并推进大数据产业系统的合作规模也快速壮大（李南等，2018）。根据贵州省大数据发展管理局等发布的官方信息可知，截至 2019 年，贵州省内的大数据企业数量已经达到了 9000 多家。此时，贵州省大数据产业系统演进过程进入的第二阶段即组网阶段并且开始显示其较为突出的外部经济效应。当前，这个外部效应虽然还是大数据产业系统的重要演进动力，但是基于互信互惠的持久合作关系开始成为系统更为突出的演进机制。在贵州省大数据产业创新生态系统中，各创新主体构建充分的信任关系显然有助于各企业间形成稳定的合作格局，并且这种合作也需要各企业间经过较长时间的接洽、契合与匹配才能够达成。正是基于相互临近的空间地理和有意强化的交易重复，贵州省大数据企业间必然逐渐形成一种稳定持久的社会经济网络，而且这个网络有利于促进物质、信息、知识和资金等资源在大数据产业系统的内部主体之间以及主体与外部环境之间进行充分流动，同时也有利于内部创新主体更好地防范各种机会主义风险以及促进各主体继续保持良好的信息沟通、资源共享、信任维护和团结互助等关系。

3．创新阶段

在完成了集聚发展并经历了组网阶段之后，贵州省的大数据产业系统将进入“成熟成长期”的演进阶段。此时，在集聚和组网等两个阶段中形成的集聚性经济，开始从推动系统演进的重要作用中慢慢消失而逐渐显现其“拥塞效应”（李南等，2018）。其主要原因是：大数据企业的合作数量变得庞大并超出了大数据产业系统内部的基础设施容量和系统外部的资源环境承载力；高度标准化的技术和知识的传播促使大数据企业因地理临近带来的合作便利开始变得微乎其微，如此贵州省大数据产业系统内部的合作主体开始迫切需要通过创新来为大数据企业带来更大的经济效益（陈兰，2016；李南等，2018）。因此，创新成为大数据企业避免合作关系趋向衰退的关键支撑因素和合作主体创造价值的首要环节，即大数据产业系统进入了创新阶段。

在创新成为大数据产业系统演进的主要驱动力之后，合作创新也就会成为高科技领域，特别是信息技术领域的最重要表达方式。随着大数据企业之间进一步扩大其合作规模，贵州省大数据产业创新生态系统内部创新主体开展了更为频繁的合作和交流，使得创新主体在大数据产业系统内部进一步形成和扩展其共生网络。同时，这个共生网络也很快带来了资源共享、技术外溢和信任协作等类型的共生效益，因而反过来又提供大数据产业系统各合作主体更加良好的创新活动条件（李南等，2018）。随着贵州省大数据企业主体不断扩大其合作网络的规模，大数据产业系统的无经济聚集效应也逐步显现。尽管如此，大数据企业的主体合作网络还继续通过其群体性创新活动使各合作企业获得一定的创新效益，从而还能够刺激合作个体更为努力地投入到创新活动之中。需要注意的是，在贵州省大数据产业创新生态系统中形成这种合作主体网络的创新机制，该系统内部的合作群体需要具备一定的条件：一方面，大数据企业需要具备良好的技术水平和资金实力，同时各大数据产业集聚区也形成了较为成熟和稳定的合作环境等；另一方面，大数据产业系统外部竞争的压力已经持续加大，同时系统内部企业的集聚性经济也在不断下降，迫使合作主体不得不开展持续性创新特别是合作创新（李南等，2018）。在这种以创新为主要特征的贵州省大数据产业系统内部，各合作主体不断涌现出大量的渐进式创新和过程式创新，从而为系统主体要素创造了更多的大数据价值和经济社会效益。

4．衰退阶段

贵州省大数据产业系统在经历了成熟成长期之后，如果其内部合作网络的创新优势不再持续下去，则创新主体间的合作劣势将成为网络关系的主要方面并使系统内的离心力作用逐步凸显（李南等，2018）。随着大数据产品 / 服务的同质化现象越来越严重以及大数据企业核心竞争力的趋同性特征越来越明显，贵州省大数据产业系统的创新主体特别是大数据企业间的竞争将变得更为激烈（李兰冰，2008）。此时，大数据企业的集聚性经济效益持续下降和集聚的无经济效应持续显现，贵州省大数据企业的边际成本开始上升和边际收益逐渐递减，并导致大数据产业系统中的大数据企业或迁移或倒闭而使其数量减少，其内部主体的合作规模也逐渐萎缩。

基于以上分析，贵州省大数据产业系统未来走向衰退的演进趋势，其主要缘由表现为主体持续创新的能力不足、企业对大数据人才的吸引力下降和大数据技术更新换代的效率低下等。大数据产业系统衰退的基本特征包括：整体发展氛围开始趋于保守；创新主体的学习能力下降；合作主体之间的交流与联系松散等（李南等，2018）。在此阶段，大数据产业系统内部主体缺乏创新活力，但大数据企业需要提高技术要求；合作主体经过长时间的发展后，其技术水平需要提高，但大数据产业系统吸引人才的难度加大；系统外部的影响因素如国际国内的经济形势变化和产业政策改变等，促使大数据产品 / 服务的市场份额缩小和大数据产业系统的经济效率下降。此时，尽管产业系统还会有新的企业加入，但原有合作企业的撤离数量大于新加入的数量，因而贵州省大数据产业系统进入衰退期（李南等，2018）。

第3章　贵州省大数据产业创新生态系统的演化机理

贵州省独特的自然地理环境和长期相对落后的经济基础条件等，既给该省实施大数据发展战略创造了天然的外部环境条件，也给该省打造大数据产业体系提出了诸多限制因素。显然，贵州省要持续打造并提升强化其大数据产业，需要依据省内的各种内部要素和多种外部要素等深入研究其运作规律以科学指导贵州省的大数据产业实践。基于此，本章将着重探讨贵州省大数据产业创新生态系统的演化机理，并根据贵州省大数据产业的发展现状重点分析其产业系统演进的动力特征和激励途径等，从而为贵州省打造坚实的大数据产业体系提出可行的政策建议。

3.1　产业创新生态系统的现状分析

结合贵州省大数据产业创新生态系统的构成特性，本节分别从系统主体、系统客体、系统功能和系统环境等方面分析贵州省大数据产业的发展现状。

3.1.1　系统主体特征

正如第 2 章内容所述，贵州省大数据产业创新生态系统的主体要素可分为技术创新主体、原始创新主体和制度创新主体等。

1. 技术创新主体：企业

大数据企业是大数据产业创新生态系统的基本构成要素，担负着在该产业中大数据技术的研发与应用，特别是技术应用的职能。而在大数据产业创新生态系统中，大数据企业既需要与其他大数据企业保持密切的交流与合作，也需要与其他非大数据的不同行业维持紧密的市场联系。在现代经济社会中，高效的信息技术和发达的交通网络等是不同企业保持联系的必要手段。另外，大数据的内在本质也要求大数据企业必须朝着决策快速、执行高效、研发持续和创新驱动等方向演进。贵州省大数据企业自2014年至2019年发展企业9000多家，特别是其基于“坚持发展和生态两条底线”以及“创新驱动”的发展模式成功造就了当前的大数据产业创新生态系统。目前，贵州省大数据产业系统的技术创新主体即大数据企业的发展主要是围绕电子商务、呼叫服务、智能终端和互联网金融等行业基础发展的大数据关联业态，以及以智能制造、智慧旅游、智慧农业和智慧医疗等行业融合发展的大数据衍生业态等。同时，贵州省也通过不断吸引国内外一流的大数据融合型高科技企业入驻贵州省投融资建项目，已经聚焦于电子信息、生物医药、装备制造、节能环保、新材料新能源、资源与环境及其他高技术服务业等若干领域并引进创办了近万余家大数据企业，构成了类型多样、行业宽广、研发有效和应用可靠的大数据企业群。在贵州省独特的大数据产业创新生态系统中，这些大数据企业具备了以下基本特征。

（1）大数据企业的类型多样性。无论是自然生态系统还是产业创新生态系统，其系统成员的多样性都在系统的孕育形成与演化发展过程中发挥至关重要的作用。多样性首先作为一个生态学的概念被提出并具有丰富的内涵。在大数据产业创新生态系统中，大数据企业的多样性至少存在以下两个方面的意义。一方面，大数据企业作为技术创新主体，其多样性能够帮助该产业在遇到系统风险、产业不稳定和创新环境不确定等情况时有效保证大数据产业创新生态系统的鲁棒性，可以缓冲大数据产业系统所承受的风险。因为大数据企业的多样性能够保证相关主体充分运用系统内外部的资源、信息、技术和知识等要素并进而保证和提升产业系统的整体创新能力。另一方面，大数据企业的多样性将对产业创新生态系统实现价值创造发挥重大的影响作用。这种影响能力表现在：首先，多样性越强的大数据企业在知识转移方面的经验就越丰富；其次，大数据企业在产业发展的过程中能够按照经济体量和发展规模等划分为大型企业和中小企业等，其中，大型企业的技术创新能力强但因其体量大而难以快速适应日新月异的市场变化，而中小企业的技术创新活力很强但缺乏创新的规模经济性因而缺少必要的市场支持和资金资源。显然，借鉴各种类型企业的不同缺陷和不同优势等将可以有效避免大数据产业系统内部创新的陷阱，即缺乏规模集成和柔性融合的有机结合。为有效解决这类问题，大数据产业创新生态系统给出了正确的答案，即产业创新生态系统将从两个方面来弥补大数据企业个体创新的不足。首先，企业多样性造成了产业系统内部创新的分工，并由某个单环节的创新成果汇总而形成创新的规模集成。这个过程可以看作是将所有企业都面临的同一种创新环节都集中到某几个企业去完成，如专门从事市场调研的公司、只负责资金周转的企业、仅仅擅长于提供某产品或服务的组织等，即这些主体分别实现一部分创新而后由系统完成集成工作。其次，企业的多样性还体现在某企业还可以把创新的过程进行拆分而使得本企业只集中自己的注意力于某个创新环节并充分发挥自己的创新优势，然后通过企业的协作关系完成整个创新程序，从而实现创新过程的规模效益以至达到具体产业领域的经济规模。

（2）大数据企业的高知识技术密集型。大数据企业是基于现代信息技术特别是互联网、物联网、云计算和人工智能等并与传统企业融合而发展起来的新兴业态。因此，这类企业带有天然的高科技特征，是高新技术企业的典型代表。大数据企业基本上都是从事知识密集型的商业活动，并主要依靠现代信息技术人才的创造与发明应用和现代管理精英的知识与智力水平等。因此，大数据企业不仅仅进行有关大数据产品或大数据服务的创新与应用，其在生产、销售和运营等诸多管理环节也往往需要依托当代的高端技术，同时其生产效益和竞争能力也往往需要来源于与新技术有关的生产、加工、制造、销售和服务等环节。大数据企业所应用的高技术无论在物质手段、研究手段还是整合手段等方面都体现高知识技术密集性并高度相关。而且，在大数据技术的研发过程中，大数据产业系统的所有创新主体特别是技术创新主体往往需要大量高精尖的实验用品、生产设备以及先进的科学工艺的知识能力和操作水平。显然，高知识和高技术不仅能够为大数据企业带来生产率的提高，还能为大数据企业带来更多的技术附加值与管理效率等。

（3）大数据企业的高风险特征。风险管理理论告诉人们，高效率往往伴随着高风险。大数据企业的高知识高技术密集性在带来高效益的同时，其前期对新产品新技术无论是研发还是引进都需要付出极高的成本。由于市场的高度不确定性，大数据企业所预期的利润与实际收益往往出现较大的波动，因而大数据企业必然面临较高的风险。大数据企业的风险主要来自以下几个方面。

① 技术风险。高科技的研发和探索往往具有高度的不确定性和风险性，从而导致其失败率远高于成功率。另外，现代的高新技术也同时具有较高的更新换代速度而导致其技术的生命周期短，因而大数据企业需要不断进行探索创新，即不断进行具有高风险性的技术研发活动。

② 市场风险。大数据类的产品、技术或服务从其研发、运作、生产和销

售等方面再到产生效益等往往需要一定的时间周期。一般而言，这个周期可短至 1 ～ 2 年以内或长至数年乃至数十年时间。在这个周期内，市场的接受能力、反应时间、价格波动以及市场竞争等的不确定性都将会由于大数据企业的营销服务不佳而导致其产品或项目的亏损。况且，拥有技术可行性的产品和服务也都需要在市场上得到消费者的认可后，才能占领市场和降低风险。

③ 财务风险。财务风险是指大数据产品或大数据服务在大数据项目的预定周期内是否能够达到预期的收益。大数据产业创新生态系统固有的高技术创新特性和可持续发展要求，必然导致大数据创新主体在产品和服务的研发与销售过程中会遇到各种难以预料或控制的影响因素而使大数据企业的财务状况具有很大的不确定性，因而大数据企业既可能有获取巨大利润的可能性，也可能有遭受巨大损失的可能性。显然，大数据企业的财务风险也主要包括了财务信用风险和投融资风险等。

④ 管理风险。同样，大数据产业的高技术特征也必然要求其系统内部的直接创新主体即大数据企业和原始创新主体即科研机构等拥有综合性的高素质管理人员。即便如此，大数据企业的管理者还是要受到包括抗工作压力、善于决策和制定战略、积极协调外部力量进行互动与合作等诸多因素的考验，而这些因素又是大数据企业在创新与发展的过程中经常遇到且容易导致项目失败的管理风险。

2. 原始创新主体：科研机构

原始创新主体是大数据产业创新生态系统具有而其他传统产业系统不一定具备的一种特殊的主体要素。由于大数据产品和大数据服务的高技术特性，科研机构在大数据企业的生产经营活动中发挥着培养管理人才和协助高技术研发等一些重要的作用。然而，贵州省大数据产业创新生态系统的科研机构在社会服务和技术应用等方面存在以下特征。

（1）高等院校的社会服务体系有待完善。目前，贵州省与其他省市特别是发达地区相比，其高校的社会服务能力还需要提高。贵州省需要基于战略高度改变“产学研”的相对薄弱地位并提高各高校参与社会服务的能力和目标。基于 2017 年 12 月出台的《国务院办公厅关于深化产教融合的若干意见》等重要文件要求，贵州省高等院校的社会服务现状表现出以下特点：在项目经费方面，贵州省各高校还是以政府的财政支持为主要来源而尚未与大数据企业达成一种良好的沟通与互助；从服务内容来看，各高校与大数据企业在技术服务和学生实训等方面还没有充分展开合作；在协同创新方面，贵州省的高校在高技术研发和关键工艺设计等大数据技术核心领域与企业之间的合作不足，其协同创新工作需要进一步强化，社会服务质量也有待提高。

（2）教师的社会服务意识参差不齐。基于多方面的原因，各高校教师还是把主要精力放在课程教学上而忽略企业服务，并导致教学、科研和社会服务等相互割裂。这些教师普遍认为社会服务不但影响其教学工作量而且耽误其科研工作时间，既增加了工作负担又延长了工作时间，使其自身发展不可控。的确，目前高校老师的社会服务往往会面临服务渠道不通畅、服务时间欠协调和社会评价有褒贬等问题。这些问题也进一步影响了教师服务社会的积极性。因此，贵州省还需从多种渠道出发来理顺“产学研”之间的联系。教师只有立足于服务大数据企业，才能体会到大数据技术应用对促进高校教学和教师自我提升的重要性。强化教师的社会服务意识，能够帮助高校探讨人才培养的新模式并指明科学研究的总方向，因此也是教学成长和科研发展的重要途径（张杰，2018）。

（3）科研机构及其科研人员的数量缺乏。目前，贵州省在大数据产业领域设立的专属科研机构包括大数据应用技术国家工程实验室和贵州省创新研究基地等。另外，贵州省依托高等院校成立并由其管理的二级机构相对较多，如贵州省大数据产业发展应用研究院和贵州省公共大数据国家重点实验室等。但是，无论是科研机构还是科研人员的数量都比较缺乏。贵州省还需要积极整合多方力量和组建科研团队来弥补机构数量和研究人员的不足。

3．制度创新主体：政府部门

贵州省省政府以及各级地方政府均通过出台大数据政策来全方位响应贵州省大数据发展战略的行动和促进大数据产业的发展。同时，政府部门本身也以构建数字政府的实际行动来配合贵州省大数据产业建设并取得了较显著的成就。贵州省人民政府及其机构如贵州省经济与信息化管理委员会和贵州省大数据管理局等官方信息显示：“云上贵州”作为贵州省最大最全的数据政务平台，已经打通了包括教育、公安、扶贫、卫计、住建等21个国家部委和省市的数据，在横向联系方面已经实现与65个省直部门相连，在纵向联系方面部署到贵州辖区内的各市州和贵安新区等，并率先完成了西部地区各政府数据的共享交换体系；“云上贵州”已经完成20朵“云”、72个应用系统和433个数据资源的目录梳理和安全定级、170个数据集上云以及108家网站与省政府门户网站的数据交换，顺利实现了多源异构的数据共享交换。但目前来看，贵州省的数字政府仍然存在以下若干问题。

（1）数据孤岛还是现实问题。目前，“云上贵州”政务数据平台还存在诸多数据不通的状况，包括开放调用（API）、开放文件以及应用服务等，其具体能够涉及的范围有限。另外，该数据平台与宏观经济决策和社会综合治理等几乎没有协同合作而各自治理。诚然，贵州省成立数字政府的基本目标就是通过突破地方治理的复杂性和缓解条块分割的现状来实现政务数据的“块数据化”。但该数据平台在数据整合方面仍然存在多种不足，如尚未在社会治理、公司法人、自然资源、社会地理以及宏观经济等方面实现数据库互联互通，因而该平台还无法保证“服务公众面向广、数据实时传输速度快、应用系统嵌入难”。政务数据平台还存在各方面的阻力并影响了数字政府的建设进程，从而导致“数据孤岛”问题还普遍存在。

（2）技术难以形成标准。贵州省政府还难以对大数据技术制定一个统一的标准，其主要原因包括：一是由于技术、数据和接口等的标准尚未统一，而且政务系统的各数据条块的代码不同，数据的精确程度也不同，因而导致无法对数据的格式化进行统一；二是政府之前的数据基本是非结构化数据，而有效数据又往往是纸质化和零散化的数据，故将这些数据转为数字化格式的难度较大；三是由于行政部门归属不同管理体制，使政务数据的专业化程度各不相同而造成数据治理难以形成归类统一并且数据的服务精度和服务成本难以协调。虽然目前这几个问题还不算严重，但随着数据量进一步增大以及数据的重要性进一步增强，数据治理的技术问题也将进一步凸显。尽管贵州省在2016年就已经率先颁布了政府数据的分类办法和数据资源的目录清单等，但这些工作仍然还存在一些漏洞，并且其标准的制定也存在诸多困难和不确定因素，也使得相关的标准化还不能涵盖众多的复杂的政务数据，即不同区域、不同部门以及行政差异等都使得数据标准难以行文确定。

（3）数据的商业应用与公共服务难以协调。政务大数据平台属于高技术高知识密集型的产品，其建设费用和开发成本很高。同时，政务数据平台所涉及的政府数据不仅类型繁多、耗时长和体量大，而且后期的运行维护费用也非常高。因此，大数据平台的巨大经济成本使得政府不得不“精打细算”。在这种情况下，政务数据平台的商业化运行就成为政府的不二选择。目前，贵州省若干政府部门已经启动了政务大数据应用的商业化运营。但从目前各部门的具体应用情况来看，政务大数据平台的商业化运行还存在明显的不足之处，即部分政府部门为了保证市场的竞争性而忽略了大数据平台所应有的公共服务核心属性。政务大数据平台设立的目的就是为了更好地服务社会与共享资源，这也是公共数据的最大优势和基本特点。显然，政府部门在实行政务数据平台的商业运行模式后，也必然要求该平台将其经济效益作为后续运营和管理维护的部分费用，从而既会影响其他部门上传数据的积极性，也会引导公众对数据存储平台的选择。另外，部分政府部门也为了实现平台自身效益的最大化而忽视公共利益。也有部分地方政府仅仅是为了抢占大数据的风潮而部署其数字平台，并以盈利目标为战略发展方向，如此即偏离了区域整体利益最大化的理想。因此，世界银行专家曾于2016年断言，若政务大数据平台缺乏可靠的引导机制，则有可能逐步转变其公共服务的本质属性而放大其经营性并陷入政策绑架的轨道，如此情况就会促使政务平台偏离其建设的初衷。因而其商业化的发展模式会导致政务大数据平台陷入发展的困境。

4. 创新服务主体：中介机构

在大数据产业创新生态系统中，中介机构是一类不可或缺的主体要素。而中介机构往往具有的基本特征包括：从事大量信息处理工作而使得单位信息处理的成本较低；拥有或整合必要的经济信息和财务信息的渠道或能力并能对其进行规范性分析以及标准化处理；其发布的信息比较真实、客观和公正并具备较好的社会公信力；拥有专业的人才从事信息的处理和加工等。而贵州省大数据产业创新生态系统特殊的地理位置和薄弱的经济基础使其创新服务主体也具有相对独特的特征。该部分内容将以较具代表性的贵阳大数据交易所来阐述贵州省大数据产业系统创新服务主体的若干特征。

（1）机遇与风险并存。大数据交易平台的现代化建设，不仅为了大数据技术研发与应用的创新建设以及给社会提供大数据产品和大数据服务，同时也是数据流通现代化的必由之路。各种现代化信息技术如数据挖掘、机器学习、深度学习和神经网络等的升级和开发都会给大数据技术带来更新与升级机遇，同时也使这些信息技术面临巨大的挑战，特别是在信息保护、数据安全和个人隐私等敏感问题方面。显然，贵州省作为全国首批跨区域类大数据综合试验区，在获得大数据产业发展机遇的同时也必然会在以上相关问题上受到不同程度的困扰。

（2）数据壁垒难以调和。相对于大数据产业创新生态系统而言，数据源的开放共享程度与力度等会直接影响到政务数据交易平台相关业务的范围、质量和规模等。贵州省大数据产业的中介机构能够协助进行交易的数据源包括了企业数据、政务数据和科研机构数据以及中介机构掌握和拥有的清洗后的数据等。目前，贵阳市大数据交易所可以开放共享的数据源主体就包括了拥有大量公共数据的政府部门、能够通过清洗后进行高质量数据分析的互联网企业和运营商、掌握一手科研数据和高新技术的科研主体等。然而，该交易所虽然能够拥有可观的数据源，但同时也遇到了阻碍这些主体进行数据共享的诸多因素，包括数据开放共享理念尚未完全形成、数据平台的技术支撑和管理措施仍不完善、数据清洗或应用的管理监督以及反馈未成体系等。比如，该平台上愿意提供数据共享的大数据企业多数属于同行业内企业，故而这些企业之间必然存在一定的竞争关系。从竞争的角度考虑，这些企业在提供高质量数据以及数据开放共享程度等方面并不高，从而导致该平台在进行商业分析和管理决策的时候因缺乏足够高质量的数据而不利于大数据产业系统的所有主体形成充分而深入的大数据价值观。

（3）数据质量偏低。数据是大数据产业发展的基石。而高质量的数据源更能有效带动大数据产业的良性运转。显然，原始数据的质量直接影响了数据业务、数据交易以及由数据衍生的其他商业行为的可靠程度。目前，贵州省大数据产业中介机构的数据质量参差不齐，其原因可归纳为以下四个方面：一是由于大数据产业初创阶段各中介机构制定的数据标准不同，导致数据格式、数据维度和数据语义等限制了数据资产的使用价值，制约了市场流动；二是在大数据环境下数据的种类繁多且质量参差不齐，导致数据的真实性、一致性和完整性等尚未被有效认同而不能形成认定标准，也干扰了数据资产的价值不被市场完全认可；三是在技术层面，数据的使用过程有待完善，即目前的大数据技术还不能完全有效地进行数据梳理和数据清洗，容易导致数据在流通渠道上存在流失和损坏的现象，也影响了数据的后续交易和数据价值的有效实现；四是数据资源在后期的更新和维护等方面还尚未形成统一的范式，容易产生“变宝为废”的行为，容易将数据“金矿”变为数据“垃圾”。

5．创新投入主体：大数据金融机构

互联网企业与传统的金融机构进行有机的融合而产生大数据类金融机构。其作为近些年新兴的组织模式和业态形式，既包括了传统的金融公司如银行、保险公司和证券公司等，也包括了由互联网技术兴起的第三方支付平台和电商公司等互联网企业。目前，贵州省的大数据金融机构已经呈现出传统金融产品和互联网金融产品互相竞争、互相融合和协同发展的特征。

大数据金融业态特别是第三方支付平台的出现不仅对传统的金融机构造成了较大的竞争压力，同时也迫使传统金融机构积极谋求金融产品的创新和支付模式的升级更新。互联网企业通过其熟悉的数据技术对客户的非结构化信息进行分析处理，有效降低了金融业务信息的不对称性和交易成本，保障了互联网金融产品业务的办理效率有效超越传统金融机构的核心业务。例如，支付终端的网上购物结算、贷款平台的贷款完成速度以及众筹的投融资模式等，无论是流程操作、信息获取、便捷程度还是资金收益等都远远超过了传统金融机构，并在很大程度上还对传统金融机构的业务量形成冲击。另外，传统的金融机构也借助大数据技术和互联网技术的兴起而展开行业的转型升级，并通过完善其电子银行等线上金融模式而促进金融交易的线上线下融合发展。尽管如此，所有企业现有的交易结算和资金流动都还需要通过银行来完成，即大数据企业仍需要传统金融机构的配合。如此，金融机构和大数据企业各具优势且能互补，使得金融机构向融合发展的态势前进，即大数据金融业态得以诞生。互联网企业通过设立子公司来拓展其金融市场，在共享其研究平台和技术数据等资源的基础上提高了企业竞争力。例如，在2013年由阿里巴巴、中国平安、腾讯公司等9家互联网企业合作筹建了“众安在线”平台并成为专业的网络财险公司，为金融机构和互联网企业的合作提供了范例；在2013年，由民生银行和阿里巴巴签署战略合作协议并允许民生银行在淘宝设立了直销银行业务等。

3.1.2 系统客体特征

贵州省大数据产业创新生态系统的地理位置特殊性、经济基础脆弱性和技术应用密集性等特点，使其系统的客体特征也较为明显。

（1）科学技术密集度较低的创新组织。由于大数据产业是互联网、云计算、物联网和人工智能等高科技研发和应用的产业化过程，因而无论是其直接创新主体如企业组织和科研机构，还是其间接创新主体如中介组织和金融机构等，都需要技术先进的生产工具和知识水平高的人力资源。贵州省大数据产业创新生态系统的经济基础脆弱，导致其在生产工具和人力资源等生产要素方面还不能具备较强的集聚优势。据相关部门的资料显示，目前贵州省急需大数据产业方面的人才。在强大的人才需求背景下，一些大数据企业不得不降低人才招聘的要求，从而导致在贵州省大数据产业系统中还存在相当数量的大数据企业科学技术密集度较低，因而这些低密度科技类企业就成为该创新生态系统内部急需改进的组织，以使其变成为创新客体。例如，贵阳市自2014年以来，各类大数据企业急需呼叫类人才。据贵州都市报2016年2月22日的报道显示，仅贵阳市各类企业的呼叫类人才缺口达到近3万人左右，并且这些人才还普遍存在学历低、流动大和需求高等特点。显然，这些人才要适应企业的未来发展就必须接受各种培训活动或继续教育，并以此改进企业的科学技术水平和提高企业的科学技术密集程度。

（2）研发更新程度较低的大数据产品和大数据服务。任何产业的高技术产品和服务都具备了技术含量高、研发成本高和市场准入门槛高等基本的特征，因而一般企业难以介入且其替代品很少。大数据产业本身就是采用高科技设备来生产高科技产品和提供高科技服务的产业化活动，因而其产品和服务均有相对较长的导入期，并需要较大量的研发资金来支持其生产过程。由于人才和资金的相对短缺，导致贵州省大数据企业在新技术的研发过程中受到较大的阻碍，其大数据技术的更新也相对迟缓。所以，贵州省大数据产业系统的产品和服务等客体也受到了直接的影响而使其更新相对缓慢。

（3）周期偏短和份额偏低的新市场。由于大数据企业的高技术特性和对高素质人才的需求，导致大数据产业系统既需要通过获得巨额的垄断类利润来保障高成本的回收，又需要通过降低顾客的价格敏感度迅速占领市场份额来躲避高科技产品的短周期效应。此时，贵州省的多数大数据企业需要通过各类宣传手段使消费者尽快熟悉并接受由高科技产品和服务带来的新兴市场。显然，大数据产品或服务被市场逐步铺展接收而使其需求量大幅度提升，在占据市场份额的同时，其信息的扩散效应、技术的溢出效应和平均成本的降低效应等均可以导致更多的生产者进入市场参与竞争。在此种情境下，大数据产业系统将进入“生产者多元化、产品多元化、生产技术不断优化、产品和服务不断升级、单位产品和服务的利润迅速降低、产业总利润快速下降、大数据企业启动升级战略、成熟期产品迅速淘汰、新产品研发快速发展”等的循环往复的过程。因此，大数据产品和服务的典型的高技术要求和多元化需求，促使其生命周期的成熟期和衰退期都非常短并且其能够占据的市场份额也将会偏低。

（4）原材料或半成品的创新思路来源于垄断需求。现代产业发展的实践证明，高技术类产品之间的相互依存度非常高。这种依存度不仅存在于不同产品类别之间，如“云计算”服务的普及需得益于互联网传输技术的突破以及存储技术的发展等，而且也广泛存在于同种产品类别内部，如支付宝采取先占领市场来拥有最大的市场份额，而后其他支付产品就采取依附于支付宝进行付款结算的策略，使得其后续市场的各类资源的开发和使用等都需要倾向于领先产品。这种原材料或半成品的创新思路的核心在于此类大数据企业需要制定并形成市场的行业标准，以使市场呈现出有利于此类企业获得竞争和路径依赖的优势。贵州省大数据产业系统的创新客体特别是原材料和半成品等，将在贵州省大数据发展战略的有利政策环境下，通过互联网企业巨头如华为、富士康、移动、联通、电信、思科、腾讯和阿里巴巴等将其数据中心落户贵州省，不但能够引导贵州省内的其他大数据企业生产大数据产品和提供大数据服务，还能为国内外其他大数据企业或其他行业提供标准化的原材料和半成品等，加强数据行业的标准体系建设。因此，贵州省大数据产业创新生态系统的创新客体将逐渐显露其对原材料和半成品创新的垄断需求特征。

3.1.3 系统功能特征

正如前文所述，贵州省大数据产业创新生态系统存在比较明显的大数据企业间协同创新、企业与科研机构协同创新、高等院校与科研院所间协同创新等功能。在近5年的发展历程中，贵州省大数据产业创新生态系统的这些功能表现出以下三种较为显著的特征。

（1）创新主体间的整体协同性。复杂性科学认为，复杂系统的整体协同将涌现出部分所不具备的特殊功能。贵州省大数据产业系统在创新主体间长期的协同合作和相互竞争的发展过程中，其系统已经逐渐显露出不同主体间的协同创新的合作特征，也具备了各种主体整体的演化推进的生态特征。大数据产业系统主体的整体协同性体现在以下两方面的原因。第一，产业创新生态系统是以系统创新网络的形式来组织和发展的。贵州省各区域内的创新要素如大数据企业、科研院所、高等院校、中介机构、政府部门等已经逐步形成资源共享、优势互补、协同投入和风险分担等态势，并以此为基础达到主体间的合作与创新。在这种整体合作创新的局面下，大数据产业创新生态系统能够整合内部资源和引进外部资源来有效解决系统创新要素供给不足的问题，从而提高了产业系统整体应对风险的能力并实现主体之间的协同创新。第二，产业创新主体特别是大数据企业的商业盈利性质促成了这种通过市场竞争而协同发展的关系。事实证明，这种关系存在着显著的“赶超效应”和“拉拔效应”，为大数据企业带来了较大的利润，从而加快了贵州省大数据企业的技术创新速度并推动了大数据产业的整体创新效率。大数据产业创新生态系统中的大数据企业往往不是独立创新的运营个体，而是不同企业特别是企业与科研机构合作创新的共生关系。这种关系是由大数据企业的高技术特性以及高技术研发活动的协同特征所决定的。在大数据企业的协同创新活动中，大数据产业创新主体将有序地参与到创新活动的不同环节中，从而提升了系统的整体创新能力并协同推进大数据产业的整体发展。

报刊统计资料①显示：贵州省的大数据与实体经济深度融合发展取得了显著的成效，其融合发展水平指数由 2017 年的 33.8 提高为 2018 年的 36.9；其 2018 年的两化（信息化和工业化）融合水平也比 2017 年提高了 1.2 倍；在促进各行业结合实现经济转型发展过程中，贵州省的大数据与农业、工业和服务业的融合水平分别提高至 34.6、37.7 和 36.1，并且近几年均以 10% 左右的速度持续提升。目前，贵州省已基本形成从点到面的大数据产业集群化发展格局，并依靠独特的自然环境、良好的政策环境和有利的科技环境等实现了大数据技术与各行业实体经济的深度融合并促进了大数据产业的深度发展，通过各大数据企业和科研机构的协同创新共同打造了贵州省大数据产业的创新生态体系。

（2）创新要素间的网络运作特性。受益于创新主体间的根植性和邻近性，贵州省大数据产业创新生态系统的创新要素即创新主体和创新客体形成了比较完备的系统创新网络，不但系统内创新主体间的信息交流障碍较低和资源交换便易程度较高，而且系统的网络结构能够帮助大数据企业进行技术创新，特

① OUYANG S J. China Daily.Growth of big data helps transform province［EB/OL］.（2019-08-02）［2020-11-20］.http://www.chinadaily.com.cn/cndy/2019-08/02/content_37497950.htm.

别是大数据技术创新快速得到相邻企业的资源支持或上下游企业的协同并引起系统内部实现技术创新的快速集成。显然，创新要素间存在的这种网络运作特性能够方便地适应快速变化的现代市场，并通过创新技术的自由集成而形成具有较高针对性的大数据产品及智能型服务，如此更进一步促成了系统内部资源的高效搭配和实现了体系内部技术的集成性。因此，大数据产业创新生态系统作为一个有机集合体就可以在系统的内部和外部进行横向与纵向的信息交流和资源互换，更充分地发挥系统内部价值链、信息链和人才链等的市场作用。此时，各个合作项目就成为大数据产业创新生态系统内的连线，并且合作单位通过这些合作项目而成的连线就实现了（技术、管理和组织等）创新并不断促进创新。贵州省正是在深入实施大数据发展战略的过程当中，相继提出了“三个健全”（健全大数据发展保障机制、健全信息基础设施和健全大数据人才发展）和“三个加快”（加快培育市场主体、加快推动核心技术创新和加快推动新兴产业发展）等措施，以此来搭建并强化大数据产业生态系统内部的运作网络，形成大数据产业发展的有力保障和推进大数据企业发展的强劲动力，并反过来加快和促进大数据产业生态系统的均衡形成与可持续发展。

（3）产业系统的开放协作性。贵州省作为西南内陆山区省份和中国南方喀斯特核心区域，一直受到经济贫困和生态脆弱的困扰。在地形地貌、气候环境、资源要素和产业基础等特定条件制约下，贵州省的电子制造、信息技术和网络平台等大数据基础产业一直处于弱势甚至是零基础行业。特别是，贵州省本地的大型互联网企业尚未形成，而且高技术产业多为由原来的军用而新转为军民两用。这些情况也导致了贵州省的大数据产业链条还尚未形成有效而强化的协同关系，也影响了大数据产品和服务的市场化程度和大数据产业的集聚化水平。而产业创新生态系统的形成与区域整体环境紧密联系，如新兴技术的带动、产业集聚等。另外，作为人工构造的产业生态系统受到人为因素的影响较大，因而政府部门与行业协会等相关组织可以通过政策调整、技术引进、资源优惠以及人才吸引等方式来改善整个产业发展大环境。基于复杂性科学的观点，当外部环境能够适合某个产业生态系统的发展之后，该产业系统将能够显示出更为开放的姿态，同时系统内部也为其企业提供大量的发展机遇。在大数据产业创新生态系统中，大数据企业通过明确自身的发展定位和生产角色，有效利用系统的内外部资源寻找到或设计出适合自身企业提供的大数据产品或服务并进行生产活动。大数据企业还需要适应大数据产业系统的内外部环境并主动与其他大数据企业或非大数据产业主体进行合作，在符合共同发展目标的前提下不断拓宽自身的企业价值。大数据产业系统就在如此循环往复的运作中拓展和强化了系统的开放与协作。

在大数据发展战略的强大政策指引下，贵州省结合其自身开发的数字政务平台“云上贵州”，吸引了全国乃至全球范围内的诸多大数据企业来黔投资。正是通过这个大数据平台，贵州省绘制了大数据产业招商图，做足了产业发展的顶层规划，引导建立了各种信息化平台和相应的信息数据库，对贵州省重点发展的企业组织、产业领域和区域范围等进行有针对性的政策扶持、定向招商和跟踪服务等。目前，贵州省根据高科技产业的发展趋势来构建大数据产业生态圈，并且已经形成了初步的产业招商目录。这个目录涵盖了电子信息、装备制造、生物医药、新材料和新能源等行业及其相关的技术服务等领域。贵州省各级政府在这些行业领域的 1000 余家企业中进行了针对性的招商活动，并基于招商效果出台相关措施来强化产业链的鲁棒性和弥补产业链的不足，以此延长大数据产业链及扩展其所能够涉及的企业数量。以贵安新区为例，该国家级技术新区已引进如富士康、浪潮和纽戴尔等龙头企业，并针对这些企业引进和培育其智能终端产业链，即从单一的组装品装配到多品种的芯片研发再到触摸屏数据线的投产以及各种产品的市场调研和售后服务等。一系列的生产活动和服务内容构成了以这些龙头企业为核心的大数据产业链条，并且这些链条又反过来吸引了其他的企业和更多的资源参与到相关产品的创新研发活动，从而使贵安新区大数据产业形成了较好的对外开放与合作发展的良好局面，初步实现了该区域内大数据产业的聚集效应。

3.1.4　系统环境特征

贵州省大数据产业创新生态系统具有与其他区域产业系统不同的独特系统外部环境。显然，产业系统的外部环境为系统发展提供了必要的物质和能量基础，其环境质量十分重要。良好的产业系统环境能够促进系统内部企业主体的可持续发展，而不合适的新系统环境则往往会阻碍系统主体的正常发展。贵州省大数据产业创新生态系统的系统环境可归纳为如下三个主要特征。

1. 明显的自组织倾向

大数据产业创新生态系统在不断发展演化的过程中，基本适应了当地的知识体系、信息渠道和产业链条等系统外部关系。这些系统外部关系符合系统内部创新主体的自身发展需求，同时在与内部创新主体的联系中也慢慢交相演变而成为大数据产业系统的内部网络。这是因为无论外部关系还是内部网络，都有效地将大数据产业系统内部的各创新主体进行连接，进而使二者在相互依存和相互支持的联系中获得更进一步的强化而稳定发展。显然，系统内部和系统外部的不同的信息交流渠道、知识体系层次和产业技术架构等在相互影响和协同促进的演化进程中，通过系统外部环境的自发引导和相互作用，使得其他非大数据企业为了适应现代市场发展趋势而开展其产品或服务的换代升级，并进行生产技术和管理手段的智能化升级等，因而这些非大数据企业将朝着特定的智能化方向不断自我强化和持续演进。在这种情况下，大数据产业系统的外部创新主体，特别是非大数据企业，就具有朝着大数据企业演化的强烈发展倾向，因而系统外部环境具有明显的自组织倾向。尽管大数据产业系统外部创新主体间的知识流动、技术创新和信息交换等外部关系网络能够与内部网络结构一起共同支撑大数据产业创新生态系统整体协同的演化效应，但是外部关系仍然存在着由于外部主体在风险预估水平、技术应对能力以及管理措施失误等诸多情况导致的外部企业的大数据演化失败。因而，贵州省自 2013 年以来为了促进大数据产业的良性发展，紧紧把握大数据红利而及时调整其产业结构。例如，贵安新区加大力度引进和研发涉及大数据产业发展的关键数据技术，通过打造智能终端、电子商务、集成电路、互联网金融等高技术制造业等，为其大数据产业的迅速发展打下了良好的基础，到 2019 年底全区已超过 5000 家大数据机构，其中 IT 互联网企业的数量占据 2896 家，比例超过 50%。又如，贵州省在“十四五”规划中提出将继续大力支持大数据产业及其关联产业的引进和培育，通过构建完善大数据相关的技术系统和管理体系来引领大数据产业的发展并进一步提升大数据的领航地位。据贵安新区管理委员会的负责人透露，截至 2018 年，贵州新区大数据相关产业的产值已达到 376.1 亿元，其大数据企业数量逐年增长并对其他产业发挥了明显的带动效果[①]。

① 普通科技.“云上贵州”的产业兴起［EB/OL］.（2019-07-30）［2020-11-10］.https://www.sohu.com/a/330105322_120232721?scm=1002.46005d.16b016c016f.PC_ARTICLE_REC_OPT.

2．显著的路径依赖效应

复杂产业系统的路径依赖是指企业由于受到先前的产业体系、营运模式和创新手段等外界因素以及目前的生产经验、学习能力和自我适应性等内部因素的共同影响，导致该企业及其所在产业均或多或少地朝着既定的发展方向不断强化。如东北的重工业基地、东南沿海的轻纺工业基地和广东大湾区的外贸基地等。显然，大数据产业系统及其外部的其他非大数据产业系统都类似存在着这种自我强化和报酬递增的发展机制，使得各种产业系统朝某一既定的发展路径自我强化。此时，产业系统就存在两种演化结果：嵌入创新因素向良性轨道不断演化，通过优化发展形成可持续发展的产业创新系统；缺少创新驱动导致有可能因为各种要素供给短缺或市场需求萎缩等状况而导致产业系统的停滞甚至崩溃。在大数据产业创新生态系统中，创新的产生是一种恒定的动力，其创新主体就会将其所能调动的各种资源投入到这种创新活动中。大数据产业固有的高技术特性会给相关企业带来巨大的前期沉没成本。此时，处于大数据产业系统外部的非大数据企业将不得不面临两种选择：一是创新主体虽然及时创新产品或服务但后期发现其并不合适市场需求或难以实现盈利目的而不得不放弃；二是如果创新产品或服务能够迎合市场的需求并且后期即使投入较低的成本也能产生巨大的利润。无论大数据产业系统的外部创新主体选择哪一种情况，都将成为这些外部企业形成路径依赖的主要原因。在大数据产业系统的外部环境中，由于非大数据企业选择第二种情况而获得竞争优势并在占据领导地位后将引发其行业内部的其他后进企业争相进入，由此促使该行业的创新活动成为普遍现象。此时，该行业的其他企业也将面临两种选择：若选择了大数据技术则将成为大数据企业并进入了大数据产业系统；若选择了其他非大数据技术将使企业还朝着现有方向继续发展，并在大数据产业系统的外围继续保持外部环境的态势，而这种态势即行业的路径依赖性。显然，该行业在创新后也会影响大数据产业系统内部的学习效应，并对内部创新主体产生正反馈效果。大数据企业在获得创新效益后也会通过系统外部环境鼓励其他非大数据企业 / 行业继续朝着已有的创新路径发展。如此逐渐自我加强的良性循环将使大数据产业系统的内部和外部行业均获得理想的整体利润效果。当然，若非大数据企业的创新活动不能使本行业与大数据产业系统的外部环境有机结合，就会导致该企业无法回收其创新成本而丧失其创新积极性，此时该企业及其所在行业或因

其产品 / 服务进入成熟期而被其他产品 / 服务替代而退出市场。

目前，贵州省大数据产业创新系统的主要支柱产业是大数据信息产业。据统计数据显示：贵州省软件和信息服务业的收入在 2016 年达到了 201 亿元，相对上年同比增长 35.6%；同时规模以上电子信息制造业在 2016 年的增加值为 93.4 亿元，相比上年同比增长 66.6%[①]。在软件与信息服务业的强大支撑下，贵州省智能终端产业实现从无到有、从弱到强，其产品从小到大并首次跨入全国前十；笔记本和平板电脑的产品增长 608.4%；手机产量增长 2009.8%，占据全国 4% 的市场份额；“大数据 + 货运物流”的代表企业“货车帮”在 2017 年就已拥有超过 370 万的注册会员、其平台日交易额在 120 亿元以上且其 ETC 日充值金额达 1 亿元以上等，成为目前贵州省互联网物流领域唯一的典型企业。总之，在贵州省大数据发展战略的强大政策支持下，其他产业或通过大数据技术的引用和创新实现成功转型进入大数据产业行列，或借助大数据某些行业使本行业获得进一步的发展等，从而表现出明显的大数据产业外部环境的企业发展路径依赖现象。

3. 有导向的选择生存特征

生态系统的典型特征是适者生存。大数据产业创新生态系统的外部环境主体也需要依靠系统内部的资源交换来更好地完成其生存、发展、演变和消亡的企业生命周期过程。贵州省强大的大数据发展战略使得大数据产业创新生态系统的外部主体也同样受到了大数据的市场环境、资源环境和政策环境等的影响。于是，非大数据行业只有当其自身的内部创新适应了贵州省这种特殊的大数据产业发展环境时，才有利于该行业企业的发展。因而，大数据产业创新生态系统外部行业主体的创新活动需要通过环境的选择作用来决定其进一步的生存与发展，并进而实现其自身产业的转型升级。当然，非大数据产业转型升级的过程也是一种演化的动态发展过程，也是综合不断变化的多方面外部因素而发展变化的。当大数据产业系统中的外部主体做出创新决策时，不断变化的环境因素将会导致这些不同主体的创新决策产生大相径庭的结果，因而其创新活动会面临很多的风险及不确定性。正是贵州省强大的大数据产业政策，使得大数据产业的外部创新主体只有依靠大数据产业系统中各个大数据产业集群的整体力量和大数据整体环境的优势资源，才能够提高系统外部主体对抗创新风险

---

① 曾帅 . 贵州大数据：先行先试放异彩 真抓实干成果丰［EB/OL］.（2017-10-18）［2020-11-15］.http://szb.gzrbs.com.cn/gzrb/gzrb/rb/20171018/Articel07003JQ.htm.

的能力。因此，贵州省有导向性地选择外部环境主体，也是大数据产业创新生态系统有序演进的必然趋势。目前，贵州省为了持续推行大数据发展战略，分别从政策环境完善和硬件环境支持等方面来进行保障。

（1）在政策环境方面，贵州省不断出台了相关的法律法规。

① 持续完善产业政策。贵州省出台了国内首个明确支持大数据产业发展应用的规划纲要、政策措施和实施意见，还出台了有关呼叫中心产业人才培养培训以及加快推进政府数据集聚共享开放等的政策文件，不断完善能够促进大数据发展的政策体系。

② 率先开展地方立法。贵州省人大颁布了全国首部大数据地方法规《贵州省大数据发展应用促进条例》，将大数据发展纳入法治轨道，既填补了大数据相关的地方立法空白，也为大数据新技术的法治建设提供立法参考。

③ 强化管理信息安全。贵州省除了率先在国内推出首个信息基础设施条例外，还针对 1000 个重要网站实行 24 小时的全方位远程监控，对可能存在信息安全隐患的网站进行应急训练、评估检查和风险防范等强化管理措施来保证网络环境的信息安全。

（2）在硬件环境方面，贵州省尽管有了政策扶持，但也充分发挥后发赶超的优势。贵州省人民政府出台的《省人民政府关于印发贵州省信息基础设施建设三年会战实施方案的通知》（黔府发〔2014〕31 号）显示：贵州省要在 2015—2017 年的三年时间内，信息基础设施投资 330 亿元以上；互联网出省带宽能力达到 5000Gb/s；新建成光缆线路 31 万千米，总里程达 82 万千米；实现高速公路、高速铁路、重要内河航段沿线 3G/LTE 宽带信号无缝连续覆盖；重点围绕社保、医疗、教育、养老、就业、公共安全、食品药品安全、社区服务、家庭服务等领域开展信息消费服务等。

正是这些外部环境的匹配，贵州省才能有效吸引外部企业进入大数据产业系统的核心产业、关联产业和衍生产业，并实现相关企业的精准服务和所在产业的蓬勃发展。据资料显示：仅在 2016 年贵州省的大数据产业总规模已超过 2000 亿元，同比增长 37% 以上，以及全省的工业主营收入被拉动增长了 0.5 百分点①。贵州省经过多年的产业招商工作，相继吸引高通、IBM、联想、华为、腾讯公司等国内外知名企业入黔；落实建成若干新业态项目，如贵阳市呼叫中

① 佚名. 周健工：大数据将使贵阳大有作为［EB/OL］.（2016-05-29）［2020-11-10］.http://www.gywb.cn/2016zt/node_7353.htm.

心示范基地和京东电子商务产业园等，有力促进了贵州省大数据产业系统之外的相关产业共同发展。

3.2 产业创新生态系统的演进动力

大数据产业创新生态系统的演进机制是指模拟自然生态系统的演进过程，按照生态和经济互动发展、人与自然和谐协调的要求，促使大数据产业系统中的现行经济运行模式转变为循环经济发展模式，通过大数据的价值重现和可持续利用实现以最小的资源成本和环境破坏来取得最大的经济效益。复杂性科学认为，复杂系统演化的动力来源于其内部的运动机制，即运动机制强调从系统内部的推动作用。大数据产业创新生态系统涉及了创新主体、创新资源以及创新环境三个方面。正如前文所述，大数据产业创新生态系统的创新主体包括了技术创新主体，即大数据企业，其与数据价值链相关；原始创新主体即高等院校和科研院所等科研机构，其参与创新活动；其他主体如政府部门、金融机构和中介组织等。其中，大数据企业是核心主体，其他各类主体为辅助主体。大数据产业创新生态系统主要以数据的应用创新为纽带，其中所有主体为了达到不断创新的目标而彼此发生相互作用，由此形成的一种动态的创新系统。基于复杂系统理论的观点，大数据产业创新生态系统的演进动力也强调其内部的推动作用，即创新主体和创新资源着眼于系统数据的应用创新方面，而创新环境则着眼于系统数据的可持续利用方面并主要包括了产业政策、市场需求和创新文化等环境层面。在经济体系中，市场需求是产业系统演进的外部动力源，而科学技术则是产业系统演进的重要催化剂。大数据产业作为一种技术和知识的高度密集型新兴产业，正是通过数据的应用创新来带动经济价值的重现和发展，并通过这种数据应用实现了资源的节约和可重复性应用，以及推动了相关产业的结构升级和业态转型。由此可知，大数据产业创新生态系统的演化动力由系统内部各主体围绕数据的应用创新这条主线来展开，即大数据应用的创新是大数据产业发展的动力之源。此时，以大数据企业为核心参与者、以高等院校和科研院所为重要参与者、以政府部门和金融机构为辅助推动者的创新主体为了实现数据应用创新的目标而对大数据进行深度挖掘与有效利用，并进而推动了科学技术的持续进步以及生产组织方式与运营管理模式等的持续变革。由此，大数据相关产业的创新体系得到稳固和发展。

3.2.1　系统动力因素分析

基于复杂性科学的观点，大数据产业生态系统的演化过程是从初始的混沌无序逐渐向后面的清晰有序、从原先的旧式结构向随后的新式结构不断演变的自组织过程。产业创新生态系统内部的多种要素之间存在互动关系，通过调节各个要素之间的一致性来使整个产业创新生态系统的效用达到最大化（王娜等，2013）。因而，本书研究大数据产业创新生态系统的演进动力因素需要从系统内部各组成要素对系统发展产生差异性和不平衡性等影响的角度考虑。目前，部分研究者对大数据产业创新生态系统的演进动力因素提出了不同的观点，其主要观点见表 3-1。

表 3-1　产业创新生态系统的动力因素概念界定

研究者	主要观点
何向武等（2015）	基于创新系统和生态系统等理论探讨产业创新生态系统的内涵和特征；运用系统科学方法分析了产业创新生态系统的结构和功能，认为产业创新生态系统主要由创新生态群落、创新生态内环境和创新生态外环境三部分构成，其中创新生态外环境主要是指人文环境，包括资金、政策、文化、管理和教育等
罗国锋等（2015）	参照自然生态建立了创新生态系统模型，分析了系统内各主体功能和系统环境之间的相互作用，明确提出了创新生态系统存在着遗传、变异、衍生和选择四种演化机制，并指出了这四种演化机制的动力来源分别是政府、企业、用户以及其他利益相关者
刘烈宏等（2016）	从价值动因、自组织、市场引导和政策引导等方面深入分析了产业链演进的内部和外部动力机制，总结了影响产业链演进的内部和外部因素。其中，内部因素包括交易费用的降低、风险的有效规避、社会资本的有效利用、专业化分工协作和技术创新知识等，外部因素则包括产业链主体的区位分布、技术进步和产业政策等
杨世明等（2019）	基于大数据产业的发展特点并运用创新生态系统理论等，深入分析贵阳市大数据产业创新生态系统稳定性的影响因素，认为系统内部的企业发展来自于外部环境的稳定，而外部环境则包括了政治环境、经济环境、社会环境及技术环境等

基于部分学者的研究成果，本书以大数据的应用创新为纽带并从创新主体、创新资源和创新环境三个层面探讨大数据产业创新生态系统的演进动力。

（1）产业创新主体。大数据产业创新生态系统演进的基础动力来自于大数据产业的创新主体，如大数据企业以及与大数据相关的科研机构和其他服务组织等。创新主体是创新活动的提出者和执行者，因而大数据产业创新生态系统的数据应用创新等相关活动的开展都离不开创新主体。大数据产业创新主体的核心组织不仅包括与大数据直接相关的资源供应商、设备提供商、服务供应商和数据产品应用商等大数据企业，还包括为大数据企业输入技术、信息和人才等发展要素的支持机构，如高等院校和科研院所等，同时还包括集聚数据应用创新其他相关活动的大数据产业园和大数据综合试验区等。另外，大数据应用创新活动不仅体现在各创新主体的自身发展过程中，还体现在产业内部各相关主体之间的竞争与合作的过程中。例如，校企合作机制是大数据产业系统演化的动力因素，其原因是大数据企业与各大高校和科研院所的合作能够形成一种由企业提供技术创新的资金支持，各高校和科研院所提供大数据产业相关人才及科研成果的积极因素；大数据产业园区可以集中大数据产业链中的各类企业来保障大数据产业链的有效衔接，并促进创新要素的快速流动以及创新活动的顺利进行等。

（2）产业创新资源。大数据产业的创新资源是其系统演进的活动载体。数据应用的创新活动是否能够有效开展和实施要基于创新资源是否达到完善和合理配置。通常来讲，产业创新资源包含了资金、人才、技术和知识等，是产业创新主体实施创新活动所必须依附的客体要素。首先，在大数据产业创新生态系统中，创新活动的活跃性往往与资金的投入程度呈正相关关系。也就是说，创新资金的大量投入不仅可以为大数据产业创新活动的实施提供足够的硬件设备条件等，还可以吸引更多的企业主体和人才要素等创新资源从事大数据技术的研发和应用等创新活动。其次，大数据产业生态系统的创新人才是创新活动的行为主体。产业创新生态系统与自然生态系统的本质区别在于其行为参与者的不同。在产业创新生态系统中，经济创新活动需要由其行为参与者即人来完成。因而，无论是大到整个经济体系、中到大数据产业系统，还是小到大数据企业及其内部的生产部门，高水平高素质的大数据创新型人才是其获得创新能力特别是持续的创新能力的必要战略储备。大数据产业作为知识密集型的新兴技术产业，其涉及数学、计算机科学、软件工程和统计学等多学科领域，包含了一系列的数据采集、存储、管理和加工等信息技术过程，因此大数据产业创新资源所需要的人才往往是指高素质的技术类人才。再次，现代经济活动的实践证明，技术的进步能够带动产业创新能力的快速提升并加快创新成果的产出速度，因而大数据相关技术必然能够带动整个大数据产业创新生态系统的快速发展，并将成为大数据产业创新生态系统发展的重要助推力。同时，大数据产业相关技术不同于传统的信息技术，其呈现出更高速、更及时和更优化的特征，也更体现了技术进步对开展大数据产业系统创新活动的重要作用。最后，大数据产业创新资源中的知识要素主要包括了知识溢出和知识扩散两个方面，其中知识溢出能够带来学习效用，使大数据产业创新生态系统内部能够形成良好的学习氛围；而知识扩散则使产业系统内部的各创新主体能够充分传递、分享和吸收各种创新知识。

（3）产业创新环境。大数据产业创新环境是大数据产业创新生态系统演进的必要保障。大数据产业创新环境是大数据产业创新生态系统的内部环境，其一方面能够为产业创新主体开展创新活动提供丰富的创新资源，另一方面在一定程度上制约着创新主体的创新行为。显然，大数据产业良好的内部创新环境能够加速其创新成果的输出，因而大数据产业创新生态系统的演化过程还要考虑如何选择其适宜的创新内部环境。大数据产业生态系统只有适应其所处的产业创新环境才能够获得健康发展并顺利演化，因而创新环境是系统演化的动力保障。大数据产业创新环境主要体现在产业政策、市场需求以及创新文化三个方面。首先，产业政策主要是指当地政府根据本区域内的社会经济环境、产业发展状况、人力资源储备等因素进行综合考虑而制定出能够推动大数据产业长期可持续发展的政策方针，并进而提高大数据产业创新生态系统的演化速度。贵州省正是制定了诸如《贵州省大数据产业发展规划纲要（2014—2020 年）》等重要文件来强化大数据产业内部环境以推动大数据产业创新生态系统的发展。其次，市场需求是推动产业创新生态系统演化最直接的环境因素。这里的市场需求是指大数据产业链条内部的市场需求，它通过大数据产业链来推动整个大数据产业系统进行合理而渐进性的创新活动。这种大数据产业内部的市场需求可以优化大数据产品或大数据服务的功能价值和商业模式，从而更好地服务和维系大数据产业链条上的顾客需求，并再以此推动整个大数据产业创新生态系统的又一次突破性创新。因此，以发现和创造大数据产业链条客户的新需求为牵引力，大数据产业创新主体在满足顾客需求的过程中优化组合系统的创新要素，进而集聚企业资源和培育创新能力，使整个产业生态系统得到不断的演化发展。再次，大数据产业的创新文化则为大数据产业创新活动的顺利开展提供了精神保障。良好的大数据产业创新文化可以吸引来自国内其他地区乃至全球各地的人才、资金和技术等，共同推动贵州省大数据产业生态系统的演进发展。另外，创新文化也可以看作是大数据产业创新知识的产出成果。

在这里即以创新主体、创新资源和创新环境三方面作为大数据产业创新生态系统演进动力影响因素的一级指标，并总结提炼出其二级指标，具体如下所述。

（1）大数据企业个数。每个企业都可能拥有大数据，但是并非每个企业都能够成为大数据企业。在大数据时代，大数据企业组织的基本内涵在于企业内部的大数据与企业外部的大数据能够全方位融合，即企业内部大数据的焦点在于企业能够将结构化的业务流程信息与非结构化的知识及管理沟通等方面的信息进行深度融合；而企业外部大数据的焦点则在于企业能够将供应链信息与市场及社会环境等方面的信息进行深度融合，如此企业就实现了对内外部多样化的信息源和数据进行敏捷持续地捕捉和整合并通过深度地分析来开发其商务价值[①]。大数据企业正是立足于其内部业务信息与其他数据源的集成交汇和价值利用等才真正促动并推进了大数据产业创新系统的演进过程。据相关资料显示，在国内现有的 8 个国家级大数据综合试验区中，贵州省的大数据企业数量最多，截至 2019 年底大数据相关企业已达 9551 家，上云用云的企业也突破了 1 万户[②]。这些大数据企业成为贵州省经济高质量发展的新动力，也是贵州省大数据产业创新生态系统孕育形成与演化发展的核心要素。

（2）大数据产业园区。大数据产业园区既是大数据企业的孵化平台，也是促使企业形成产业化的集中区域，又称为大数据产业的集聚区或大数据技术的产业化项目孵化区[③]。作为大数据企业的重要集聚基地，大数据产业园区通过自身的规模、品牌和资源等方面的价值能够为区域的经济发展和企业的资本扩张等起到巨大的推动作用，如提升企业效益和地区品牌并创造社会价值等，因而大数据产业园区对大数据产业创新生态系统的演化发展有积极的推动作用。随着国家批复成立八个国家大数据综合试验区之后，我国各地的政府也陆续建设区域内的大数据产业园区以推动当地的大数据产业发展。经过多年的努力，中国已经建立了为数众多的大数据产业园区，其综合竞争力排名情况见

---

① 弈聪软件 . 企业大数据不是技术也不是应用系统，而是创造模式的管理思维［EB/OL］.（2017-12-20）［2020-10-28］. https://www.sohu.com/a/211521357_182338.

② 程曦，罗亚楠，胡梦琦 . 贵州：大数据相关企业已达 9551 家 上云用云企业突破 1 万户［EB/OL］.（2019-10-21）［2020-11-20］.http://www.cbdio.com/BigData/2019-10/21/content_6152329.htm.

③ 中商产业研究院 . 华为大数据产业园启动建设 我国大数据产业机遇与挑战并存［EB/OL］.（2019-02-18）［2020-11-25］. https://www.sohu.com/a/295385284_350221.

表 3-2[①]。

表 3-2　中国大数据产业园区综合竞争力排名

排名	大数据产业园区	地区	排名	大数据产业园区	地区
1	中关村大数据产业园	北京	6	东南大数据产业园	福建
2	贵安综保区电子信息产业园	贵州	7	廊坊开发区大数据产业园	河北
3	上海市北高新技术服务园	上海	8	佛山市南海区大数据产业园	广东
4	仙桃数据谷 / 仙桃国际大数据谷	重庆	9	厦门软件园	福建
5	盐城市大数据产业园	江苏	10	承德德鸣大数据产业园	河北

注：数据由前瞻产业研究院整理。

（3）大数据研究中心。大数据研究中心常被政府和企业当作与高等院校和研究机构联系的纽带和创新中枢。无论政府还是企业都期望通过联合成立大数据研究中心来从事大数据产业的相关研究工作。因而，大数据研究中心不但承担了大数据技术的基础研究，也通过推动大数据与各行业各领域的合作来解决大数据的应用问题并促进相关产业的发展。大数据研究中心正是在形成与大数据理论相关的学科与学术、与大数据应用相关的技术和机制等方面的大型创新平台的基础上，进一步产生了客观实在的经济价值与社会价值。例如，贵州省为了深入实施大数据发展战略，正在努力打造三大国家级数据中心，即依托国内三大电信运营商来打造国家大数据内容中心；集聚一批能够提供数据分析和数据服务的增值服务企业来形成国家大数据服务中心；将贵阳、贵安建成以数据交易和结算为基础形成数据商品化市场机制的国家大数据金融中心等[②]。另外，占地 2817 亩的贵州省大数据技术研发中心涵盖了多家企业的科技创新产业园区，如朗玛健康产业园、国际大学科技园区和以“智谷”为模式的智库产业园区等，其主流方向是大数据技术研发以及颠覆性技术的创新等，并通过高效地引进国家实验室、企业研发部门以及省属科研机构等来促进研发中心的创新氛围和创新合作；占地 743 亩的贵州省大数据技术成果转化中心专设了 80 万米 ^{2} 用于科技成果的技术转移、转化发展和技术应用，以此实现科技和成本的对接、创新和产业的有机结合。为了有效引进国家及地区的各类科技资源来服务贵州

① 前瞻产业研究院 . 中国大数据产业园区综合发展实力榜单 TOP10［EB/OL］.（2019-04-03）［2020-11-25］.https://www.douban.com/note/712847284/.

② 佚名 . 构建国家级数据中心 贵州携三大运营商全国揽数据［EB/OL］.（2015-09-29）［2020-10-28］.http://news.idcquan.com/news/78304.shtml.

省大数据产业的发展，目前这个研发中心和成果转化中心已入驻科创服务机构20余家和研发机构200多家，初步构成了大数据创新要素的生产和研发体系[①]。

（4）大数据产业基金。大数据产业基金是为了促进大数据产业的健康发展，由政府部门、金融机构和相关企业等采取单独设股或者联合入股的方式建立的投资机构并采用专业化和市场化的运作模式来致力于大数据领域的投资，以期望为还处于种子期或初创期或成长期的大数据企业提供基于打造和完善大数据产业链的优质资本服务。显然，大数据产业基金主要依托了大数据产业园区在创新集聚方面的优势来打造基于大数据企业发展的生态链和产业链。此外，大数据产业基金通过大力支持具备了引领型、应用型和支撑性的大数据项目来打造大数据重点企业并使其做大做强；也重点支持那些技术服务型和行业应用型的中小型大数据企业以实现区域/园区内梯状结构齐头并进的大数据产业发展格局。例如，北京市于2016年12月成立了北京大数据产业投资基金来助推和整合京津冀地区的大数据产业链发展；贵州省发展和改革委员会于2018年6月出资30亿元人民币批复同意贵州省大数据产业基金的组建方案来助推数字贵州加快发展。

（5）大数据人才培养。人才作为现代经济发展的第一资源要素，也是大数据产业发展的基础力量。大数据人才是指主要从事大数据相关领域工作的人力资源，主要包括拥有算法设计、程序编写、数据分析和信息服务等专业技能的核心人才，以及同时具备某些行业工作背景和大数据专业技术应用的复合型人才等[②]。根据中国信息化周报提供的数据显示：截至2018年底，我国大数据的核心人才约为200万人，仍存在约60万人的缺口；预计到2025年，全国大数据核心人才的缺口将达到230万人。因此，培养更多的大数据人才已经成为促进大数据产业发展的重要因素。我国应重视采用不同的方式来培养不同应用层面的大数据人才。例如，对高等院校和科研院所来说，各研究机构需要完善大数据的学科体系并创新大数据人才的培养模式；对企业组织而言，相关产业机构可深化产教融合和加强校企合作；对政府部门来说，各级政府机构需要完善和优化大数据人才培养的政策环境，搭建大数据人才的培养平台等。大数据人才的结构仍需优化，即目前高学历比例偏低而硕博士占比不足1/3；贵阳市作为首个国家级大数据综合试验区，其大数据人才储备还仅是属于第三梯度，与

---

① 樊成琼．贵阳国家高新区加快推进贵州科学城建设综述［EB/OL］．（2017-01-09）［2020-11-25］.http://www.cbdio.com/BigData/2017-01/09/content_5426669.htm.

② 佚名．深度解读四 | 大数据人才解读［EB/OL］．（2019-09-16）［2020-10-28］.https://www.sohu.com/a/341538666_505782.

贵阳大数据产业的发展速度不匹配。鉴于大数据技术的重点应用领域均具有前沿性，因此大数据产业更需要高层次人才支撑。图 3-1 显示了我国各主要城市在 2018 年大数据人才的占比情况。

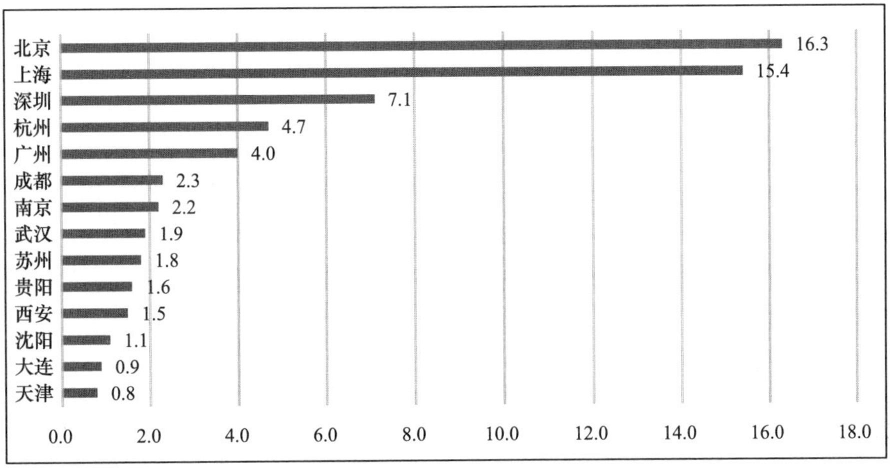

图 3-1　截至 2018 年我国各主要城市大数据人才数量占比（单位：%）

资料来源：赛迪智库。

（6）大数据创新技术。快速发展的信息技术是促使数据成为当代经济社会发展关键要素的原因之一。大数据相关技术能够给企业带来更强更快的数据分析和计算处理的能力，使得人们由于原有的技术瓶颈而难以实现的社会生活需求被快速突破。另外，不断变化的市场需求和不断增加的大数据技术创新投入也使大数据企业等相关组织在数据的采集清洗、脱敏存储等可视化应用等基础性技术领域获得较大的突破，并促使企业拥有了实用性强和稳定性高的大数据技术能力。再者，部分互联网龙头企业或其他骨干企业相继推出具有知识产权的大数据基础平台产品或推出具备在语音识别、图像处理和文本挖掘等方面的智能数据分析技术，并逐渐衍生了诸如智慧医疗、智慧物流、智能制造或智慧旅游等新兴业态。

（7）大数据产业政策。为了适应世界信息技术和数据应用的发展潮流，我国加快实施国家大数据战略并颁布诸多促进大数据发展的利好政策。例如，国家层面的《促进大数据发展行动纲要》和《大数据产业发展规划（2016—2020 年）》等文件；又如，省级层面的《贵州省大数据产业发展应用规划纲要（2014—2020 年）》、《关于加快大数据产业发展应用若干政策的建议》和《贵州省大数据发展应用促进条例》等重要文件。这些政策给我国大数据产业发展发出了强烈的信号，将为贵州省乃至全国的大数据相关标准的制定和完善、大数据应用领域的持续拓展和深化以及大数据产业的培育和壮大等发挥更加积极的推动作用。

（8）大数据市场需求。快速普及的互联网技术和其他信息技术促使全球的数据量呈现爆发式增长态势，而这些数据信息蕴含的价值和人类社会的生产生活相互交汇融合催生了大数据的相关产品和服务，再因人们对这些大数据产品和服务的现实需求从而推动了大数据产业的孕育萌芽和快速增长。我国的大数据市场早在 2009 年至 2013 年之间就开始逐步萌芽和悄然发展，并在 2015 年以后大数据市场规模迅速增长。此后，我国的大数据产业进入高速发展时期；大数据的概念和理念获得国内各界极大的关注。在国务院和地方各级政府的大力推动和扶持下，我国的大数据产业于 2016 年步入成熟期。原本被忽视的海量数据经过各类大数据企业的分析利用和价值挖掘而成为支持企业发展的生产要素。目前，大数据产业已经逐步渗透到各个传统行业领域并带动了市场规模达数万亿元之巨。据中国产业信息网报道，我国大数据应用的市场规模及增长率已逐年提升（图 3-2），其规模到 2020 年则达到 5450 亿元并带动中国 GDP 的增长约为 2.8% ～ 4.2%[①]。

（9）大数据创新文化。依据《科学发展观百科辞典》等相关工具书介绍，创新文化是指在一定的社会历史条件下，在创新及创新管理活动中所创造和形成的具有特色的创新精神财富以及创新物质形态的综合，包括创新价值观、创新准则、创新制度和规范、创新物质文化环境等。对于贵州省大数据产业来说，其创新文化就是要把大数据的技术创新及其相关的管理创新等活动在贵州全省范围内形成一种文化氛围、文化习俗和评价标准。这种创新文化的核心要务就是要树立“人才第一、创新自由、产权保护、市场驱动”[②] 等，其主要内容包括了大数据思维模式、大数据管理理念、大数据技术优先和大数据教育活动等。贵州省正是得益于其大数据发展战略所形成的浓厚的创新意识和文化氛围，有力地推动了贵州大数据产业的快速发展。例如，贵州数字经济在 2017

① 佚名 .2018 年中国大数据行业市场需求及发展前景分析［EB/OL］.（2018-12-25）［2020-11-10］.http://www.chyxx.com/industry/201812/702405.html.

② 佚名 . 最重要的是形成创新文化［EB/OL］.（2016-01-20）［2020-10-25］.http://finance.china.com.cn/roll/20160120/3552279.shtml.

年的增速已达到 37.2% 并位列全国第一，同时，电子信息制造业的增加值增长了 86.3% 而成为该省的第二大工业经济增长点。显然，大数据产业创新文化有助于培育贵州数字经济的发展理念和吸引世界科技巨头来黔创业[①]。

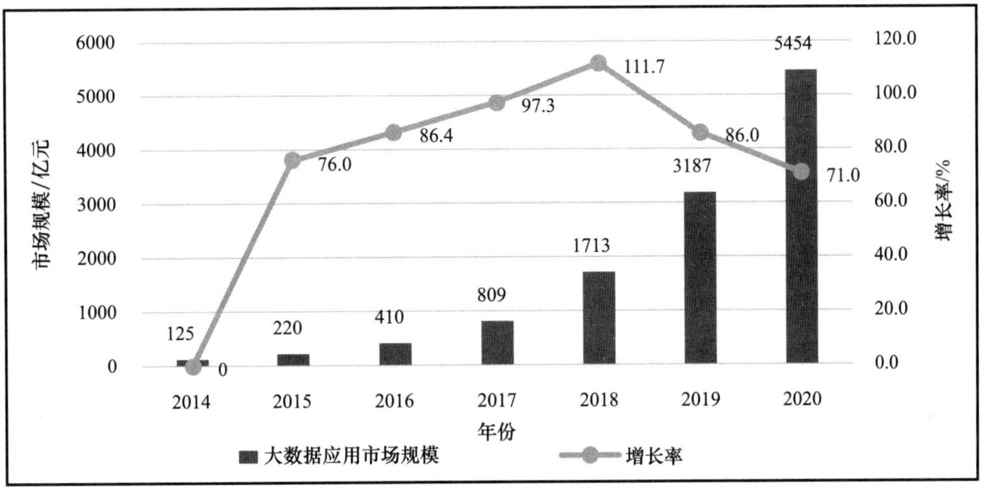

图 3-2　2014—2020 年我国大数据应用市场规模及增长率

3.2.2　系统发展绩效评估

科学评估大数据产业创新生态系统的演化动力需要建立一套完善的系统发展绩效的评价指标体系。国内外诸多学者已经在评估产业创新生态系统的发展绩效方面做出了较好的研究成果。如采用因子分析法建立财务指标综合评价战略性新兴产业上市企业的经营绩效（吕亚娟，2013）；基于产业融合理论并采用系统理论和投入产出法等测算"互联网 +"装备制造业的产业融合绩效（牛竹梅等，2021）；系统评估国内若干地区的大数据技术产业应用生态系统发展（周钟等，2020）等。参照相关文献的成果和前文的分析结果，本小节构建了贵州省大数据产业创新生态系统演化动力的系统绩效评估指标（表 3-3）。在制定科学的系统发展绩效评估体系之后，还需选取科学的绩效评估方法。鉴于大数据产业创新生态系统的发展绩效评估涉及诸多复杂性和不确定性以及部分指标难以量化等特征，本书仅基于各指标的发展成绩定性评价贵州省大数据产

① 杜再江. 培育大数据发展的创新文化［EB/OL］.（2018-05-19）［2020-11-25］.http://www.cbdio.com/BigData/2018-05/19/content_5716830.htm.

业创新生态系统的发展绩效。

表 3-3　贵州省大数据产业创新生态系统演化动力的系统发展绩效评价体系

一级指标	二级指标	指标释义
大数据产业创新主体	大数据企业数量	大数据企业是指以大数据的采集与存储、分析与挖掘、数据呈现与应用等作为核心自主知识产权并以此为基础开展经营活动的企业。其数量即指该系统内的企业个数
	大数据产业基地	包括大数据产业的聚集区或大数据技术的产业项目孵化区等，它既是大数据企业的孵化平台，也是大数据企业走向产业化道路的集中区域
	大数据研究中心	特指汇集了一批集中于研究大数据相关的基础理论、关键技术、核心算法和战略应用等方向的领军人才的研究机构
大数据产业创新资源	大数据产业基金	为了促进大数据产业的健康发展，由政府部门、企业组织、金融机构和其他相关组织等采用专业化和市场化的运作机制筹集资金，并致力于大数据领域的投资生产，特别是为还处于种子期、初创期或成长期的大数据企业提供产业链的优质资本服务
	大数据人才培养	特指培养具备多种交叉学科和商业技能的复合型人才，以及能够将数据和技术转化为企业商业价值的人才，主要包括培养平台和培养规模两类
	大数据创新技术	大数据技术是特指以数据为生产要素的信息技术，使数据挖掘的理念、模式、技术及应用等获得创新，这里主要是指大数据产业的基础设施建设
大数据产业创新环境	大数据产业政策	专指为了加快推进大数据的发展战略、开放共享和安全保障以及促进其产业发展而制定出台的相关政策体系，包括政策数量和涉及领域等
	大数据市场需求	随着大数据应用范围的不断拓展，大数据价值正获得快速提升，因而也引起政府、电信和金融等诸多行业不断增加大数据的应用需求
	大数据创新文化	指大数据产业在其发展过程中形成的具有特色的创新精神财富以及创新物质形态的综合，这里专指大数据企业参与的社会活动，例如举办大数据相关的赛事和创新创业项目等

1．大数据产业创新主体环境

（1）大数据企业数量。经过若干年的探索与实践，贵州省大数据企业已经从 2013 年的不足 1000 家发展到 2018 年的近 10000 家，其企业数量增长如图 3-3 所示。

图 3-3　贵州大数据企业数量增长情况

资料来源：本书作者基于政府官网和百度等网页收集整理。

然而，贵州省大数据产业尽管在其业态发展方面不断被丰富以及在其企业数量方面也不断增多，但除了若干基础较好的制造类企业和云平台企业等具备较雄厚的发展规模和较显著的社会经济效益之外，其他多数大数据企业还处于总体规模偏小和发展水平不高的状态。同时，这些在扶植培育期的大数据企业也缺乏龙头企业的带动和大项目的支撑。因此，贵州省多数大数据企业在推动相关产业转型升级和实现经济发展新旧动能转换等方面还没有显露其较为明显的成效。另外，通过对贵阳国家高新区软件园入驻企业调查数据显示，96.4% 企业员工人数不足 100 人，78.6% 的企业员工人数不足 30 人，23.9% 的企业员工人数不足 19 人。

（2）大数据产业基地。贵州省《关于加快大数据产业发展应用若干政策的意见》中提出，大数据产业的基础建构要在 2014—2015 年顺利完成，而其集群聚集则要在 2016—2017 年得以实现，并且其创新突破要在 2018—2020 年获得成功，由此形成以黔中经济区为主并规划建设包括贵安新区电子信息产业园、中关村贵阳科技园和黔南州超算中心等在内的多个大数据产业基地。该意见还要求其他市、州也因地制宜地发展若干具有本土特色的信息产品制造业和培育一批相关领域的大数据服务业。如此，贵州省即可实现“一轴多基地多圆”的大数据产业空间布局和成为国内有影响力的大数据产业发展基地。

目前，贵州省凭借其在航空、航天和电子三大产业体系的基础优势逐渐发展形成了较完备的电子信息产业链，并形成大数据产业基地。同时，贵阳市（贵安新区）正在形成贵州省新的数据中心，特别是包括中关村贵阳科技园、高新区、经开区和综合保税区等以大数据应用为重点的贵阳市大数据全产业链基地。贵州省各地级市（州）也因地制宜相继开发了符合地区特色的大数据产业，如以电子信息制造业为主的遵义新浦高科技产业园，以及六盘水、安顺、毕节等地建立了相应的大数据平台、大数据应用产业园区（张璐瑶等，2018）。总体来看，贵州省已经分布了各具特色的大数据产业基地而逐渐形成大数据产业竞相发展的格局（表 3-4）。但是，贵州省大数据产业基地目前存在一些比较显著的问题，即：贵阳市（含贵安新区）的产业基地 / 园区的企业数量和质量、产品 / 服务的品种以及综合发展实力等方面均显著高于省内其他各市（州）；贵阳市（含贵安新区）的大数据产业基地 / 园区偏重于技术研发与咨询服务，而各市（州）的大数据产业基地则偏重于第一产业和第三产业与大数据融合等。同时，贵州全省的大数据产业链还处于组合阶段，其链条建构还需要基于各市（州）的大数据产业基地 / 园区的互补磨合与互助共赢。

表 3-4　贵州省部分大数据产业基地

地区	大数据产业基地名称	地区	大数据产业基地名称
贵阳	大数据安全产业园 乌当大数据产业基地 勤邦大数据 · 大健康产业园 贵阳浪潮大数据产业园 贵阳大数据呼叫中心产业基地	遵义	大数据应用中心务川电子商务产业园 遵义大数据应用创新中心 新浦开发区大数据中心 龙坑大数据信息研判中心 赤水产销对接大数据应用中心
	筑梦之星大数据安全产业示范区基地 南明大数据电商产业集聚区 大数据智慧产业基地	安顺	安顺大数据产业发展中心 平坝区食品产业大数据中心 安顺大数据运营研发中心
	大数据产业技术联盟 贵州智源大数据创新创业基地	毕节	毕节农业大数据中心 智慧威宁大数据中心
	大数据产业发展集聚区 国家大数据产业技术创新贵阳试验区	铜仁	铜仁市大数据产业园 武陵山旅游大数据服务中心
	中国西部高新技术产业研发生产基地 贵州大数据综合试验区区块链创新发展基地	黔南	荔波大数据中心 领略中国农产品大数据中心

资料来源：本书作者基于 360 地图和百度地图等整理。

（3）大数据研究中心。大数据中心 / 基地作为大数据研究中心的作用对象和工作载体，其数据采集的规模容量、数据技术的研发水平和数据价值的利用能力等均体现了大数据研究中心的绩效水平。贵州省依托先行先试的优势积极引进中国联通、移动和电信三大运营商在贵安新区等建立其数据中心，在有利于三大运营商降低成本的基础上也为贵州发展大数据产业提供了机会。随着中国三大运营商率先并持续多年在贵州投资建成大型云计算数据中心基地（表 3-5），其他国家级的文化行业大数据中心、华为全球数据中心基地和腾讯全球核数据中心等也先后在贵州开通建设。紧接着，一些实力型国资企业和民营公司，如惠普、翔明科技和北京市供销合作总社等，也在贵阳积极部署其服务中心。另外，很多具有技术应用能力的企业，如银行和保险等金融机构，也将其数据中心搬迁至贵阳市……如此一来，贵阳市（贵安新区）迅速成为贵州省乃至全国的数据存储中心和数字积聚基地。例如，在大数据综合试验区、贵安产业发展集聚区和试点区等基础上，贵安新区逐渐构建了四大平台（大数据聚集平台、大数据应用平台、大数据交流平台和大数据创新创业平台）、六大业态（大数据中心、高端产品及配套、生态旅游、宜居生态、大众创业万众创新和大健康业态）和八大工程（大数据理论研究及标准制定、通信基础设施建设、大数据产业的集群发展、大数据技术创新工程、大数据生态培育、资源汇聚、数据便民利民和大数据安全保护工程），形成大规模数据的处理中心和存储中心，成为国家大数据产业聚集区的优秀代表①。

表 3-5　三大运营商 2018—2020 年贵州投资情况　（单位：亿元）

通信运营商	2018 年计划投资	2019 年完成投资	2020 年计划投资
省移动公司	41.4	42.9	40
省电信公司	38.59	30	19.5
省联通公司	13.16	11.5	3.8

资料来源：贵州省大数据发展管理局。

虽然贵州省已经打造成为我国重要的数据中心，但贵州省不能仅满足于作为“数据仓库”的作用而应更关注大数据的开发与应用。近年来，贵州省已经围绕政用、商用和民用等领域积极开发并发展了涉及大数据核心业态、关联业态和衍生业态的诸多产业；积极谋求采用大数据的新思路和新手段来解决交通、医疗和教育等行业的痛点难点问题；积极开展大众创业万众创新来充分挖掘大

① 青川，等. 贵州贵安新区党工委委员、管委会副主任耿贵刚：构建“四大平台”打造“六大业态”抓好“八大工程”［EB/OL］.（2016-05-18）［2020-11-15］.http://dfcn.mzyfz.com/detail2020.asp?r=t&dfid=23&cid=37&id=319932.

数据的应用价值[①]。但是，其数据规模还受限于贵州省的经济水平、其数据技术的研发水平也局限于贵州省的人才储备等。因此，贵州省今后还需在努力打造大数据中心的基础上进一步提高技术研发能力和提高数据价值开发水平。

2．大数据产业创新资源

（1）大数据产业（专项）基金。贵州省正是基于其强劲的政策力度和专项资金等而形成其良好的大数据发展整体环境，并促成了贵州各界对大数据价值的广泛认同。2018 年，贵州省发改委正式批复“贵州省大数据产业基金组建方案”，标志着助力贵州数字经济的首个省级大数据领域产业专项基金正式成立。

近年来，贵州省的经济增长率虽然获得了逐年提升，但其落后的经济面貌仍然没有得到较大改变。如图 3-4 所示，贵州省的国民生产总值一直占据全国的国民生产总值不足 2% 的比例，而且贵州省对全国的财政收入贡献率也较低。由此可见，贵州省建设资金不足的情况仍然制约着贵州省大数据产业的发展。大数据产业作为新兴技术产业，其投资具有金额大而回报期长且不确定性明显等特征。另外，贵州省的大数据产业融资领域也主要依赖于政府支持，因而其落后的经济状况也严重制约了贵州大数据产业的集群发展。

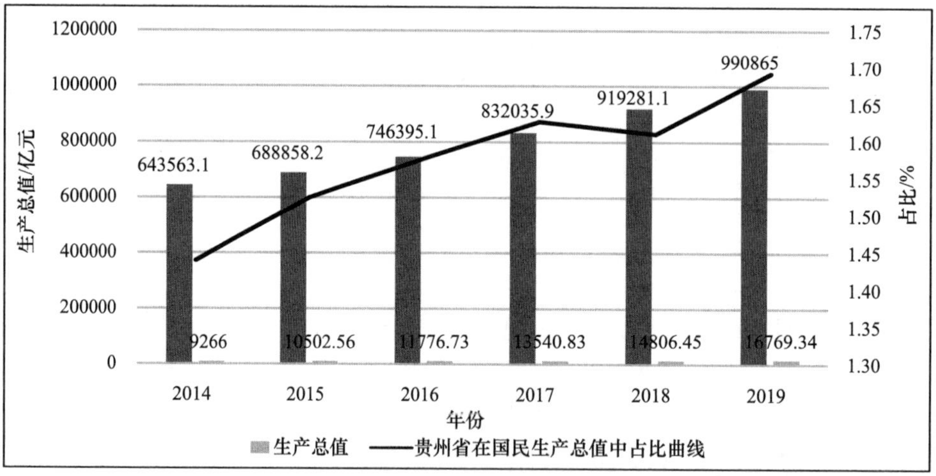

图 3-4　2014—2019 年贵州省国民生产总值与全国国民生产总值对比图

资料来源：贵州省统计年鉴和全国统计年鉴。

① 王石川．贵州发展大数据具有范本意义［EB/OL］．(2017-09-20)［2021-11-20］.http://www.cbdio.com/BigData/2017-09/20/content_5602140.htm.

（2）大数据人才方面。近年来，贵州省大数据的人才需求量因其产业的快速发展而迅速增长（图3-5）。目前，贵州大数据产业人才现状已经呈现出人才总量不足且高端人才数量偏少、人才结构不合理且分布不均衡、人才专业化程度不高且总体水平偏低和人才培养资源不足且培养层次不高等突出特征（张璐瑶等，2018）。同时，贵州省大数据相关产业的其他人才需求量也因大数据产业的快速发展而获得激增，如大数据产品/服务的营销和销售等。反之，大数据关联产业的人才需求递增又进一步引起大数据所有行业增加其人才需求量。但是，贵州省较少的人口总量也就导致了大数据劳动力资源的绝对数量不足，以及经济较落后的面貌也大大限制了贵州省对人才的吸引力度等，因此贵州省大数据专业技术人才的匮乏是一个不争的事实。需求量的不断增长和供给量的严重短缺同时限制了贵州省大数据产业的快速发展。

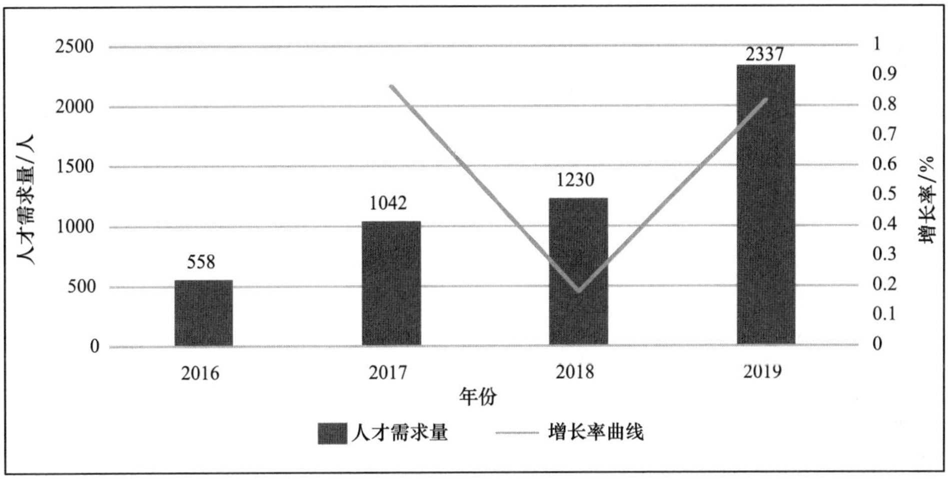

图3-5　贵州省近四年大数据人才需求数量图

数据来源：贵州省人才需求信息目录。

（3）大数据创新技术。技术创新是产业发展的第一动力。目前，贵州省已经具备了优质的宽带和网速并跻身于中国13大互联网的顶层节点，具体表现在：其一，良好的信息设施基础，如16800.0Gb/s的出省宽带、200Mb/s以上的固定网络平均接入能力和1000Mb/s的接入能力、覆盖全省行政村的4G网络、数量达12708个的5G基站和长度达133.23万千米的通信光缆等；其二，良好的大数据其他基础设施（表3-6）；其三，贵阳—贵安国家级互联网骨干直联点的建成开通等①。然而，尽管近几年贵州省大数据的技术创新活动更受关注，但是其创新投入明显落后于东部的沿海省份，具体表现在：一方面，贵州省同东部发达地区相比，在集成电路等基础产业以及在大数据核心技术和增值服务业等核心产业方面的实力不强，并且大多行业还处于培育发展阶段，其市场的占有率水平较低，同时自然、社会、经济和技术等因素限制也导致企业创新的氛围不足和缺乏创新创业能力；另一方面，贵州省内大数据相关企业数量较少且一些重要领域的企业还满足于模仿阶段，其缺乏推陈出新的技术也在较大程度上限制了贵州大数据产业的发展（胡雨晴等，2019）。

表 3-6　贵州省大数据基础建设情况表

项目名称	基础设施	建设情况
满格贵州	3G/4G	196600 个
	5G	12708 个
光网贵州	通信光缆	133.23 万千米
	出省宽带	16800.0 Gb/s
三网融合	高清交互数字电视用户	565.0 万户
	IPTV 用户	604.35 万户
	“广电云”户户用	345.0 万户

资料来源：贵州省大数据发展管理局。

3．大数据产业创新环境

（1）大数据产业政策。贵州省拥有发展大数据产业的先行先试优势。首先，贵州省政府在 2017 年 2 月组建了大数据发展管理局，其主要职能包括：大数据产业和行业的管理、大数据相关技术规范和标准的草拟和实施；大数据基金的组建和管理以及大数据人才的引进等②。其次，国家对贵州省在国家层面有多项政策和战略扶持，贵州省也积极出台了诸多省级层面的大数据政策（表 3-7），其

① 孙静波．贵阳・贵安国家级互联网骨干直联点开通［EB/OL］．（2017-06-16）［2020-10-28］．https://www.chinanews.com/cj/2017/06-16/8252921.shtml.

② 摘自文件《贵州省大数据发展管理局主要职责内设机构和人员编制规定》（黔府办发〔2017〕3 号）。

良好的大数据政策环境营造了贵州省大数据产业以及经济社会其他领域难得的发展机遇，并日益显现出这些政策的叠加效应。正是基于诸多利好，贵州省政府于 2014 年在北京召开了首次大数据推介会，从此开启了贵州大数据的发展征程，取得了全国首个国家级大数据产业发展集聚区、全国首家大数据交易所、全国第一部信息基础设施法规、全国第一个省级政府数据云服务平台、共享和开放“云上贵州”云平台等一系列的瞩目成绩。尽管如此，大数据产业作为一种新的产业形态，其各种政策必然需要贵州省相关政府部门在实践中不断地补充和完善。

表 3-7　贵州省发布的促进大数据发展的相关政策概况

年份	相关政策文件	政策目的
2013	《贵州云计算产业发展战略规划》	设立云计算产业园，打造完整的云计算产业链
2014	《贵州大数据产业发展应用规划纲要（2014—2020 年）》	基于战略高度确定大数据产业发展
2015	《贵安新区推进大数据产业发展三年计划（2015—2017 年）》	将贵安新区打造为国内重要的大数据产业示范区
2016	《贵州省大数据发展应用促进条例》	对数据采集、数据共享开放、数据交易、数据安全等问题做出规定
2017	《中共贵州省委、贵州省人民政府关于推动数字经济加快发展的意见》	培育发展新动能、拓展经济发展新空间，促进经济提速转型发展
2018	《关于促进大数据云计算人工智能创新发展加快建设数据贵州的意见》	提出建设“数字贵州”的具体举措，进一步深入实施大数据战略行动，推进国家大数据（贵州）综合试验区建设
2019	《贵州省大数据安全保障条例》	保障大数据安全和个人信息安全，明确大数据安全责任，促进大数据发展应用
2020	《贵州省大数据融合创新发展工程专项行动方案》	深入实施大数据战略行动，加快推动大数据融合创新发展

（2）大数据市场需求。在 2014 年 10 月 17 日，“云上贵州”系统云平台正式上线，为贵州省的民众和企业提供了更加精准化和个性化的服务。目前，贵州省大数据企业已经涵盖了包括数据存储、数据清洗、数据加工和数据安全等在内的核心业态，包括产品制造、软件开发和信息技术服务等在内的关联业

态，以及包括智能交通、智慧医疗和智慧旅游等在内的衍生业态等，其应用领域已经涉及金融、教育、医疗、旅游、家居和公共服务等，初步形成了贵州省的大数据全产业链条（李桥兴等，2019）。据官方资料[①]显示：贵州省的大数据发展指数在全国31个省份中排名第8，其应用水平指数虽为14.21，但属于国内水平较好的省份；贵州省的大数据应用偏向于政务和民生等重点领域，全面展开了社会管理和公共服务等方面的信息化应用；贵州省初步完成了医疗、交通和劳动就业等方面的信息服务体系，而其他诸多传统产业的信息服务和数据应用还处于起步阶段。显然，贵州省还存在大数据与实体经济的融合发展总体水平偏低以及融合应用动力不够、范围不广和程度不深等不足（表3-8）。因此，贵州省还需要进一步推进大数据与三次产业的深度融合，以此强化大数据促进经济结构转型的作用并缩小贵州省与发达地区的差距。

表3-8　大数据与实体经济深度融合指数

融合指数	2018年			2019年		
	初级	中级	高级	初级	中级	高级
大数据与工业经济深度融合指数/%	62.1	5.4	32.5	44	48.3	7.6
大数据与农业经济深度融合指数/%	59	40	13	39.4	55.2	5.4
大数据与服务业经济深度融合指数/%	65.8	29.3	5	47.5	44.8	7.7

资料来源：贵州省大数据发展管理局。

（3）大数据创新文化。贵州省大数据产业创新文化评价标准的核心涵盖了人才第一、创新自由、产权保护和市场驱动等诸多要素。近年来，贵州省的数字经济增速连续位列全国前列，其电子信息制造业增加值成为工业经济的重要增长点等，均得益于贵州省政府在全省范围内强化大数据创新文化的成果。因此，树立并形成大数据产业创新文化观，不仅有助于贵州省坚信数字经济是符合时代发展的管理理念；而且有助于贵州省吸引世界科技巨头来黔创造更大的经济价值和社会价值；也更有助于贵州省实现弯道超车和后发赶超的发展愿望[②]。

① 曾帅．贵州加快推进大数据与服务民生深度融合［EB/OL］．（2019-05-25）［2020-10-30］.http://www.guizhou.gov.cn/xwdt/gzyw/201905/t20190525_2592610.html.

② 杜再江．培育大数据发展的创新文化［EB/OL］．（2018-05-19）［2020-10-28］.http://www.cbdio.com/BigData/2018-05/19/content_5716830.htm.

目前，贵州省在大数据创新文化方面主要包括了中国国际大数据产业博览会和大数据相关赛事的举办活动两个部分。首先，贵阳市政府鼎力支持贵阳市举办国家级大数据博览会，贵阳市委、市政府于 2015 年开始筹备大数据产业博览会，邀请和吸引了国内外众多的大数据领域优秀学者和企业嘉宾共同探讨大数据行业的发展现状和趋势愿景。该活动的成功举办和影响力促使其于 2017 年升格为国家级博览会。该博览会的主题自 2015 年的“互联网 + 时代的数据安全与发展”到 2017 年的“数字经济引领新增长”再到 2019 年的“创新发展，数说未来”等，其影响力逐渐从国内走向国际。如今，贵阳市大数据博览会不但使贵州省成为国际大数据专家和大数据企业家进行交流合作的重要平台，而且使贵州在学习借鉴国内外大数据发展成功经验和引进吸收国内外大数据科技成果等的基础上逐步培育和形成富于贵州特色的大数据发展道路。其次，积极举办各种大数据创新赛事。贵州省各级政府、相关行业组织和企事业单位等筹备了各种各样的以大数据创新为主题的赛事活动，如以“草根”为特色的创新大赛、“云上贵州”大数据商业模式大赛、以应用为主的大数据挖掘大赛等。各种赛事活动在参赛者范围、活动规模和涉及领域等都逐年得到提高和不断扩大。这些大数据系列赛事活动在帮助贵州省提高技术水平和管理能力等充分挖掘大数据价值的同时，还帮助贵州省招募大数据人才、汇聚天下精英共商贵州大数据发展。因此，这两项重要活动为贵州省在实现数据开放共享、吸引全球技术人才、开展数据深度挖掘、积聚大数据实用资源、形成数字经济新业态等方面发挥了重要作用，为贵州省在全社会树立大数据创新理念培育大数据创新文化并进一步为贵州发展大数据产业等方面提供了良好的机遇。然而，目前这两项重要活动基本是官方及高校的参与和推动，其民间活动特别是由企业举办的活动仍旧偏少。

3.2.3　系统动力优化路径

依据上文对贵州省大数据产业创新生态系统演化系统的动力因素分析和发展绩效评估结果，同时结合贵州省大数据产业创新生态系统的形成特征和发展历程等，本小节提出优化大数据产业创新生态系统的研究动力路径，包括了改善大数据产业创新的内部发展环境和提高大数据产业的创新资源投入两个方面。基于此，贵州省大数据产业创新生态系统为了有效改善其内部环境和显著提高其资源投入效益等，需要从资金、人才、技术、政策、市场和文化六个方面来综合优化大数据产业创新生态系统的演化动力。

1．资金投入的优化路径

创新资金是大数据产业创新生态系统维持运转和不断升级的动力源泉。为了促进贵州省大数据产业创新生态系统的快速发展，需要进一步强化金融方面对大数据产业的“催化剂”作用。根据中国产业信息网《2018 年中国金融科技行业发展概况及细分行业领域技术资金投入情况》的数据显示：我国金融机构在 2018 年投入技术资金达 2297.3 亿元，但是投入到以大数据、人工智能和云计算等为代表的前沿科技资金仅为 67.5 亿元，约占总体投入比重的 29.4%。此外，据《2018 中国大数据产业生态地图》和《2018 中国大数据产业发展白皮书》等资料显示：我国大数据企业在 2017 年度对“高量级资金”的需求在显著提高，其中对 1000 万～ 5000 万元量级的资金需求增长较为迅速，而对“低量级”资金的需求则有所下降，如图 3-6 所示。

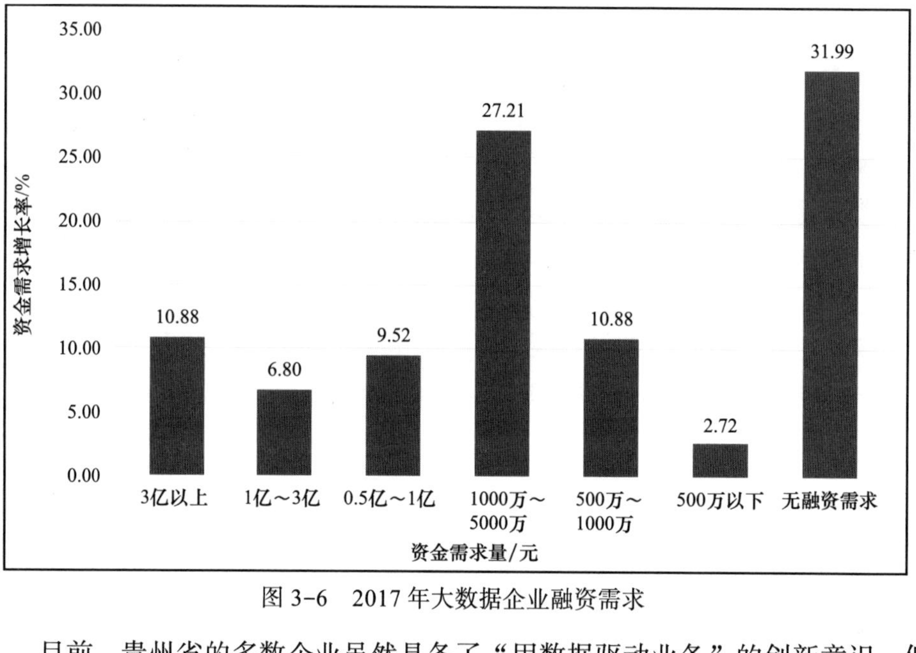

图 3-6　2017 年大数据企业融资需求

目前，贵州省的多数企业虽然具备了“用数据驱动业务”的创新意识，但是在实际操作中其数据价值的真正落地还存在诸多困难。由于大数据技术及其相关硬件设备和软件产品的高端性和短周期等特征，大数据企业无论从研发角度还是从运营角度都对资金的需求量不断升高。因此，贵州省政府需着力发挥战略投资基金和风险投资基金的杠杆作用，需建立健全大数据产业创新的金融体系，着力引导社会资本投向初创型和中小型的大数据企业。此外，贵州省尤其需要持续强化大数据产业基地/园区的投融资平台建设，使大数据企业能够就近在园区内灵活借贷资金。贵州省可考虑从两个方面实施资金投入的创新路径。其一，加快完善以大数据产业专项基金为基础的财政支持体系。通过专项扶持资金并吸引社会基金参与，使贵州省对大数据产业发展的投入力度不断提升；加强贵州资本市场的运作效率，构建较为完整而有效的大数据资金链，基于融资问题探讨大数据产业发展的相关问题。其二，持续完善有利于大数据产业发展的财政税收政策。贵州省及地方政府需要更加注意大数据核心技术方面的财政扶持力度以及税收优惠政策等，或对大数据核心技术产业化项目实施所得税减免或提供企业创新券或对初创企业进行创业补贴等。

2．人才集聚的优化路径

贵州省快速形成人才集聚现象的途径包括两个方面，即省内高校和科研院所的人才培养和基于多种措施的人才吸引措施。为了促进贵州省大数据产业创新生态系统的快速演进，需要积极培养和大力引进创新型人才，同时也要不断完善相关人才的管理制度和服务措施等。据《2018年中国大数据产业生态地图》和《2018中国大数据产业发展白皮书》的相关数据显示：从学历层次看，我国目前大数据领域的人才学历层次以本科为主，而本科及以上学历的从业人员占比合计已经达到89%，这表明大数据行业开始呈现出高学历化的倾向（图3-7）；从人才学科看，属于计算机、统计学和数学等学科领域的人才占比最大，从而看出大数据人才对技术类和基础类学科的倚重。

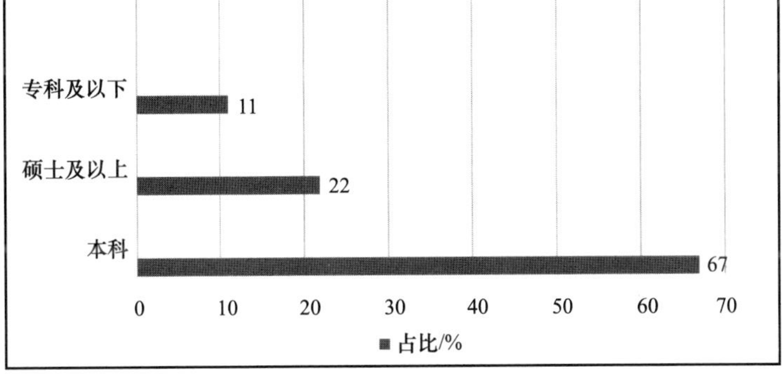

图3-7 大数据领域人才学历占比

针对当前全国大数据产业的人才匮乏现状，贵州省大数据人才的队伍建设更应该重视从人才培养和人才引进。

首先，贵州省培育人才的方式需要优化。目前，贵州省培养大数据产业创新人才的主要阵地是高等院校（含职业类高校）和科研院所。贵州省目前通过加强扶持大数据专业科研团队的方式来重点培养大数据高端人才，同时通过在高职院校设置相关专业的方式培养应用型大数据人才。尽管我国曾在2016年开始即通过设置“数据科学与大数据技术”等相关本科专业来加强培养大数据方面的中高级人才，但国内至今依然面临较大缺口的大数据产业人才需求。因此，贵州省不仅需要在贵州大学、贵州财经大学和贵州师范大学等省内重点高校开设相关专业来加快大数据产业创新人才的力度和步伐，而且还需要在一些重点高职院校积极培养大数据领域的应用型人才。除此之外，贵州省还需要从其他多种渠道积极构建省内大数据人才的良好培养机制，以此建立长期稳定的省内人才供应通道。其具体做法可包括：整合高校、企业和其他社会资源共同组建“大数据教育联盟”而形成贵州省多层次多类型的大数据人才培养体系；充分借力贵州“十四五”规划等重要政策文件积极实施大数据人才发展战略；科学分析贵州省合理配置大数据产业的人力资源需求以构建其人才培育新体系等（曹斐琳等，2020）。例如，遵义实施大数据“千人培养计划”的做法是：依托遵义软件园的产业基础，联合当地或省内其他高校的科研优势，利用贵州省大数据人才的相关政策等，不断探索当地大数据人才培养的市场化模式，打造遵义市较有特色的“政、校、企”的大数据人才的合作培养平台，打造出以“人才驱动企业、企业带动产业、产业吸引人才”良性大数据产业创新生态圈①。

其次，贵州省引进人才的方式和路径应持续优化。凭借着先行先试的大数据发展优势，贵州省在短期内引入了一定数量的有经验的大数据人才。但是，发展大数据产业是一项长期事业，贵州省更需要通过各种途径继续留住大数据高端人才，同时企业还需继续强化各种相关优惠政策持续吸引其他地区或相关行业的人才积极投入到大数据行业的发展中。其具体做法包括：积极完善创新人才政策尤其是激励政策大力引进各类人才特别是高级人才；为高级人才量身打造良好的创新创业平台；积极完善大数据产业基地和创新园区的人才集聚

① 佚名．毕业季|遵义大数据千人培养计划（第一期）学员完成学业［EB/OL］．（2018-05-14）［2020-10-25］.https://www.newskj.org/kejixun/20180514117764.html.

创业的平台作用；特别关注各类人才引进之后的生活便利、户口迁入、家属就业、子女上学和医疗保障等方面的政策服务。如此，只有拥有充分保障，大数据人才才会有意愿长期留在贵州并专心投入工作，只有这样才能促进大数据产业创新生态系统的良性快速发展。另外，贵州省各级政府还要注意吸引国外大数据产业的高端人才，特别是依托国外知名大数据企业进驻贵州产业园区等的人才引进方式等，不断推进贵州省人才引进的各种计划完善和组织实施。

3．技术创新的优化路径

科技创新作为当今在社会经济进步中最具活跃性、革命性和鲜明特征的发展因素，应成为更好促进贵州省大数据产业创新生态系统演进的积极动力。贵州省在加快大数据技术创新的过程中，还需要积极构建更优秀的数据共享处理平台和加大投入大数据基础设施建设等，以保证贵州省各行业数据能够获得及时存储、快速流动和高效应用。另外，贵州省可制定相关的措施，鼓励科研机构和大数据企业联合开发能够更高效处理半结构化和非结构化数据的分布式数据库管理系统。由于当今社会经济生活中约有 85% 的大数据属于非结构化数据并存在于（移动）互联网、社交网络和电子商务等领域，因此开发具有分布式数据库管理系统的大数据处理平台更有助于从大数据中获得知识转化和智慧管理[①]。除此之外，贵州省还需要继续重视开发和构建大数据的安全保障体系，持续加强对数据终端、网络空间和云计算平台等的安全监控和强化管理，为贵州省大数据产业创新生态系统的快速演进提供安全保障。总之，贵州省不能仅满足于政用、民用和商用的大数据产业发展，而要在占据大数据先发优势的基础上紧抓大数据关键技术的研发和创新应用，统筹推进大数据在基础研究、技术创新、市场应用和产业发展等产业链和创新链等环节的协同发展（高越月等，2020）。

4．政策保障的优化路径

及时完善的政策体系能够为大数据产业的创新发展提供强有力的引导支持和发展保障。贵州省政府近几年在推动大数据产业发展方面发挥了积极

① 佚名. 下一代数据和 AI 驱动的营销自由：大数据平台结构化数据占 15% 左右［EB/OL］.（2020-09-15）［2020-11-20］. https://dy.163.com/article/FMIF7UM40511A3UP.html.

而重要的作用，为贵州省培育良好的大数据产业创新生态系统做出了显著的成效。但是，贵州省及其地方各级政府还应根据国际国内的发展趋势制定出台更多的可促进大数据产业创新生态系统良性演化的政策体系和实施措施。目前，贵州省更需要优化提升的政策包括财政政策支持体系和知识产权保护措施等。其中，财政支持体系应着重于支持大数据技术创新的税收减免和专项补贴政策，以及支持大数据产业的创新创业等方面的优惠政策；而知识产权保护体系则应重点完善大数据相关的专利保护条款和侵权惩处措施等，同时，还应在贵州省各行业和相关民众团体等进行相关的普法宣传教育，努力为贵州省大数据产业创新生态系统营造一个良好的法律环境。除此之外，贵州省还需充分依据省情提出大数据政策的优化路径，如国家给予贵州特殊优惠政策的具体落实和充分利用；基于贵州地理优势的大数据产业发展政策和环境保护法规等（李树先等，2018）。

5．市场培育的优化路径

大数据企业需要在市场中不断博弈相互成长，即市场成为大数据产业创新生态系统演进的关键力量。贵州省需要通过大力培育省内的市场需求来刺激大数据企业获得持续的竞争优势和推动大数据产业系统实现突变性演化。首先，贵州省要结合自身条件不断扶持和发展中小型大数据企业来激活大数据产业的市场竞争。其次，各级政府通过明确规划哪些行业和企业需要优先发展大数据，即通过确定大数据市场的着力点帮助其政策调整，从而获得预想效果。再次，基于不断提高的民众生活水平和特色优势行业等，重点规划诸如智慧旅游、智慧交通、智慧金融和智慧城市等以“智慧贵州”为主题的产业发展，帮助贵州省解决数据资料的收集存储、挖掘分析和应用服务等全产业链市场需求问题（李树先等，2018）。最后，基于区域规划如贵阳（贵安新区）的大数据高新科技产业、遵义的电子信息制造业、安顺（黔南、黔东南）的智慧旅游业以及毕节（黔西南）的智慧农业与智慧扶贫等；布局勾画贵州省大数据产业协同创新和黔中经济带一体化发展的市场总体发展目标（宋真真，2019）。

6．文化彰显的优化路径

大数据作为一种颠覆性思维模式、一场创新性技术变革和一项智能性工程建设，促使全球正以一种前所未有的生产服务方式来深刻影响经济社会系统的演化发展。由此，世界各国也正在形成一种“用数据说话、用数据决策、用数据管理、用数据创新”的大数据创新创业文化。贵州省顺应这种趋势，积极倡导敢为人先的创新文化和崇尚创新的价值文化，已经形成了大众创业、万众创新的良好竞争态势，并推动贵州省大数据产业创新生态系统的稳健前进。今后，贵州省还需要大力推进大数据领域的科普教育和文化宣传，促使普通民众特别是中小学生树立其大数据创新的文化号召力和氛围；在经济领域全面营造一种大数据知识和大数据技术的交流与共享环境，为大数据产业注入创新的思想动力和发展活力；在社会领域树立大数据的创新意识和思维模式，通过深化大数据的文化内涵来提升大数据产业发展的传播力和感染力等。如此，不断优化大数据文化的彰显方式也有助于贵州省大数据产业创新生态系统的顺利演进。

3.3　产业创新生态系统的演进激励

复杂性科学还认为，复杂系统的演化进程也要受到来自系统外部环境的激励作用。因此，大数据产业创新生态系统演进的激励强调系统外部的刺激机制。经过多年的实践，贵州省大数据产业创新生态系统已经逐步融入由政府产业环境支持、企业技术创新基础、科研机构创新动力、中介机构辅助转化等良好的外部环境中。通过各类产业园区构成的产业群落系统，贵州省大数据产业系统充分调动区域内部的其他各类产业与大数据产业进行协同共生发展。正是通过其他各行业的自组织升级和使用价值转换，既为大数据产业提供创新要素，也帮助大数据产业优化市场需求。因此，贵州省大数据产业创新生态系统在其他相关产业的市场需求牵引和企业结构转型等作用下，通过吸收创新的要素、信息和能量等不断地进行自我循环、自我平衡、自我修复和自我进化等演化过程，在协助其他产业进行升级更新的基础上也实现和完成了大数据产业系统的自我升级。

大数据产业创新生态系统作为人工系统，仍然需要建立良好的激励机制才能更好地促进自身的发展。良好的激励机制能够充分地调动产业系统内部的活跃因素，实现大数据产业系统发展的现实需求和最终目的。大数据产业以高科技类产业为主，往往需要大量的高层次人才和雄厚的优质资金等支持。优质资金和高层次人才可以使大数据企业在较短的时间内将其他各类创新资源有效地整合起来，并提升企业的经营效率。因此，促进大数据产业创新生态系统演化的关键是建立关于资金和人才的长效激励机制。

3.3.1 系统激励因素分析

对研究贵州省大数据产业创新生态系统演化的激励因素，需要从系统外部考虑其影响因素。一般来讲，多数学者在探讨产业系统的外部动力方面各有观点：王彬（2004）认为企业创新生态系统的激励作用包括社会需求、技术推动、政府影响和资源约束等外部动力；但吴勇等（2008）则认为企业创新生态系统运行的外部动力包括市场需求、产业竞争和国家政策引导等因素。王娜等（2013）认为产业创新生态系统的外部环境包括了政府政策、产业发展趋势和促进产业转型的因素等；但何向武等（2015）则认为企业创新生态系统的外部环境主要指资金、政策、文化、管理和教育等；巫英（2016）认为企业创新生态系统的演化动力多受系统外部的科技、市场和政策等因素的共同作用；冯志军等（2015）也认为制造业的技术创新系统评价需从科技、市场和资源等外部因素等角度考虑；傅春等（2019）则提出产业创新生态系统的外部环境包括自然生态环境、产业生态环境和文化生态环境等；吕鲲（2019）认为产业创新生态系统的外生动力表现为外部竞争和区域品牌意识等。尽管这些观点不完全一致，但学者们基本认同产业外部环境与产业创新生态系统的演化效率成正比。本节则基于前文探讨的情况，从产业维度和地域维度对贵州省大数据产业创新生态系统的演化激励因素进行分析，如图 3-8 所示。

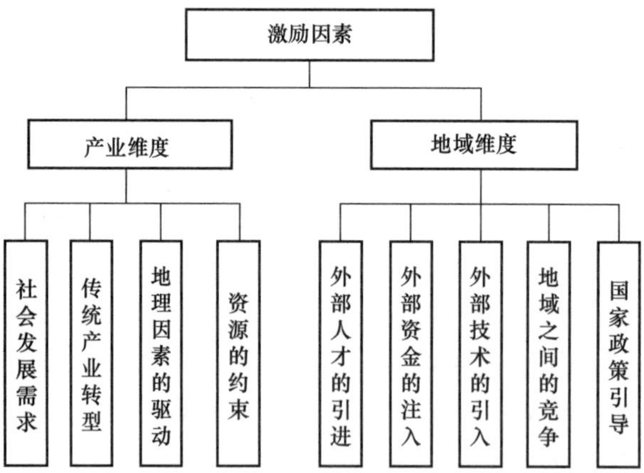

图 3-8　贵州省大数据产业创新生态系统的演化激励因素

1．产业维度

产业维度是指贵州省内非大数据产业因素对大数据产业创新生态系统演进的激励作用，而非大数据产业因素则是指由其他产业所形成的与大数据产业发展存在一定联动作用的产业发展因素。这种对大数据产业系统而言的外部环境对于大数据产业创新生态系统来说也是非常重要的演化因素。本书认为，贵州省大数据产业系统的激励因素可从产业维度进行如下梳理：

首先，社会需求推动贵州大数据产业的发展演化。随着大数据技术的不断进步和持续应用，贵州省有意加快传统行业与大数据技术的融合发展。例如，以健康医疗大数据为代表的智慧医疗；基于大数据的挖掘分析可帮助公共安全治理机制由“事后处理”转变为“事前预测”；制造业的数字化和网络化有助于工业的智能化发展等。总之，各行各业对大数据技术的应用需求深刻影响着经济社会的生产方式、运行模式和生态体系等，也对贵州省大数据产业创新生态系统的形成和演化产生重大而深远的作用。

其次，产业转型激励贵州省大数据产业的结构演化。贵州省绝大部分是劳动密集型和资源密集型的传统产业，其大众化和相对落后的技术也是贵州省相关产品科技含量和附加值较低的重要原因。贵州省利用后发优势，在采用云计算技术和大数据分析等现代信息技术的转型过程中无需支付巨大的沉淀成本和机会成本，因而大数据的挖掘算法和分析技术等被普遍采用，并导致大数据的各种新模式和新业态纷纷涌现。传统产业利用大数据实现转型升级并基于数据服务形成了各种大数据平台、互联网数据平台和行业资讯平台。因此，以数据应用为基础的新一代数据服务企业在促进主体行业发展升级的同时也同样促进了行业内中小企业的转型发展，从而激励着贵州省大数据产业系统的进一步演化。

再次，地理因素塑造贵州省大数据产业的特色发展。较为丰富的水能、风力和矿产等自然资源以及冬暖夏凉的气候环境等造就了贵州省发展大数据基础产业的便利条件。同时，贵州省丰富的喀斯特地貌和浓厚的多民族风情等为贵州省推出了智慧旅游等融合业态。贵州省这些地理因素既是大数据产业发展的物质基础，也深刻制约着创新主体的创新方式。

最后，资源约束限制贵州省大数据产业的形成发展。“绿水青山就是金山银山”的绿色发展理念对全社会的资源利用效率和环境保护能力等提出了新的要求。贵州省传统产业对资源的过量开采可能会对脆弱的生态环境造成不可逆转的破坏。因此，贵州省需要“牢牢守住发展和生态两条底线”，基于大数据的技术优势实现贵州省经济结构的绿色转型和升级发展。

2. 地域维度

地域维度是指贵州省以外的产业发展因素对贵州省大数据产业创新生态系统的激励作用。本书认为基于地域维度的大数据产业创新生态系统演进的激励要素主要包括外部人才引进、外部资金注入、外部技术引入、地域之间竞争以及国家政策引导等方面。

第一，贵州省需持续引进大数据人才。对贵州省来说，从其他地区引进高素质的大数据产业人才是推动贵州省大数据产业系统持续创新演化的重要保证。这些贵州省外的大数据人才既是促进其所从事相应产业发展的决定性力量，也是激励贵州省大数据产业系统演化发展的重要因素，具体表现在：具有创新性的大数据专业人才能够为贵州省创造出高价值的大数据产品/服务或其替代品或其半成品或其互补品等，从而刺激和推动大数据产业系统加快发展；另外，其他地区的大数据人才所掌握的关键技术也将成为贵州省大数据技术的有益补充而有助于其所从事的行业今后进入大数据产业创新生态系统。

第二，贵州省需要吸引省外大数据资金。贵州省外大数据企业的资金加盟有助于壮大和发展贵州省内的大数据产业。贵州省大数据产业创新生态系统正处于培育壮大期和快速发展期，其生产设备和实验设施等都需要从贵州省外部获得各种资源特别是资金的支持，或者是其他区域的大数据企业在贵州省内进行合资办厂或资金入股等。有研究表明，大多数产业系统的投资情况往往与该行业的研发水平和创新成果等成正比。鉴于贵州省较为落后的经济现状，省外资金投入贵州省大数据产业在一定程度上直接决定贵州省大数据产业系统的进化方式、演化程度和发展规模等。

第三，贵州省急需引进大数据相关技术。大数据产业作为新兴高新技术产业，对于技术的要求一般高于其他行业的技术型企业。因此，贵州省从其他区域引入大数据产业的相关技术能够快速促进贵州省大数据产业的形成和发展。另外，其他区域大数据产业相关技术对贵州省进行扩散或者溢出，同样也有利于贵州省大数据产业创新生态系统的创新主体对相关技术的吸收、转化、传播和共享，从而使贵州省大数据产业创新主体更好地开展创新活动。除此之外，从更大层面上来看，无论是其他区域的大数据产业相关技术对贵州省的溢出或者扩散，还是贵州省主动对其他区域进行大数据相关技术的溢出或者扩散等，都能够有效促进贵州省大数据产业创新生态系统的技术完善和企业升级，从而推动贵州省大数据产业创新生态系统演进的速度和效率等。

第四，贵州省需要加强区域竞争能力。随着大数据上升为国家战略，国内各省市纷纷将大数据产业作为发展大数据战略的核心工作和推动地方经济发展的重要内容。贵州省作为全国大数据的综合试验区和先行先试区，已成为中国大数据产业的风向标。但是，国内各省区也已经充分发挥自身的自然地理、产业基础和技术条件等优势积极筹建大数据产业园区来吸引众多知名企业入驻或培育本地的大数据企业。例如，重庆两江数字经济产业园以大数据智能化为核心技术并成为我国最活跃的数字经济区域之一；沈阳新松智慧产业园是我国目前最大的机器人产业基地等。因此，贵州省需要适应全国其他省份的大数据产业发展速度，加强省内外大数据产业园区的合作力度，增强贵州省大数据产业的区域竞争能力，从而激励贵州省大数据产业创新生态系统的演化进程。

第五，贵州省应充分利用国家政策并出台符合省情的政策。尽管国家出台了一系列大数据产业的指导政策，但是各省市区也纷纷配套了本区域的大数据产业发展政策，以利于指导和规范本区域的大数据产业发展。贵州省在国家政策的宏观指导下，既需要出台符合贵州省情的大数据产业发展政策，也需要注意省内政策与省外政策的互补性和协同性。贵州省大数据产业需要在国内基于扬长补短的视角实现发展壮大，并促使其产业链尽快与其他省份形成区域间协同创新的生态环境。

3.3.2　系统激励效果评估

科学评估一个复杂的系统需要建立一套成熟的评价体系，而科学完备的评价指标体系内的各指标之间是一种相互联系、相互协调和相互制约的关系。显然，多观测指标一般能够比较直观全面地衡量产业创新生态系统。国内许多学者已经研究了区域产业创新生态系统的评价指标。如王芳等（2018）基于技术、市场和社会生态位等构造产业创新生态系统框架并采用生物进化理论构建了产业创新生态系统的演化模型；何向武等（2019）运用哈肯模型通过构建医药制造业创新生态系统的演化模型以探究人力投入、经费投入与创新收益及技术创新能力之间的关系。借鉴学者们的研究成果，本节结合产业维度和地域维度讨论建立贵州省大数据产业创新生态系统演化激励的影响因素，见表3-9。然后，基于相关指标定性描述相关产业的绩效水平。

表3-9 贵州省大数据产业创新生态系统演化激励绩效的评价体系

维度	指标	指标释义
产业维度	传统产业转型	传统产业的转型升级有助于大数据产业的发展壮大。这里指农业、工业和服务业等对大数据产业创新生态系统演化的激励作用
	社会发展需求	随着贵州在大数据应用领域的不断扩大，各行各业纷纷引进大数据技术以实现降本增效，进一步促进了大数据的飞速发展。这里主要包括政府和民生等方面的大数据应用
	地理因素驱动	贵州省独特的地质地貌结构是建设大数据中心的理想场所，同时适宜的地理环境也能够促进大数据产业的快速发展。这里主要是指贵州省的地理因素和资源条件两个方面
	资源约束	贵州省在经济转型发展过程中面临资源环境压力与资源条件约束。这里主要指与经济发展紧密相关的水资源、土地资源和能源资源等
地域维度	外部人才引进	指数据科学与大数技术等专业、大数据产业经济管理等领域的专业人才或专门人才。这里主要指从省外引进的人才以及联合培养人才等
	外部资金注入	指为了鼓励大数据企业的培育和发展、支持大数据企业的相关创新活动和正常运营所筹集的大数据项目资金及其相关税收优惠。这里主要是指省外企业对贵州省内大数据相关建设的投资
	外部技术引入	指通过区域之间的技术交流和转移，有计划、有重点、有选择地从其他地区引进先进的大数据相关技术。这里主要是指引进研究机构
	地域之间竞争	其主要是指全国各个省份之间为了获取更多资源以促进大数据产业发展而展开的竞争。这里主要包括人才、技术、资金等方面的竞争
	国家政策引导	其主要是指国家相关部门颁布的为了加快推进大数据的开放共享和安全保障以及为了促进大数据产业的发展壮大而制定出台的相关政策体系。这里主要是指国家针对贵州省颁布的促进大数据产业发展的相关政策

1. 产业维度

（1）传统产业转型发展情况。贵州省传统企业由于多种原因制约而缺乏自主创新能力，导致其产品严重缺乏研发优势而使廉价的生产资源和劳动力等成为主要的利润来源，而且其产品附加值相对较低（李福夺，2015）。但是，贵州省近年来劳动力成本的不断上涨和原材料价格的持续提高，导致贵州省传统企业的发展困境日益凸显。另外，企业转型升级所需要的一次性投入较大且其成本回收周期较长，更使传统企业面临着巨大的生存压力。随着贵州省相关企业相继引入大数据技术，大数据与传统产业的融合逐渐成为贵州省大数据产业发展的主要特征与最大价值所在。另外，大数据技术的应用为贵州省传统产业的转型发展提供了无限的可能，成为推动贵州省传统产业变革的主导力量。例如，在农业领域，随着贵州省农村产业革命的不断推进，大数据在农业方面的应用也在不断拓展成熟，有效地推动了贵州省农业的精细化生产、精准化统计、精确化销售以及精致化管理等，更降低了农业的人力资源成本并扩大了其生产规模，既延伸了农业产业链和提升了农产品的市场竞争力，又促进了贵州省产业的绿色发展。在工业领域，贵州省在持续推进经济高质量发展的过程中也进一步凸显了传统工业发展的诸多短板，因而大数据成为贵州省继续推动其工业转型升级的重要手段。在服务业领域，贵州省服务业近几年来发展很快，特别是传统服务业与大数据技术的融合加快和催生了电子商务、智慧物流、智慧旅游和智慧医疗等新兴业态。目前，贵州省大数据在工业、农业和服务业等传统产业应用的若干典型案例见表 3-10。

表 3-10　大数据在贵州省传统产业的应用情况

大数据应用案例	大数据在传统产业的应用情况
农业案例：贵州农产品大数据平台——“黔菜网”	贵州省构建集农产品基地信息网、冷链物流网、市场交易网以及咨询、洽谈、交易、结算等一体化服务的农产品大数据平台，形成了较为完备的农产品流通生态圈和较为完整的农业产业链。通过该平台能够及时了解贵州省的农产品销售状况以及研判农产品市场形式和适时调整贵州农业产业结构①
工业案例：贵州工业云	贵州工业云平台包括了工业互联网、工业品商城和创新创业等若干板块，助力推动贵州传统工业的改造升级、提质增效。该平台为广大企业提供了“端、网、云”智能连接应用的云资源、云软件和智能制造解决方案，也为贵州省的工业品供需交易、产能供需交易和工业大数据分析应用等提供云端服务②

① 罗昌 . 大数据赋能大农业——贵州农产品大数据平台即将上线［EB/OL］.（2019-03-27）［2020-11-15］.https://baijiahao.baidu.com/s?id=1662297107470297455&wfr=spider&for=pc.

② 李远利 .“大数据 + 工业”深度融合贵州工业云“三大平台”全国领先［EB/OL］.（2017-06-28）［2020-11-25］.http://www.gog.cn/zonghe/system/2017/06/28/015838966.shtml.

续表

大数据应用案例	大数据在传统产业的应用情况
服务业案例： 贵州电子商务云	贵州电子商务云平台集数据填报、数据抓取和统计监测等为一体，可实现全省电商发展的动态检测并围绕贵州省各级政府及企业提供电子商务、电商培训、政策咨询、产业园查询、数据服务和实践基地等板块服务。该平台在推动贵州省大数据与服务业深度融合方面发挥了重要的促进作用①

尽管贵州省大数据技术应用在促进农业、工业和服务业等转型升级的进程中做出了较突出的成绩，但是，由于一方面贵州省的经济社会发展水平与其他发达地区还存在较大的差距，另一方面随着贵州省相关产业的不断发展对大数据技术也提出了更高的要求，因而贵州省传统产业与大数据的深度融合还存在较大的提升空间，同时，贵州省大数据产业创新生态系统的发展演化也需要进一步强化。

（2）社会发展特别是政府与民生的大数据应用情况。大数据在推动贵州经济转型升级的同时也在不断推动着贵州的社会发展，如今贵州大数据已经成为“世界认识贵州的新名片”。贵州省大数据在社会生活方面的应用主要体现在政府和民生两个方面。在政府方面，贵州省将大数据应用于提升政府治理能力和推进政府服务模式创新，同时采取恰当措施来促进政府管理和社会治理，有效地提升了政府的办事效率。贵州省大数据在政府事务处理方面的应用情况见表 3–11。而在民生方面，鉴于广大民众面临着办事难、出行难、看病难等一系列民生服务问题，同时政府部门也因民生服务的内容碎片化、资源配置不合理和缺乏个性化，以及部门资源条块分割和缺乏统筹等多重因素叠加造成民众难以体验到政府服务获得感和政府无法精准获取民生服务需求。贵州省积极运用大数据解决社会治理和民生服务的痛点难点，打造了融合多项领域的民生综合服务平台。该平台包括“一张网、一个号、一个窗”，大数据民生方面的应用情况见表 3–12②。随着大数据在民生领域的应用范围越广，其所涉及的领域也将越多，因而对大数据技术也提出了更高的要求，贵州省大数据产业创新生态系统将面临更多的挑战。

① 佚名．贵州电子商务云推动贵州大数据＋服务业深度融合发展纪实［EB/OL］.（2017–08–28）［2020–11–10］. https://www.sohu.com/a/167878413_776042.

② 杨仪．贵阳用大数据破题民生“痛点”［EB/OL］.（2016–11–28）［2020–11–15］.http://sc.gog.cn/system/2016/11/28/015244552.shtml.

表 3-11　大数据在贵州省政务工作的应用情况

平台	应用情况
云上贵州系统平台	云上贵州系统平台是全国首个实现全省政府“统筹存储、统筹共享、统筹标准和统筹安全”的云计算平台，可将分散的政府数据统筹汇聚并迁移到平台上①
数据共享交换平台	数据共享开放平台提供了人口和法人单位等基础信息和信用情况并形成共享数据资源，可保证跨部门、跨层级、跨区域的数据共享和业务协同支撑服务，能有效满足用户的个性化需求和有效体现后台的一体化管理
政府数据开放平台	政府数据开放平台是全国首个省级政府数据开放平台，其基本任务包括：促进政府开发和利用其数据资源以满足公众和企业对政府数据的“知情权”和“使用权”；提供政府数据资源的浏览、查询、下载等基本服务并鼓励企业、社会组织和个人利用其数据资源开展商业模式创新；向社会提供基于政府数据资源开发的应用程序和指数分析等增值服务

表 3-12　大数据在贵州省民生改善工作的应用情况

平台		应用情况
民生综合服务平台	一张网	通过连接互联网、电子政务外网、专线 VPN 和 WiFi 网络等实现民生服务应用的接入和运行的网络系统，其依托“云上贵州 · 贵阳平台”而搭建
	一个号	民生服务供需双方需要基于唯一、合法而真实的身份信息来采集和挖掘相关的数据资料，同时平台提供标准的可用数据并推送相关的民生服务产品
	一个窗	各领域民生服务需求者通过接入经过平台整合的线上线下服务渠道而获得“一站式”的快捷服务

（3）地理因素驱动大数据产业系统演化情况。贵州省之所以实施大数据战略和发展大数据产业，与其具备最初的生产要素——自然资源的自身优势有关，具体表现在：其一，气候适宜，即贵州省冬暖夏凉，特别适合大数据中心散热系统工作并在很大程度上节约能源（图 3-9）；其二，能源丰富，即贵州省的煤炭、水力和风力等丰富资源使其电力充足，不但是西电东送的主要省份，更为省内大数据企业特别是数据中心等提供稳定的较廉价电能；其三，地理恰当，即贵州省的地质结构稳定，具备少地震无台风等罕见自然灾害和天然数据灾备中心的特征；其四，环境理想，即贵州省山多林密以及重工业偏少等

① 罗以洪，吴大华 . 大数据助力经济社会发展的实践与探索［EB/OL］.（2019-03-20）［2020-12-15］. http://opinion.people.com.cn/n1/2019/0320/c1003-30986264.html.

特征使其空气较为洁净清新而非常适用于大数据的存储。显然，贵州省良好的自然资源使大数据企业能够大幅度降低其运营成本，因而互联网企业巨头纷纷在贵州省建设其数据中心，有力推动着贵州省大数据产业的发展演化。但是，贵州省更需要“牢牢守住发展和生态两条底线”，在发展大数据产业的同时，特别注意采取强有力的措施，积极保护自然地理环境。

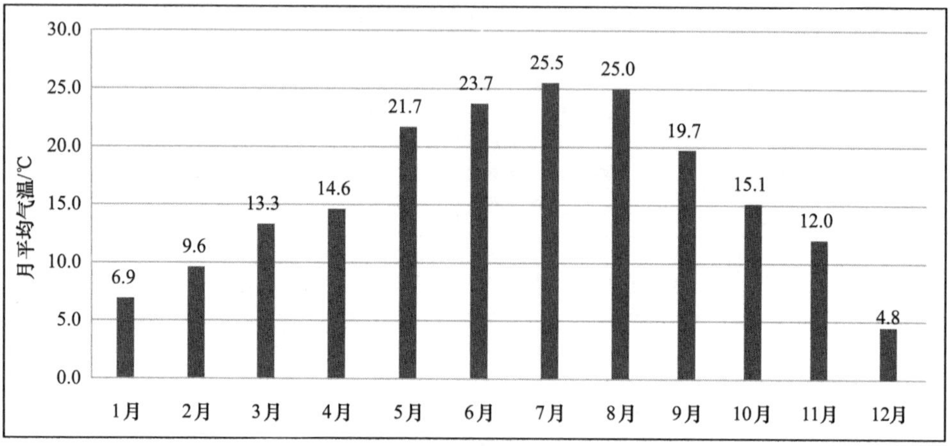

图 3-9　2020 年贵州省平均气温变化情况

资料来源：贵州省气象局。

（4）资源约束制约着大数据产业的演化方向。任何区域发展其经济产业都有一定的约束条件。贵州省因其多山地丘陵（约占 92.5%）和喀斯特分布面积广泛等而生态环境脆弱。例如，贵州省的喀斯特地貌降低了水资源的储藏能力，而经济落后也使其水利基础设施建设薄弱等，从而导致贵州省水资源的调控能力、开发比率和利用效率等均明显不足；贵州省缺乏平原支撑而使其可耕种面积少且坡耕地多和耕地质量差等，加上贵州省近几年的城镇化建设进程加快而占据部分非农业用地甚至部分农业用地，因而多因素促成了贵州省土地资源更为紧缺；贵州省经济社会进步特别是人口不断增长和经济总量快速提升等，导致贵州省加大能源需求量的同时，更使其生产建设超出地区生态承载力和破坏生态环境等（图 3-10）。资源环境的约束，制约着贵州省传统产业发展的进程。对贵州省而言，面对加快经济发展和保护生态环境的双重压力，缓解资源环境约束，改变经济总量小、人均收入水平低、竞争增长方式落后，促进传统产业转型升级，就必须结合贵州省当前特色与优势创新发展方式。

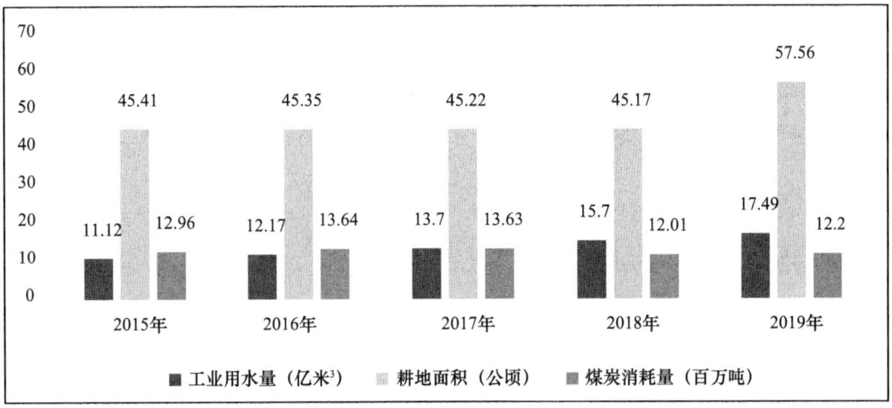

图 3-10　贵州省近几年部分资源的使用情况

资料来源：贵州省统计局，2019 年贵州省自然资源公报。

2．地域维度

（1）外部人才引进的实施情况。在产业创新生态系统中，创新人才是技术研发的创造者和推动产业可持续发展的关键助推力（赵光辉，2006）。对于贵州省大数据产业创新生态系统而言，外部地区的大数据人才引进是推动省内大数据创新活动的重要承担者和激励力量。一般来说，外部人力资本的获取途径包括了人才引进和联合培育两方面。贵州省大数据产业发展需要通过人才引进的途径并支持相关人才的创新创业活动；同时通过人才联合培养模式实现大数据创新活动的人才储备。

首先，贵州省委省政府在外部人才引进方面做出了实际举措。例如，贵州先后制定出台了《关于进一步实施科教兴黔战略大力加强人才队伍建设的决定》（黔党发〔2012〕31 号）、《关于加快人才培养引进加强科技创新的指导意见》（黔党发〔2013〕12 号）、《贵州省高层次人才引进绿色通道实施办法（试行）》（黔人领发〔2013〕5 号）、《贵州省“百千万人才引进计划”实施办法》（黔人领发〔2013〕8 号）等与大数据人才引进密切相关的政策措施。在实际操作方面，贵州省还开通了“绿色通道”支持企事业单位引进高学位、高职称和高素质等方面人才。另外，相关政府部门也根据实际情况提供项目扶持和科研资助等；同时也启动了“高层次创新型人才遴选培养计划”，通过研修方式来突出培养省内各地区的高层次创新性人才。目前，贵州省在大数据产业外部人才引进方面取得了较好的成果。例如，贵州省仅在 2018 年共引进 2000 多名各类大数据骨干人才；引进 10 位院士及其人才团队；而贵阳市在 2019 年的大数据人才总流量则达到了 17 万人①。

其次，贵州省积极鼓励相关单位特别是研究机构与省外相关机构联合培养人才。贵州省的高等院校、研究中心和科研院所等同省外企业与机构进行合作，有效提高了大数据高层次人才的培养力度。例如，贵州省于 2018 年与省外相关机构合作共建了 5 个与大数据相关的博士后流动（工作）站；分别与阿里巴巴、华为和印度国家信息学院等企业机构合作，实现在贵州高校联合办学，其中贵州理工大学阿里巴巴学院在 2017 年首期招生 300 人；贵州电子信息技术职业学院华为大数据学院首期招生 1000 人；清华大学开办的大数据研究生贵州班首期招生 30 人等②。

尽管如此，贵州省在引进人才和联合培养人才的同时还是存在较严重的人才流失现象。其原因包括了基础收入偏低、工作环境需要进一步完善、政策措施落实存在一定偏差等多方面因素。

（2）外部资金引入的实施效果。伴随大数据产业生命周期的改变，政府资助的主体地位和支持方式也随之发生改变。在大数据产业发展的萌芽期和成长初期，贵州省政府分别采用投资入股和招标采购等多种方式来直接扶持大数据企业的发展；而在大数据产业系统的培育期和成长期，贵州省各级政府则需要以政府支持为主转变为以市场投入为主。此时，金融机构将成为支撑贵州省大数据企业发展的资金总动力。因此，贵州省大数据企业需要借助国内外重要金融机构的金融产品吸引市场相关资源来支持其发展。显然，贵州省的经济现状决定了本地资金的投入不足，也为外部资金的注入提供了较大的市场空间。近年来，贵州省外的雄厚资金投入为激励贵州省的大数据企业发展发挥了重要作用，同时贵州省为了有效吸引外部资金也采取了相应的积极措施。例如，在贵州省大数据发展战略所营造的大数据产业蓬勃发展的浓厚氛围之下，贵阳市每年定期举办的历届中国国际大数据产业博览会（简称“数博会”）为贵州省大数据产业的招商引资、项目落地和名企打造等做出了不可磨灭的贡献，为贵州省大数据产业创新生态系统演化注入了新的活力。又如，在 2019 年的数博会

① 庞博 . 贵州大数据：引进企业 留住人才［EB/OL］.（2018-12-21）［2020-12-25］. http://www.cbdio.com/BigData/2018-12/21/content_5961388.htm.

② 吕慎，李慧 . 深耕数据蓝海 创新引领未来［EB/OL］.（2018-05-26）［2020-12-25］.https://m.gmw.cn/2018-05/26/content_28984557.htm?s=gmwreco&p=2.

上，共促成了 125 个签约项目共 1007 亿元签约金额，同时京、津、冀、黔四地还分别签署了大数据发展战略的合作协议，以及贵阳市政府与上海依图网络科技有限公司合力推动贵州人工智能产业生态建设等①。然而，在外部资金进入贵州省大数据产业领域的同时，贵州省还存在部分企业资金利用效率不高、部分项目建设延期、一些项目后续资金到位迟滞等现象，甚至还有极少数企业和项目在建设期间因其他原因而终止合作的现象发生。

（3）外部技术引入的利用效率。科技成果会直接激励大数据企业的研发信心和应用热情。由于贵州省内的科技创新成果相对较弱，因此贵州省外的科技创新成果也能够有效激励贵州省大数据产业创新生态系统的演化进程。例如，位于贵州科学城内部的朗玛健康产业园、国际大学科技园区和以“智谷”为模式的智库产业园等科技创新产业园区分别引进了若干国家实验室、企业研发部门和省属科研机构等，在为贵州省的大数据技术研发和颠覆性技术创新等方面做出了突出的贡献；同时其成果创新中心已入驻 20 余家科技创新服务机构和 200 多家研发机构并在科技成果的技术转移、转化发展和技术应用等方面也做出了积极的成绩等②。目前，贵州省科学城已初步形成大数据产业创新要素的生产和研发体系，为贵州省大数据产业发展提供显著的科技支撑。另外，贵州省为了率先突破大数据的关键技术和满足大数据产业发展的重大科技需求，实施了一系列的非常规措施来促进贵州省大数据技术的发展。例如，贵州省分别发布了 7 批共 16 个技术榜单，面向国内其他省份甚至国外的专家团队以求最优解决方案，有效地助推了贵州省大数据创新技术的尽快发展③。再者，各类实体性基础设施特别是信息基础设施将为贵州省大数据产业系统更好地利用外部技术发挥积极的促进作用。因此，贵州省通过开展以“十大工程”为代表的基础设施建设，将贵州省打造成为信息存储交换枢纽和全国领先的大数据资源集聚区，为贵州省引进和培育大数据企业以及打造强大的大数据产业创新生态系统提供了更多的技术便利和成本优惠等④。但是，贵州省需要在加大力度

① 佚名.2019 数博会闭幕 数字“蝶变”点亮未来［EB/OL］.（2019-05-30）［2020-12-25］.https://www.sohu.com/a/317414656_114731.

② 樊成琼 . 贵阳国家高新区加快推进贵州科学城建设综述［EB/OL］.（2017-01-09）［2020-12-25］.https://www.sohu.com/a/123794804_353595.

③ 佚名 . 贵州：大数据为引领创新驱动发展［EB/OL］.（2019-09-09）［2020-12-26］.https://www.sohu.com/a/339717703_610793.

④ 佚名 . 三年投资 330 亿实施“十大工程”助力打造大数据产业发展集聚区［EB/OL］.（2014-12-02）［2020-12-26］.http://finance.china.com.cn/roll/20141202/2823766.shtml.

利用省外大数据技术成果的基础上，更加充分而科学地评估大数据技术应用的效率。

（4）地域之间的竞争合作关系。随着大数据技术不断成熟、数据融合日益深化和应用场景持续落地，我国的大数据产业将获得新的发展机遇。近年来，国内各省市区相继发展大数据产业，并将大数据与区域经济的结构转型和升级发展紧密结合。同时，各省市及其地方政府也在积极探索基于数据驱动的政府和民生的服务模式创新等。因此，国内各区域之间势必形成一种竞争格局，同时，大数据的发展重心也将会从国家大数据综合试验区逐步向新的发展区域聚焦和扩散。

根据赛迪智库提供的关于《中国区域大数据发展水平评估报告（2019 年）》数据显示：全国大数据呈现京津冀、长三角、珠三角、中西部地区集聚的发展态势；贵州、京津冀、珠三角、上海、河南、重庆、沈阳和内蒙古等地的大数据发展水平指数总和在全国总指数中占比达到 39%（部分数据见表 3-13）。显然，我国大数据产业已经呈现出阶梯性差异，其发展核心区域还是北京、上海、广东等发达地区并形成了较为完备的产业链。贵州省大数据产业要不断扩大其发展规模，就需要在国内塑造和形成有利于自身发展的区域竞争格局。目前，贵州省大数据产业发展面临的区域竞争主要表现在：避免因产业发展重心转变而使贵州省处于产业链低端水平；避免因发达区域（如长三角、珠三角和京津冀）的竞争挤压以及因雄安新区、浙江省和福建省等国家数字经济创新发展试验区的加盟发展而使贵州省大数据产业发展所必需的技术、数据和人才等关键要素被回流甚至被外流等。

表 3-13　国家大数据综合试验区大数据发展水平指数

排名	省（市）、自治区	大数据发展水平指数	排名	省（市）、自治区	大数据发展水平指数
1	广东	57.19	13	辽宁	24.91
3	北京	45.18	14	天津	24.59
4	上海	41.06	16	重庆	24.08
9	贵州	28.49	18	河北	20.13
12	河南	25.53	21	内蒙古	18.02

资料来源：中国大数据区域发展水平评估白皮书。

（5）国家政策的引导落实情况。自 2014 年“大数据”首次被写入政府工作报告以来，我国有利于大数据产业发展的政策环境不断得到强化。中央政府及其职能部门随后相继出台了一系列促进大数据产业发展的相关政策，同时也制定了规范产业发展的相关制度（表 3-14）。因此，我国的大数据技术创新与应用得到了法律保障，也使我国基于大数据的经济结构升级和产业结构调整等有了科学依据。另外，我国通过继续制定、推广和完善大数据产业的相关标准以促进国内大数据产业的可持续发展，也通过加强国际合作来提升我国大数据产业的国际话语权。贵州省在前期利用我国大数据相关政策方面做出了及时而积极的努力，也因此使贵州省的大数据发展取得了显著的成效。今后，贵州省更需要在建设国家级大数据综合试验区的过程中及时把握和跟进国家颁布的利好政策，并且充分学习其他地区的大数据相关政策，以便贵州省更好地制定和完善自身政策并科学指导省内大数据产业的发展方向，激励贵州省大数据产业创新生态系统的顺利演进。

表 3-14　国家发布的部分大数据相关政策

序号	相关政策文件	发布时间	发文机关
1	《国务院关于印发促进大数据发展行动纲要的通知》	2015 年 8 月	国务院
2	《大数据产业发展规划（2016—2020 年）》	2016 年 12 月	工业和信息化部
3	《云计算发展三年行动计划（2017—2019 年）》	2017 年 3 月	工业和信息化部
4	《科学数据管理办法》	2018 年 3 月	国务院办公厅
5	《智慧城市时空大数据平台建设技术大纲（2019 版）》	2019 年 1 月	自然资源部办公厅
6	《关于构建更加完善的要素市场化配置体制机制的意见》	2020 年 3 月	国务院

3.3.3　系统激励提升路径

基于上文对系统演进的激励因素分析和激励效果评估，贵州省大数据产业创新生态系统的优化提升路径大致包括：从产业维度方面考虑，贵州省需要继续充分利用其自然地理优势，结合贵州省经济结构升级和产业结构转型的市场需求以及社会发展需求等来优化发展大数据产业；从地域维度方面考虑，贵州省要继续充分利用国家政策的倾斜优势并借鉴其他省份的发展经验，持续强化大数据相关方面的技术、人才和资金等要素的吸引力度。为了营造更有利于贵州省大数据产业创新生态系统发展演化的良好氛围，其系统激励的优化路径主要从市场激励和政策激励两个方面来具体阐述。

（1）基于外部市场需求激励系统演进过程。本书所探讨的市场包括了内部市场和外部市场，其中内部市场专指贵州省大数据产业市场，而外部市场则重点探讨省内非大数据产业市场和省外大数据产业市场。外部市场需求将不断激励着贵州省大数据产业链中的各个企业不断相互博弈，从而成为贵州省大数据产业创新生态系统演进的关键力量。外部市场需求既可以成为贵州省大数据产业的发展动力，又能够迫使贵州省的大数据产业生态系统和其他产业生态系统的原有平衡状态被打破而开发或释放出全新的市场空间，并继而触动和引发贵州省大数据产业生态系统的突破性创新。面对日趋激烈的大数据外部市场竞争环境，贵州省大数据企业需要不断打破现状并实现突破性创新从而获得持续的竞争优势。同时，外部市场也应积极倡导和培育敢为人先和崇尚创新的价值文化，大力培育贵州大数据企业家的创新精神并进而形成贵州省浓厚的大众创业万众创新的大数据外部市场竞争态势，最终推动贵州大数据产业创新生态系统的稳健演进。由此，贵州省大数据产业创新生态系统演化效率的提高需要基于贵州省的大数据产业发展现状提出针对性的激励机制。

首先，切实维护贵州省大数据产业系统的外部市场秩序，积极鼓励大数据企业为非大数据行业提供各种产品和服务。由于大数据产业的高技术特性，大数据企业的产品或服务一般能够为非大数据行业的企业转型、产品生产和服务升级等提供相关的技术支持和产品服务等。因此，贵州省大数据产业的相关创新主体需积极关注省内非大数据行业的市场需求且根据需求情况开展大数据产品/服务的研发工作，并通过在市场销售获得运营获益。为此，贵州省及其地方各级政府以及相关行业的主管监管部门等需要加强监督和维护省内非大数据行业的市场秩序，积极引导大数据企业开展流程化、规范化和秩序化的市场经济活动而有效避免大数据企业间的不良竞争等，因而大数据企业的有序发展对构建贵州省非大数据行业的外部市场秩序和促进贵州大数据产业创新生态系统的良性演化有重要意义。

其次，积极打破贵州省大数据市场壁垒，切实保障贵州省外大数据行业在黔市场的合法竞争。良性的行业内市场竞争有助于企业生产效率的提升，因此贵州省需要积极鼓励省外大数据企业向省内大数据市场提供优良的大数据产品/服务。由于以大数据产业为代表的新兴高科技产业属于贵州省的朝阳产业，因此贵州省的经济结构转型、产业结构升级和企业产品创新等均有赖于省外大数据产业的渗透、扶持和引导。为了切实规范省外大数据企业在黔的市场活动和有效支撑省内大数据产业的发展壮大，贵州省及其地方政府需要对省内大数据产业市场形成较为规范完善的管理体系和制度办法，通过为省外大数据企业搭建基础资源平台和推动资源要素共享来打破省内各地区之间的市场壁垒，有效缓解和帮助贵州省大数据企业面临的诸如资金紧缺、技术落后和管理不足等风险问题。因此，贵州省通过完善大数据产业相关的管理制度和市场规则，在保障省外大数据企业在黔的经营利益之下，也有效为贵州省大数据产业的良好发展保驾护航和可持续创新发展。

最后，持续优化贵州省的经济结构，基于产业调整升级的时间反推贵州省大数据产业创新生态系统的演化。贵州省经济长期落后，其传统经济结构也反过来制约着贵州省经济的进一步发展。目前，贵州省经济建设需要牢牢守住生态和发展两条底线，其产业发展的方向需要符合经济的结构优化。因此，贵州省的大数据企业要在政府相关政策的引导下，积极发挥大数据企业的自我动员、自我管理、自我约束和自我修复等功能，积极参与贵州省非大数据行业的改造升级。显然，贵州省非大数据行业的改造升级将为贵州省的大数据企业提供广阔的市场空间。其市场需求将有利于促进贵州省大数据技术的研发创新和应用推广。由此，贵州省非大数据行业的技术升级将得到有效保障，并进而推动其他产业的转型升级和经济的结构优化。产业升级和经济优化又进一步刺激贵州省大数据企业的又一轮新发展，即贵州省大数据产业创新生态系统进入到良性的演进过程。

（2）基于政策完善角度激励系统演进过程。任何产业的创新政策都能够为该产业的创新发展提供强有力的支持和保障。贵州省及其地方政府作为省内大数据产业发展的重要推动力量，需要通过不断完善的政策体系来培育和壮大贵州省的大数据产业创新生态系统。在这些政策体系中，贵州省需重点关注的内容包括：建立针对性政策、完善财税支持体系和强化知识产权保护等方面，以创造适合大数据产业发展的良好环境。

首先，及时而有效的针对性政策激励。贵州省作为全国大数据发展的综合试验区，其在政府政策支持方面需要有先行先试的勇气和义务。大数据产业是一种战略性新兴产业，其发展过程在国内外还没有经验可循。因此，贵州省需要在大数据产业的发展过程中，适时根据新情况、新问题提出及时且有效的应对措施。同时，根据应对效果及时找出共性问题和应对办法提炼出针对性的政策文件。例如，各地政府大都非常关注本地的龙头企业，并且给予该类企业的财政补贴和优惠政策等也相应比较充足，从而形成了龙头企业的较强抗风险性。贵州省各级地方政策需要积极引用相应的大数据龙头企业，并提供优质的政府服务。另外，各类型的中小型企业由于其技术实力相对薄弱和资金问题相对紧缺，因此政府部门对中小型企业的关注度也相对偏低以及各种优惠补贴和配套政策也往往不够完善。但是，各类中小型的大数据企业是大数据产业中不可或缺的重要组成部分和最具活力的创新组织。所以，贵州省各级政府更需要制定针对性政策来扶持中小型大数据企业的创新和发展，并且积极协调这些企业主体之间的合作与竞争。

其次，完善而持久的优惠性财税激励。贵州省虽然在近年来的经济社会发展中取得了令人瞩目的成就，但仍旧没有完全摆脱其民生艰难和经济落后的事实。因此，国家已经出台了诸多的财税政策，特别是财政补贴政策等来支持贵州省的经济社会发展。由此可知贵州省在发展大数据产业方面已经得到了中央政府的诸多政策支持。今后，贵州省还需要针对省内的大数据发展情况，继续完善省内的财政支持体系特别是财税优化措施等，大力扶持贵州省大数据企业特别是中小型大数据企业的创新创业活动，促进贵州省大数据产业创新生态系统的持续发展。显然，各级地方政府对大数据产业最直接的支持方式就是财税的激励作用，加强引导财政扶持资金并优化资金的使用效率。其具体做法包括：贵州省需要认真学习和贯彻落实国家颁布的相关大数据财政支持政策，认真研究大数据产业的发展特征并在不同阶段采取不同的税收优惠方式；贵州省积极研究相关的减免税和专项补贴等政策来吸引省外大数据科技人才入黔，鼓励省内科技人员从事大数据研发以及大学生从事大数据行业的创新创业活动等；贵州省需要重点研究和出台相关政策条例来帮助中小型创业企业尤其是民营企业在创业前中期如何应对风险管理体系、亏损退出机制和贷款扶持措施等；贵州省各级地方政府需要加强财税政策的落实、监督和反馈等，研究不同类型、不同规模和不同方向的大数据企业的实施程序和管理办法，形成多方位、多层次、多渠道的资金投入体系和利润分配路径；贵州省需要研究细化中小型大数据企业的财税帮扶方式，如无偿资助、自主偿还、贷款贴息和股权投资等具体方式或组合方式等，同时也应当注重需要扶持的具体对象类型，特别应多关注和选用对研发持续投入、拥有较完整创新链和具备若干知识产权成果的大数据企业进行重点帮扶。

最后，浓厚而强劲的知识产权保护激励。大数据产业作为技术密集型和知识主导型行业，其知识产权的管理方式和激励模式等对大数据企业发展有着敏感而重要的作用。贵州省需要建立一种浓厚的大数据文化氛围，特别是知识产权自我保护的强劲氛围。知识产权的保护措施是大数据创新群体的利益保障；技术专利保护的完备渠道能够为大数据产业创新生态系统营造一个良好的法律氛围和制度环境。贵州省政府特别需要在大数据领域的企业主体、行业协会、科研院所和高等院校等特定对象来完善相关的专利保护条款并加强普法教育，同时增强全社会民众的知识产权保护意识。无论是知识产权维权意识还是技术专利保护措施，其合理的法律法规需要基于以下的若干出发点：既需要保证创新者的合理利润，更要避免相关企业和其他社会组织的“搭便车”行为；既需要规范其他企业的模仿创新，也要合理界定后来企业创新的改良和升级等。

3.4　产业创新生态系统的政策建议

继续完善和持续优化贵州省大数据的相关政策条例是正确引导、及时保障和有力促进大数据产业创新生态系统健康发展和良性演化的重要手段。在贵州省大数据产业还处于强化培育和快速发展的关键时期，省级及地方各级政府需要通过大数据政策的补充、完善和优化等方式，充分发挥政策的市场指导性作用来发展贵州省的大数据产业体系。因此，本节基于政府角度提出若干大数据领域的政策建议，以期为持续推进贵州省大数据产业创新生态系统的演化提升提供参考作用。

3.4.1　调整培育本土企业，优化提升外来企业

贵州省通过若干年的大数据产业园区规划布局建设，从空间上看已经基本实现了将一系列互有关联的大数据企业集中到一起，并且初步达成了大数据产业的集聚效应。但是，由于多数大数据企业之间还没有形成业务方面的相互联系和真正产生产业发展的协同效应，从而使贵州省大数据企业在国内的行业竞争力还普遍处于较弱的地位。尽管贵州省的大数据产业自 2014 年以来其发展速度在国内还处于领先的地位，但是要保持发展速度继续领先和体量持续壮大的地位还需要政府继续优化其市场指导的作用，特别是重视本土大数据企业和大数据企业集群的培育与扶持。尽管贵州省大数据产业在产业链角度已经初步构

建了其链式结构，但多数链条环节的大数据企业存在要么数量偏少，要么体量偏弱等现象。因此，贵州省还需要着力调整培育本土大数据企业和优化提升省外引进的大数据企业等，以此形成和壮大贵州省的大数据产业集群。其基本思路是将业务相互关联的大数据企业在某一特定区域空间上进行集中集聚，特别是大数据产业链内某具体行业的要素供应商和服务提供商的集聚等。例如，大数据种植业的（包括气象数据、过程数据和销售数据等）数据存储中心需要与从事种植业数据分析的研究机构和行业协会等在地理空间适度集中。由此，贵州省不但在地理空间上形成若干有特色的大数据行业系统，而且在某个大数据具体行业内部集聚了一定数量的大数据服务企业。例如，基于湄潭县和凤冈县一带已经打造其茶叶支柱性产业的现状，贵州省政府可在遵义市布局茶叶大数据中心，同时尽量吸引和培育若干从事茶叶大数据分析的研究机构集聚于此，以便为遵义市辖县的茶叶产业提供大数据方面的服务，从而在遵义市形成茶产业大数据企业集群，并有利于形成强劲且可持续的茶产业竞争优势。因此，贵州省需要从政策制定和政策实施的角度围绕地方的支柱产业和特色产业等来指导相关产业的大数据企业及其数据支撑服务机构等的空间布局。另外，贵州省政府也需要在一些非大数据行业的企业单位、研究机构、中介组织和行业协会等内部塑造浓厚的大数据创新创业文化环境来助力大数据相关的企业培育和集聚发展。显然，贵州省在强化大数据企业空间集聚的同时还需要重视非大数据行业的合理布局，并以此培育和促进贵州产业的多样性发展和市场的多样化需求。

另外，贵州省政府更需要密切关注省外乃至国外的大数据优质企业和龙头企业等的引进与服务工作。由于贵州省的大数据产业是建立在较落后的经济基础之上的，因此，各地方政府应基于其支柱产业和特色产业的建设需要，引进和集聚能有效服务地方经济建设的大数据基础设施生产商和大数据分析服务提供商等大数据企业。如此，新引进的大数据企业对贵州省大数据产业发展而言不但在降低其建设成本、提高其分工效率、促进其外部联系和达成其规模经济等方面发挥了重要的支撑服务作用，而且还在推动当地产业的技术创新和管理创新等方面提供了诸多便利。尽管如此，贵州省还需要继续完善和优化以下几方面的政策措施：尽快出台和研究完善其政策条例来科学引导和有效协助各级地方政府，以便其识别和引进符合区域经济社会发展的大数据企业；出台和完善相应的政策条例来鼓励外来企业与本土企业的重组整合，以此培育具有贵州省特色的大数据优势企业，提高贵州省大数据企业的行业品牌效应和市场应变能力；出台和完善相关的激励政策以打造配套产业体系，以便支持和保障大数据大型企业或大数据龙头企业的发展；出台和完善各种金融投融资政策来激励培育以中小型大数据企业为主体的产业服务体系来丰富各行业的大数据产品和大数据服务，共同推动贵州省大数据产业创新生态系统的蓬勃发展。

3.4.2　完善市场监督机制，强化政府调控职能

（1）贵州省大数据产业建设的显著成果离不开政府在其最初发展时期的强有力的宏观调控指导作用。然而，在市场经济环境下，市场的微观调控仍然是大数据产业进一步深化发展的主要动力和必要前提。鉴于贵州省大数据行业已经初步具备了较完善的产业体系和较雄厚的发展基础，贵州省政府还需要把工作重点放在市场监督机制的优化提升和完善发展等方面。特别是在大数据产业的今后发展时期内，贵州省政府要通过市场监督的强化作用来引导大数据行业积极创新其管理理念和监督机制并勇于拓展其监管领域。

首先，贵州省完善的大数据产业监管机制需要加强市场监管水平、转变监管模式和丰富监管手段并促使大数据产业全面提升其市场监管效能。由于大数据产业是由先进的现代信息技术与传统的现行产业形态而深度融合的一种新兴业态，其行业市场的监管理念、监管目的和监管内容等还处于探索和发展的过程，因此，贵州省政府就需要审时度势、宽严相济和刚柔互通等多种手段来实现大数据产业市场的监管创新，并坚持在注重市场执法的实际效果基础上实现大数据行业的监管执法与大数据产业的规范发展等二者间的平衡协调和良性循环。

其次，基于现代信息技术手段的大数据行业的产品与服务有其特殊的非实体性即虚拟性特征，因而贵州省各级政府要特别注意在拓展大数据行业的市场监管领域时坚持大数据实体产品的市场监管和大数据虚拟服务的市场监管等之间的平衡并重，也要特别注意传统低端行业的市场监管与现代高端业态的市场监管之间的协同并重，还有大数据新型业态的市场监管与非大数据新兴领域的市场监管等之间的区别并举。

最后，在关注这些监管机制的基础上，贵州省政府要努力推进相关业态市场监管的制度文字化、方式规范化、手段程序化和条例法治化等，从而在全社会范围内形成一种依法办事、规范指导和高效长效的大数据产业监管体制。最后，贵州省大数据产业体系的监管方式和监管手段也需要现代信息技术和新型科技手段、信息源开发利用与数据库建设维护、企业分类监管与业务系统整合

等的相互结合与共同促进。

（2）贵州省除了强化和完善大数据行业市场的监督机制之外，还需要坚持在政策引导、创新激励和财税支持等若干方面继续发挥政府的管理职能。

首先，贵州省需要继续加强各级政府的组织领导作用来积极推动大数据产业的可持续发展。各地方的相关机构如大数据产业发展领导小组和大数据发展管理局等需要持续对全省大数据产业的重大项目布局和重要政策执行等情况进行协调指导和实施监督。例如，贵州省政府出台的《贵州省大数据产业发展应用规划纲要（2014—2020年）》《贵州省实施“万企融合”大行动 打好“数字经济”攻坚战方案》《大数据＋产业深度融合2017年行动计划》《贵州省信息基础设施条例》《关于加快大数据产业人才队伍建设的实施意见》《贵安新区推进大数据产业发展三年计划（2015—2017）》等政策涉及了纲领指导型、规划布局型、区域发展型、产业融合型和企业改造型等诸多方面，对贵州省大数据产业发展给予了极大的支持，且有重要的指导意义。但是，贵州省各级政府不仅需要持续督促这些政策的落实，而且由于大数据产业政策体系的制定与完善不可能一蹴而就，今后还需在尊重市场规律的前提下继续补充完善和优化提升相关政策以充分发挥市场机制的调节作用和产业政策的引导作用，防止大数据新业态的发展导致行业形成垄断、要素过度集中和企业重复建设等问题发生。

其次，贵州省各级政府也需要整合创新要素形成激励机制以强化大数据关键技术的研发和攻关。尽管贵州省已出台《贵阳市大数据产业人才专业技术职务评审办法（试行）》《贵安新区关于推进大众创业万众创新若干政策措施（试行）》《贵安新区关于鼓励入驻已建数据中心实施办法》等若干激励措施，已分别从人才创新激励、技术研发奖励和设备租用补贴等方面给予大数据产业发展的动力，但贵州省还需一方面继续补充完善和细化提升以上政策的具体内容，另一方面还需特别注意围绕贵州省大数据产业的重点领域来出台相关政策，鼓励组建产业创新联盟和创新产业协作机制等，以此促进大数据关键技术和核心共性技术的产学研协同攻关。同时，贵州省目前针对特定行业和具体领域的大数据创新激励政策还比较缺乏，因而还需要研究出台并形成行之有效的具体激励办法并在具体领域中全面推广和监督落实。例如，贵州省具有突出示范作用的大数据应用技术国家工程实验室以及贵州省若干高校的重点实验室（如贵州省公共大数据国家重点实验室）等，是国内大数据领域有一定知名度和影响力的大数据研究平台。贵州省一方面需要继续出台相应的激励措施来鼓励这些平台加强技术创新活动，另一方面也需要积极通过建立其他技术创新平台、产学研合作基地和区域创新中心等研究实体之间的协同机制，以此促进贵州省大数据技术的研发创新活动和实现贵州大数据产业的业态丰富。在一些涉及具体的工作环境（如学术科研、生产生活和合作交流等）方面，贵州省可鼓励各企事业单位和其他相关组织因地制宜地制定各种推进大数据技术应用和大数据产业发展的激励措施，以此促进贵州省整体有利于自主创新的内外部环境。

最后，贵州省应继续加大财政补贴和税务优惠等支持，鼓励大数据领域的融资创新和引导社会资金投入大数据产业。自 2014 年以来，贵州省对大数据产业发展的财政政策包括《2018 年贵州省大数据发展专项资金项目申报通知》和《贵州省大数据发展专项资金管理办法（2020 修订版）》等。但总体而言，贵州省大数据领域的财政资金专项政策和项目扶持措施条例等的支持力度偏弱和条件审核欠完备等，并且大数据投融资的政策条例也比较欠缺。因此，贵州省还需在国家相关政策的指导下，紧密联系本省的实际情况来丰富和完善符合省情的大数据产业发展的财政补助和税收优惠等政策条例。例如，贵州省可针对具体的大数据各行业新型业态制定其相应的金融政策，这些政策措施不仅促使扶持基金尽快发挥对大数据产业发展的推动作用，而且还可以基于财政支持模式建立一种政企合作的长效机制来帮助企业解决融资问题。另外，贵州省政府还可以制定相关的投融资政策积极鼓励省外风险投资资金入黔来促进大数据新技术和大数据新产品、新服务的市场转化；通过完善相关的信用机制、担保体系、投资收益和税收减免等措施鼓励金融机构对大数据产业领域的投资；补充出台大数据设备和服务方面的采购制度来引导和激励大数据企业的投入等。贵州省在制定和完善相关政策时，可主动借鉴国内发达区域和国外先进国家的经验，以保障各种政策措施能符合贵州省大数据企业创新与发展的需求。

3.4.3　加强对外合作基础，创新外部发展环境

贵州省在坚持积极推动区域内大数据产业发展的过程中，还需要密切关注国内外的产业发展动态特别是大数据产业的趋势特征，并依据相关情况及时监测分析贵州省的大数据产业发展，以避免因重复性建设而引起过度竞争和因跨越产业阶段而陷入盲目发展局面。另外，贵州省在坚持科学发展观

努力实现全省大数据产业快速发展的前提下，特别需要通过政策途径争取外省在资金、技术和人才等方面的大力支持，在与其他省份互通有无的基础上与对方建立密切的合作并学习其成功经验。近年来，贵州省已经与国内其他省、市、区就大数据领域展开了多种实质性的合作。特别是在 2019 年 5 月 27 日，“京津冀黔大数据产业对接洽谈会暨贵州省大数据发展促进会”的揭牌仪式在贵阳市顺利举行，四省市共同签署了大数据发展战略合作协议，并通过建立互访机制来保证大数据相关工作的协同合作和信息沟通。然而，鉴于贵州省特殊的自然地理环境和传统的社会经济结构，其大数据产业特别要注意有别于其他省市的发展模式。贵州省需要在合作共赢的基础上探索符合贵州省情的大数据产业发展道路。

贵州省大数据产业系统的外部环境特别是外省环境也与省内大数据企业的发展有着密切的关系。首先，贵州省要突出抓好省内非大数据产业领域的相关规划和政策的制定与落实，推进省内非大数据重点经济领域的各种制度建设，从技术制度环境层面，要通过制定其他技术的相关政策来丰富贵州省内的技术环境，即需要改变目前全省相对单一的技术环境体系。目前，贵州省各级地方政府着重针对大数据领域制定了若干相关政策，如《贵阳市大数据产业人才专业技术职务评审办法（试行）》和《云岩区大数据人才培养计划实施方案》等。但是，其他与大数据领域联系密切的相关领域也需要对技术人才的认定与保障、关键技术的研发与创新、成熟技术的引进与升级等制定相应的支持政策和实施措施。在市场环境管理方面，贵州省内的非大数据产品和服务，尤其是具有自主知识产权和自主品牌的非大数据领域的产品和服务也能够对省内大数据产业发展发挥重要的扶持和支撑作用。贵州省通过研究和制定相关的激励措施，鼓励贵州省非大数据领域的企业和组织通过采购本省的大数据产品和服务来培育和壮大大数据市场。其次，贵州省应进一步充分利用省外的资源和市场来优化省内大数据产业系统。例如，贵州省需要制定相关规定措施，充分利用好国家大数据产业发展专项基金并重点用于支持省内大数据领域的重大行业的创新发展和市场培育等；制定相关管理规定，多渠道吸引外省的社会资金解决省内大数据企业在种子期和起步期的资金不足问题；进一步完善各种政策，鼓励外省大数据企业入黔创业投资或提供技术援助；研究和完善有利于大数据产业发展的省级及地方各级行政管理体制，特别是研究解决大数据技术应用和大数据新业态的发展机制、市场空间障碍、重大示范项目、商业模式创新和市场准入制度等问题；制定相关措施激励省内大数据企业加大利用国内大数据领域和与大数据相关领域的要素市场、消费市场；制定大数据企业的出口信贷和出口退税等优惠措施支持省内企业开拓多元化的国际市场等。

第4章 案例研究——贵州省智慧旅游产业创新生态系统

经过多年的发展实践，贵州省大数据产业创新生态系统已经形成了较稳定的产业结构并具备了较好的发展基础。目前，贵州省在促进大数据技术与传统产业的交叉融合过程中，已经涌现了若干典型的新型业态，如智慧医疗、智慧农业、智慧物流、智能制造和智慧旅游等。特别是，贵州省丰富多样的喀斯特地形地貌造就了绚丽多彩的自然地理风光；风情各异的多民族聚居模式打造了浓郁醇厚的人文风俗景观，并由此催生了贵州省丰富的旅游资源。长期以来，贵州省传统旅游行业已经具备了坚实的发展基础。特别是近年来，贵州省坚持实践“绿水青山就是金山银山”的发展理念和提出“牢牢守住发展和生态两条底线”的经济思路，根据全国乃至全球旅游业发展的新态势提出“全域旅游”和“健康旅游”新思路，使贵州省传统旅游业获得了井喷式增长。在全球普遍重视大数据新技术和涌现大数据新业态的情况下，贵州省旅游业也紧紧抓住了这个能够促使该产业转型升级的发展契机。在“大数据、大扶贫、大生态”三大发展战略的指导下，贵州省旅游业积极采用互联网、物联网、云计算、新媒体、5G通信和智能终端等现代信息技术，基于大数据思维和大数据技术等并分别以安顺黄果树景区、兴义万峰林景区和荔波小七孔景区等为代表建立了智慧旅游平台。因此，贵州省在多个智慧旅游平台的带动下，基于各智慧旅游景区开启了以旅游产业为主带动景区及其周边区域住宿业、饮食业、特色农产品和当地工艺品的联动发展，形成了颇具特色的智慧旅游产业。

4.1 智慧旅游的文献综述

智慧旅游概念源于IBM公司于2008年提交的“智慧地球”商业计划书。其目的就是以高效、科学的旅游管理方式对旅游资源进行优化配置，从而提高游客体验，实现旅游业结构升级并向现代服务业的转型发展。自开启智慧旅游平台建设以来，学术界也开始关注智慧旅游产业的理论探讨和实践研究。本节将重点回顾国内外学者关于智慧旅游的相关研究并做简要述评。鉴于国内外学者对智慧旅游的研究主题虽然存在交叉，但侧重点差异较大，所以该部分将从国内和国外两个角度分别概述智慧旅游的研究现状。

4.1.1 国外研究概况

国外的相关学术文献较少提及“智慧旅游”的概念，但国外的学术机构和研究人员似乎早就关注了“智慧旅游”方面的研究工作，只是没有明确采用这个新的名词。国外旅游行业较早采用了现代信息技术而引导游客采取了旅游的智能出行模型（intelligent model）。例如，美国程序员基于 data.gov 网站的数据开发了免费航班延误查询系统；美国苹果公司推出了人机互动的手机智能语音服务 Siri；Priceline 公司采用“Name Your Price”这种独特的 C2B 商业模式来进行酒店和机票的销售活动，使其成为全球最大的在线旅游公司；Travelzoo 因拥有全球最大的在线旅游产品优惠营销平台而闻名遐迩。另外，部分国家推行了智慧城市建设，也有力促进了智慧旅游的发展。如新加坡于 2006 年率先推行《智慧国家 2015 纲要》，使其物联网技术有效地扩展了当地的旅游服务；韩国在其国内著名景点布局各种智能终端技术而使其智能网络服务中心系统为广大游客提供了手机移动旅游的信息化服务；比利时于 2015 年推出的标识城市（tagtag city）项目而使其首都布鲁塞尔成为世界首个数字移动旅游城市，等等。在全球普遍推出智慧城市建设的背景下，国外学者也积极关注智慧旅游或智能旅游的旅游管理新模式。文献分析表明，国外学者多关注智慧旅游的目的地转型、游客行为及需求竞争力分析、未来发展趋势探索等方面。

1．基于智慧城市建设探讨智慧旅游目的地的开发转型

智慧旅游城市作为优化可持续环境的手段越来越受到世界各地城市的认可，因而智慧旅游的发展目标也是希望通过旅游业极强的产业联动效应带动更多产业走向现代智慧化发展阶段，从而使整个城市具备智慧化建设的发展要素。国外学者通过对智慧旅游城市的概念界定以及对其构成要素的研究，可在一定程度上避免智慧城市建设过程中的盲目激进行为。例如，探讨旅游城市在向智能旅游目的地转型的过程中是否符合智能模式（Enrique et al., 2019）；

智能目的地建设必须具备相应的因果条件及环境要素，并且政策制定者需关注经济、社会、文化和技术等方面才能有效实现智能旅游目的地转型（Sanaz et al.，2019）等。

2．基于服务游客视角分析智慧旅游的游客行为和需求竞争力

游客资源是旅游业发展的原生动力，深层次开发人们的旅游消费需求，提供丰富多样化的旅游产品对提升旅游目的地的竞争力具有深刻影响。随着旅游个性化需求的增加，旅游者在旅游过程中追求更多的是参与性和娱乐性，研究旅行前阶段游客如何根据他人共享的经验在智慧旅游平台上做出购买决定等有助于制定相应策略，提升旅游目的地的竞争优势，同时也能根据游客在旅游体验过程中产生的负面评价进行相应的系统改良，从而进一步完善智慧旅游的服务体验。因而国外学者在如何通过技术加持提升旅游目的地竞争力的研究方面特别注重游客行为及游客体验，如根据游客的无意识和自然行为来评估游客在旅游中的情绪状态和满意度，以及不同文化背景的游客在情感和满意度评估的有效特征中存在的差异性（Matsuda et al.，2018）。而有关研究又主要从游客的旅游需求及旅游痛点问题进行正反两方面分析，如采集大量免费开放的游客评论数据来预测游客对景点的反应，并挖掘游客的未来偏好以提高营销策略的有效性（Pantano et al.，2017）。另外，部分学者试图通过人工智能为游客提供一套定制的活动和体验来提高游客的满意度，如采用海量数据分析游客对旅游目的地产生负面情绪的一些因素，探讨进一步增强旅游目的地竞争力的措施（Kim et al.，2017）；尽管智慧旅游依托技术及移动端给游客带来便捷的旅游体验，但旅游过程中技术过度使用的问题以及相关的心理健康和依赖成瘾问题也已经蔓延到旅游领域，在旅行中大量使用科技产品可能会对游客的整体旅游体验产生负面影响（Egger et al.，2020）。

3．从多角度探讨智慧旅游的未来发展趋势及挑战

首先，深入挖掘智慧旅游产业的未来发展趋势有助于在该行业抢占发展先机。国外研究在这方面除了注重探索如何将智慧旅游系统与游客进行深度交互，切实为游客提供个性化且针对性强的旅游服务之外，也同样关注智慧旅游产业在深入发展过程中与之相匹配的人才培养体系建设研究，如将游客与可交互的事物整合（即人机交互）可实现智慧旅游“按需经济”和“共享

经济”的发展趋势（Koo et al.，2016）；将个性化技术和智能旅游推荐系统结合，可为游客提供针对性的动态化旅游行程推荐服务（Joel et al.，2014）等。另外，各地区甚至各国在发展智慧旅游的过程中，越是到产业发展的深入阶段就会越依靠高质量人才的储备力量。有了全方面多元化的人才支撑，技术的突破、创新的能力，新事物的诞生都将成为现实，而这些都将成为各国家及地区发展智慧旅游强有力的后备力量。但目前很多国家在这方面都面临相同的问题，即虽然都注意到人才储备的重要性，但信息旅游教育的课程设计是否能跟上智慧旅游发展的建设步伐，抑或当前的旅游教育是否为未来的智慧旅游目的地管理者提供了所需的理论基础和实践技能（Femenia-Serra，2018）。对这些问题的关注并采取深入研究和实践都具有今后指导智慧旅游深度发展的理论意义。

其次，智慧旅游既有发展优势但也更具挑战性。国外学者普遍认为在智慧旅游领域，来自社交网络、应用程序、传感器等的海量异构数据正等待着被合理地挖掘和利用。随着收集的数据越来越多，需要更多的空间来存储数据和更复杂的技术来保存、处理和呈现数据，数据的挖掘过程也难免涉及游客隐私，如何在处理数据挖掘，提高旅游竞争力的同时，保证游客隐私不被侵犯，将成为智慧旅游发展面临的一个巨大挑战（Aristea et al.，2020）。这方面的挑战不仅涉及技术研究者对技术的突破挑战，同时也有国家层面对隐私保护制定符合产业发展的政策制定挑战，也包括企业经营者在企业实践过程中对游客隐私保护的自觉意识挑战。这些方面的突破及完善都能进一步激发游客在旅游过程中释放更多的有效信息，从而提高企业经营者对数据的挖掘力度及深度，以便为游客打造更高质量的旅游体验。

4.1.2　国内研究概况

近年来，党中央和国务院高度关注我国的旅游信息化问题。例如，2016 年国家旅游局正式提出智慧旅游开发战略，旨在把过去的以景区旅游为主改变为统筹调动并凝聚区域内优势来全力做强旅游业务。

基于此，国内学者也一直关注我国的智慧旅游发展问题。显然，智慧旅游是基于目前旅游消费大众化和旅游需求个性化等情势下形成的新发展趋势。理清我国智慧旅游研究的发展脉络，有利于提炼目前国内研究的热点问题，并提出新的关注点和研究方向。作者于 2020 年 1 月在 CNKI 以“智慧旅游”为主题进行搜索获得约 2800 余篇文献，其中核心期刊文献共 257 篇。这些文献可大致分析我国智慧旅游研究的发展脉络，如图 4-1 所示。我国自 2008 年开始以“智慧地球”为主体开展了国内智慧旅游的相关研究。图 4-1 中的前 4 篇论文均认为旅游智能化主要表现在游客从出发地到旅游目的地的相关行程规划。其智慧旅游主要以旅游行程导航系统为切入点，试图为游客提供一种切实可行且个性化的旅游决策（林俊等，2009）。然而，我国旅游业的发展势头良好但服务质量却未跟上发展步伐而导致游客的旅游体验度低，因而急需将旅游现代化理念引入到现代化城市发展中（金卫东等，2010）。此时，学者们开始系统探讨了智慧旅游的构成要素和推广价值等，认为智慧旅游是现代服务业与科技结合的典范，其应用前景广泛并引领世界旅游的发展潮流，在改善管理平台、增强竞争优势和满足游客的个性需求等方面具有巨大的优势和影响力（刘军林等，2011）。随后，国内智慧旅游的研究文献逐渐增多并开始具体探讨智慧旅游的基本概念及相关基础理论，包括总体技术框架、应用对象和基本属性等的定性分析（张凌云等，2012）。随着 2014 年被我国确定为“中国智慧旅游年”，各地旅游局相继以智慧旅游为主题引导智慧旅游城市和智慧旅游景区等的旅游目的地建设，并基于智慧服务、智慧管理和智慧营销等角度探讨旅游资源和旅游产品的开发与整合，强调以信息化带动旅游业向现代服务业转变。由此，国内开启了智慧旅游的集中探索并至今仍保持较高的热度。国内智慧旅游领域已进入了研究黄金期并坚持理论研究与实践探索相结合，其研究内容呈现多样化的发展趋势，但

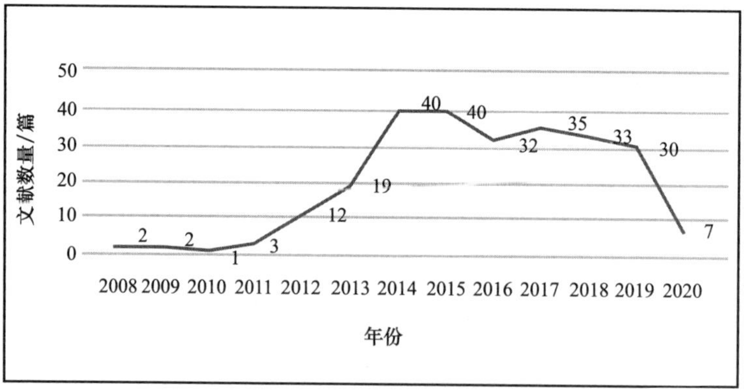

图 4-1　国内智慧旅游发表文献的年度数量

基本上是围绕智慧旅游建设框架的体系构建及评价、产业融合促转型升级路径、产业发展困境与突破三个方面的内容。

1．智慧旅游框架体系的构建及评价

智慧旅游是旅游业的新型业态，明确其建设框架并构建相应理论体系有助于指导实践。智慧旅游建设的首要关键问题是如何明确开发主体、应用主体以及运营主体（张凌云，2012），要加强智慧旅游产业价值链链条上多利益主体间的协同运作（凌守兴，2015）。其次，由于旅游公共服务是政府调节市场秩序途径之一，因而其体系建设成为较早被关注且被持续关注的重要话题。智慧旅游不是单纯地依靠技术进步来推动各相关行业的良性互动，而是更多关注其公共服务特性，这表明以个性化定制和智能化公共服务为标志的时代已经来临（张凌云，2012）。但是，由于多种因素导致当前我国旅游公共服务供给效率低下和数量不足，因而旅游公共服务体系依然比较薄弱而无法满足智慧旅游时代的发展需要（李萌，2014）。随着我国国家智慧旅游试点城市的名单出炉及建设推进，各旅游强省纷纷加强智慧旅游公共服务体系建设的研究（黎忠文等，2014），其内容包括服务体系内涵和基本理论问题（黎忠文等，2015）、公共服务平台的搭建与管理（王谦，2015）、公共服务的评价指标体系（黄娟等，2016）等。规范化的旅游公共服务设施和标准化的旅游公共服务操作流程等是旅游公共服务体系成熟完善的标志，但是其建设受到区域间城市经济的发展速度及建设程度等因素制约，因而在不同时期有不同的建设目标（李剀，2017）；另外，智慧旅游公共服务体系建设是一个庞大的系统工程，其基础支撑是有效地获取和共享旅游公共服务信息资源（金卫东，2012），同时拥有一致和标准的资源内容对于提升旅游公共服务水准和加快智慧城市建设具有较重要的意义，因而也在一定程度上能够避免服务体系建设实施过程中的不当牟利和使用不便等问题（陆路等，2020）。在大数据背景下，数字资源的挖掘、处理、存储、分析和整合等各个过程需要借助于高新技术的发展（姚国章等，2013）。基于旅游公共服务具有事业和产业的双重属性，其体系建设需在以政府为主导和市场与社会协同的前提下明确各主体责任并共同参与（王虹等，2014），同时配套有效的政策体系（如现代治理机制、财税政策、投融资政策、科技政策和土地政策等）来形成政策合力，进一步推进旅游公共服务的高质量发展（夏杰长，2019）。

2. 智慧旅游能促进旅游产业转型升级，是智慧城市建设的重要途径

智慧旅游的创新点本身就是信息产业与旅游产业有效融合形成的新型业态，其关注点在于如何通过高新信息技术的发展促进旅游产业结构向中高端转型升级，而智慧旅游产业与其他关联产业的融合发展也将进一步带动旅游目的地城市的智慧建设，从而提升城市的整体运作效率和治理能力（盛广耀，2017）。旅游业对其他产业有极强的关联带动作用，有选择性地推动旅游业与其他细分行业融合发展并完善这些产业之间的关联机制，将有利于强化旅游业在国民经济增长中的战略导向作用（查建平等，2018）。

（1）智慧旅游建设需要培育旅游业的内生性发展动力。满足个性化和多样化的旅游需求服务需要旅游业在服务质量、管理效率和产品供应等多个方面紧密配合，因而其他相关行业如交通、餐饮和住宿等部门也需加强自身的发展建设（查建平等，2018）。对此，学术界研究成果较为丰富，并主要从以下三个方面展开研究。

① 重点研究旅游目的地的景区等核心旅游要素的智慧化建设。旅游景区作为旅游目的地的首要吸引要素，其智慧化建设在智慧旅游建设中起到关键节点的作用。首先，科学合理地布局景区设施有助于减少建设和管理成本、提高服务和运作效率以及提升游客的旅游便利和满意度感知（王建英等，2019）。旅游景区在空间结构、功能布局和生态景观等方面的规划设计是智慧景区实现精准规划、高效管理和服务升级的基本保证（孔俊婷等，2018）。其次，智慧景区建设需要有统一的框架体系及评价标准来避免因智慧旅游各方面的认识不到位及理解差异而使其建设效果不明显，因此需界定其核心利益相关者（包括游客、景区管理者、旅游企业、旅游主管部门和社区居民五大类）并根据其诉求导向构建智慧景区的框架体系（阮立新，2017）；也可以游客为中心分别从基础建设、游客体验、景区管理、旅游产品和营销策略等多维度建立其评价标准并以此衡量和反映智慧景区建设的主要进度和发展水平（邓贤峰等，2012）。

② 智慧旅游背景下旅游目的地的客源市场开发研究。根据相关资料显示，我国已经成为世界第一旅游客源国和第四旅游目的地国家。从国内视角来看，我国以城市为单位的大多数城市既是旅游客源地也是旅游目的地。因此，城市旅游客源市场的空间布局及前景预测等研究将有助于合理引导游客的区域

流动并释放巨大的消费潜力。有研究表明，景区的到访率与知名度存在正相关关系，同时景区知名度的市场转化率也受景区的区位条件特别是景区的距离等影响较大（吴宝清等，2020）。另外，智慧旅游发展还对旅游目的地的客源市场挖掘、客流影响因素分析、旅游高峰时段景区的承载能力估算及管理保护、旅游市场营销等多方面均具有积极作用。

③ 旅游交通的优化布局与改造升级和旅游客源地与目的地的网络化建设。交通是连接旅游目的地和旅游客源地的重要纽带，是实现旅游活动的重要手段。有研究表明，我国景区的智慧化建设目前仍处于初级发展阶段且整体水平较低，特别是在系统化管理和综合管控等方面仍呈现较多的不足，同时景区智慧化建设还受到当地区域经济的发展水平以及景区交通区位的条件差异等影响（陈博等，2019）。交通基础设施建设对产业集聚既有促进作用也有抑制作用。从全国范围来看，我国旅游业发展的不均衡问题需要通过提高现有交通基础设施的服务水平等来获得突破（吴江等，2019）。但是，城市交通的信息来源复杂、数据量庞大、信息更新速度快等特点，必然引起各城市需运用大数据算法来构建智慧交通（项昀等，2020）。

（2）智慧旅游是促进旅游产业结构升级的重要途径。智慧旅游是以消费者为中心促进旅游供给侧结构性改革和转型升级的新动力。作为旅游产业转型升级的重要途径，智慧旅游如何通过产业融合实现旅游业转型升级被国内学者普遍关注。鉴于智慧旅游本身就是旅游业与信息产业融合的产物，因而其最终运用也需要在各相关产业的高度融合过程中来发挥其关键作用。我国旅游业目前存在人们高质量的旅游体验需求与旅游供给不平衡不充分之间的矛盾。因此，旅游业转型升级发展的突破口就在于在满足人们高质量旅游体验需求的过程中，也同时带动了其他产业的共同发展并促成符合现代化产业发展需求的其他产业新业态。如旅游信息化与乡村旅游的融合既可以构建智慧旅游产业，还能够推动农村产业结构调整（贺剑武，2019）；旅游产业链组成要素的重新分配、组合加工和传播销售等既可以促使传统旅游业向现代旅游业转化（王赛兰，2019），也能够使旅游景区摆脱单一结构的“门票经济”和通过拉长产业链多渠道增加收入来源，从而实现旅游景区由门票经济向产业经济转型发展（姚延波，2018）。另外，部分学者也针对不同发达程度地区提出智慧旅游发展的不同侧重策略，如经济发达地区可采取以旅游产业驱动新型工业化、新型农业化、新型城镇化和服务业现代化之间相互融合的转型发展之路；经济发展一般地区可以利用旅游产业优势创办旅游经济特区来引导区域经济跨越式发展等（汤姚楠，2015）。

3．智慧旅游产业的发展困境与突破路径

作为新型的旅游产业发展模式，智慧旅游被认为是解决目前旅游业存在问题和发展瓶颈的重要突破口。尽管智慧旅游的理论和实践研究均取得了一定的成绩，但仍存在对智慧旅游的认识不够清晰、规划建设系统性不足和智慧化程度不高等影响发展的系列问题（刘治彦等，2019）。同时，智慧旅游建设对旅游文化的关注度不够，而且在传播、传承和保护文化旅游资源方面仍然存在较多困境（王赛兰，2019）；区域间的智慧旅游建设也存在诸如信息技术应用参差不齐、产品同质化严重、服务内容缺乏创新以及线上渗透缓慢等困境（於天等，2018）；乡村智慧旅游也受到发展观念、人力物力、信息化基础和资金不足等因素制约并导致其智慧化建设程度低下（林德荣等，2019）等。基于以上相关问题，学者们分别针对智慧旅游发展的诸多困境建言献策。但是，各种智慧旅游的实际建设方案不仅实施所需费用较多，而且管理者对智慧旅游是否投入建设以及如何确定投入的优先级等决策问题常常难以衡量（李文，2019）。最后，尽管各种信息技术在旅游业中的融合运用被广泛关注且付以实施，但是智慧旅游大数据的来源、处理和运用以及游客的隐私保护等问题也成为目前智慧旅游建设中极具挑战的关键技术领域。

4.1.3　智慧旅游研究述评

基于以上文献的分析，我们可以获得如下认识：国外学者特别重视在智慧城市建设的前提下来强调旅游目的地的环境和发展要素之间的整合分析，并判断是否达到智慧旅游目的地建设的必然需求，即更多关注智慧旅游建设的实际效果而非形式化表现。而我国在产业供给侧结构性改革的大背景和大数据时代的产业升级需求下，各地方政府和旅游景区等需要做好建设智慧旅游的顶层集成规划和重构智慧旅游供应链的管理体系，以求最大限度地发挥旅游业的产业联动作用（王桂花等，2019）。尽管我国学者从智慧旅游的概念特征、理论框架、技术体系、管理方案、运用价值和趋势判断等方面奠定了良好的智慧旅游的理论研究基础，但是智慧旅游建设在推动各相关行业良性互动的过程中既不能单纯地依靠技术进步，更不能做形象工程，而更应该关注其公共服务特性。

总之，国内外的智慧旅游发展既有共性特征，又有个性特点。虽然国外较早就开始尝试了旅游智能化的探索过程，但在旅游业与物联网、云计算和智能终端等新技术的融合发展中各国还是基本处于同一起跑线。因此，深入挖掘未来发展趋势并抢占发展先机等将成为各国智慧旅游发展的重要课题。

4.2　智慧旅游产业创新生态系统的内涵

网络技术、现代信息技术、云计算技术和大数据技术等发展一方面促使传统旅游行业改变了其经营模式，而民众不断提高的生活质量也从另一方面推动着国内外旅游业的快速发展并形成区域经济增长的重要力量。贵州省旅游业特别是各主要旅游景区正是基于牢牢把握市场发展机遇以及适应现代市场竞争和产业结构升级的需要，纷纷引进云计算和大数据等各种先进的现代信息技术打造其智能化的旅游管理模式，因而研发了若干在省内外有一定知名度的智慧旅游平台。贵州省由此展开智慧旅游建设并形成具有特色的智慧旅游产业。

4.2.1　智慧旅游的生态属性

在近十多年内，旅游业逐渐被各国和地区认为是带动区域经济社会发展的重要战略性支柱产业之一，因而其对社会经济的贡献不言而喻。长期以来，部分地区常常由于过度关注旅游业给当地带来的经济效益而忽视了其生态方面的价值，从而某些地区出现了因旅游资源的大量、过度开发而破坏了周边的生态环境的情况，严重影响了区域经济和当地旅游业的可持续发展。旅游业发展需要占用大量的自然资源、人力资源和能源资源等，同时也会排放大量的废弃物并产生环境污染，其高度的行业关联性成为旅游企业的基本属性（胡芬等，2006）。自我国正式提出智慧旅游建设以来，各省市和地方政府以及部分著名旅游景区等积极部署和规划智慧旅游建设。在国家及行业缺乏标准顶层设计规范的情况下，各地势必会出现摸着石头过河的建设现状。对于生态脆弱地区特别是贵州省的喀斯特地貌而言，自然环境成为发展智慧旅游的最大制约因素。因而，即便是标准化的智慧旅游建设项目，其在脆弱生态环境下是否具有可行性也是智慧旅游建设过程的新关注点（寇佳佳等，2015）。此外，云计算、物联网、人工智能和信息处理等现代信息技术是建设智慧旅游的必要手段，同时智慧旅游的各种信息服务也需要通过电脑和手机等智能终端来完成。而游客正是主动利用这些旅游信息来实现其旅游活动的智能化。因而，传统旅游业与高度信息化的深度融合也使得旅游产业发展的生态环境逐渐变得越趋复杂，即旅游信息生态。此时，现代旅游业作为信息密集型行业，其信息活动也贯穿到旅游活动的全过程。显然，智慧旅游模式对信息的智能性和个性化等要求更高。因此，游客在进行智慧旅游活动的同时，信息失真和信息超载以及热门景区景点的游客流量爆满等问题都会使旅游信息变得更加难辨真伪而造成信息生态环境的失衡问题。因此，旅游信息的生态环境失衡不但破坏了旅游的生态环境，而且影响了游客的旅游体验和旅游业的健康发展（张秀英，2018）。

目前，贵州省若干著名旅游景区的智慧化建设已经开始重点关注以上所述的自然生态环境和信息生态环境等方面问题。以黄果树瀑布景区的智慧化旅游建设为例，由于每年的 5 月至 10 月是黄果树瀑布景区的游览高峰期，而该景区的饱和接待能力只为 35000 人，因此旺季游客量的过剩问题使该景区时常面临超负荷运载的情况，也导致游客的旅游体验大打折扣。为此，黄果树瀑布景区早在 2012 年底就按照“旅游信息化 - 旅游智能化 - 旅游智慧化”的发展思路对智慧景区建设进行了统一规划。目前，该景区采取以实名制分时预约的智慧旅游形式取代了过去的传统运营模式，即游客可提前一天在黄果树瀑布景区指定的电商平台快行漫游网和携程网等 OTA（Online Travel Agency，在线旅行社）网站进行实名预约购票。游客可结合自己的行程自行安排和选择入园的时段，并在首次身份信息验证后即可通过“刷脸”的方式进入景区。显然，黄果树瀑布景区通过智慧旅游的实名制预订入场方式不仅极大地提高了景区的检票速率，而且使游客排队变得更加井然有序且提升了其旅游体验。更为重要的是，实名制预约购票可合理地控制景区入园人数，有效地避免因游客拥挤、踩踏和随意丢扔垃圾等事件导致的人员安全问题及环境破坏问题。同时，景区智慧化管理模式还使得后台更加精准地把握和监控每日的景区信息和客源信息等数据，使景区管理人员能直观了解游客动态，同时更有利于维护信息生态环境。再如，荔波小七孔景区的智慧管理平台设置了景区水文气象监测系统，其内包含自动气象站和水文水资源实时监控与管理系统。该监测系统能够实时、有效而准确地预测到景区内的天气现象，便于其安全管理部门能在雨、雾、霾等天气提前做好防范措施以保证游客的出游安全。但更为重要的是，该监测系统既可通过收集信息并分析数据来了解和监控景区内及其周边的综合环境质量，也可通过水文水资源实时监控与管理系统帮助水务部门监测地下水以及地表水的水量、水位和水质等情况，有助于水务部门掌握本区域的水资源现状以及实现对水资源的正确评估和合理调度等目的。

智慧旅游的发展初衷就是要通过充分整合社会资源、合理利用环境资源和有效分配人力资源等过程，使相关部门以高效、低碳和经济的发展模式来实现物理资源与虚拟信息的全面互通互融，并提供及时、全面的基础信息服务。因此，智慧旅游模式是目前实现旅游业高质量且可持续发展的唯一途径，因而具有高度的生态属性。

4.2.2　智慧旅游的产业属性

旅游业作为一个多产业群，包括了景区景点经营、交通运输管理、旅馆餐饮服务和商品娱乐配套等多类型行业，即旅游产业具备了行业多样性和经营分散性等特殊性质。因此，智慧旅游产业的兴起和发展也将是一个综合性强和涉及面广的系统工程。在智慧旅游的规划、开发和建设等过程中，政府部门或旅游景区的管理者需要明确智慧旅游在应用方面是属于公益性还是营利性，以及明确其开发主体、运营主体和应用主体等角色。其中，公益性是指智慧旅游的应用由政府或第三方组织提供并以公共管理和免费服务为目的的非营利性活动。也就是说，智慧旅游建设作为一项跨部门、跨行业和跨领域的综合性系统工程，不能完全依靠市场机制来实现资源的最优配置。因此，政府的指导和协调具有不可替代的重要作用。完善的基础设施是智慧旅游发展的基础保障，并直接关系着智慧旅游产业的“健康”发展。而营利性则是指智慧旅游的开发、运营和应用等活动都需要通过市场机制来决定其主体角色和服务提供商等。

由于智慧旅游是旅游业加入信息技术后演变而成的新兴业态，因此智慧旅游产业既延续和继承了旅游业的原有特质属性，同时也兼具了信息技术产业的部分相关属性。显然，智慧旅游的发展仍然需要依托当地公共的自然地理、历史文化和民俗古迹等常规旅游资源基础，因而智慧旅游产业也具备了天然的传播民族、地理、历史文化等活动的公益性质。我国的智慧旅游发展特别是智慧旅游公共服务网络和平台既需要依托国家的政策支持，更需要各种社会组织的资金投入。国家旅游局印发的《关于促进智慧旅游发展的指导意见》（2015 年）强调：“智慧旅游建设要坚持政府引导与市场主体相结合。政府着力加强规划指导和政策引导，推进智慧旅游公共服务体系建设；企业在政府规划、政策和行业标准引导下，以市场需求为导向，开发适应游客需求的产品和服务。”鉴于旅游业的综合产业特性和商业经济性质，故而智慧旅游产业也具有显著的市场属性和相应的盈利功能。

4.2.3 智慧旅游的体系属性

智慧旅游的核心目的就是通过采用现代化的信息技术手段来不断提升游客从客源地到目的地之间的旅游体验。因此，在智慧旅游的整个建设过程中，建设单位必然会遇到很多复杂问题，特别是旅游交通、医疗卫生、安全保障、企业运营和社会管理等诸多领域内部问题以及各领域之间的诸多联系或衔接问题，因此智慧旅游建设不但要涉及旅游景区本身这样一个复杂的系统，而且还会涉及其他多个复杂的系统。在现实当中，现代旅游产业与互联网平台、交通运输（如航空、铁路、公路等）系统和信息化组织等密切相关。基于现代化信息技术的智慧旅游平台已经具有了相关的基本特征：第一，每个与之联系的成员系统都能够自身独立运行，如交通运输业、酒店饮食业、景区内部管理等；第二，每个成员系统基本都是独立进行自我管理；第三，每个成员系统尽管具备了较为明显的不同地域分布，但不同成员系统之间通过智慧平台存在着较为频繁的信息沟通和信息交互；第四，特别重要的是，各个成员系统通过采用现代化的信息技术或使其系统的原有功能得到进一步升级或因相关系统之间的紧密联系而衍生出新的功能；第五，各个成员系统由于新信息技术的加入而使原系统不断地发展进化。此时，智慧旅游产业作为一个由一组成员系统组成的新的复杂系统，其内部各成员系统可以根据旅游景区的新的实际任务需求而动态地被添加或被删除。在旅游景区的实际需要下，现有的旧系统（如旅游运输系统、医疗卫生系统、企业运营系统和社会管理系统等）既可以保持自我管理的态势而具备自身的原有功能，也能够与新开发的系统（特别是智慧旅游平台系统）集合在一起而形成功能组合或形成新的功能并产生某些卓越的表现。根据体系工程理论的观点（陈英武等，2008），智慧旅游正是这样一个由这些包括了景区、运输、酒店、餐饮和中介等能够独立发挥作用的系统所共同组成的并且衍生出如“刷脸”检票、智能导航、野外寻踪和应急保护等更多更新特定功能的更大规模的系统组合体，智慧旅游正是由这些复杂的系统组合成为一个相互协作的分布式的系统体系。

显然，旅游景区或相关部门等建设一个智慧旅游系统其实并不需要完全开发一个全新的复杂系统，而是要求尽量在原有的系统基础上通过采用现代化的信息技术进行组合并具备实现某些功能需求的相互依赖的若干子系统的有机组合体系，并且这个复杂系统的组合体系具备了大型、复杂而持久的特征。在智慧旅游体系中，景区运营、交通运输、餐饮住宿和虚拟平台等不是简单叠加的混合系统，而是通过互联网、人工智能、智能终端和云计算等现代信息技术使所有成员系统的能力进行叠加并建立某种标准来推动所有成员系统之间的相互操作。例如，基于旅游业涉及了众多的行业，而各种行业通过智能终端等收集到的相关数据不但数量庞大而且来源广且结构复杂，因而使智慧旅游呈现出明显的大数据特征。智慧旅游就是通过大数据技术实现对旅游大数据的收集、存储、处理、运用等工作的一系列过程。因此，相关部门和旅游景区必须从宏观和系统的角度积极做好统筹规划，并有计划、分重点、按步骤地推进智慧旅游的建设进程以避免资源的浪费。

智慧旅游体系的建设需要解决的主要问题和期望达到的目标包括：

（1）智慧旅游平台能够同时实现景区运营、交通运输、酒店管理、餐饮预定、购物娱乐等多种功能需求的集成；

（2）相关部门特别是旅游景区的管理部门需要并且能够对智慧旅游平台提供必要的技术支持与管理培训；

（3）相关部门或旅游景区可以实现体系内部所有成员系统在运营费用、管理性能、操作进度和风险回避等之间的有效协调和动态平衡；

（4）智慧旅游平台能够对整个体系过程中出现的相关问题基于大数据技术进行及时的分析和处理并给出稳定可靠的决策支持；

（5）智慧旅游平台可以恰当地选择与配比各成员系统之间的关系和融合度，能够有效促进所有成员系统共同展开交互协调和协同合作的操作工作；

（6）智慧旅游平台可以有效管理智慧旅游体系的一些涌现行为，并且有助于整个智慧旅游体系的动态演化与实时更新。

4.2.4　智慧旅游的创新属性

产业创新就是针对旧的产业结构进行富有创造性的破坏，它从原有的产业体系内部通过技术升级或管理变革等手段不断地改善原有产品和服务的质量或创造新的产品和服务，并进而革新原有的经济结构，即不断地破坏旧的经济结构并创造新的经济结构的一种产业突变式的创造性破坏过程（陆国庆，2003）。在任何年代，区域的产业结构都是由具备复杂的需求类型、一定的技术水平和特定的资源结构等因素所组成的在产业发展层面的综合反映，并且这种反映也会在这些因素变动的影响下不断地发生演变。根据创新的内容和创新所涉及的层面等划分，产业创新包括了技术创新、管理创新、产品/服务创新、组织创新、市场创新和产业融合等若干类型，并且这些类型也是一种循序渐进的过程。也就是说，产业创新是一种基于系统观点的变革过程，它首先从微观方面或低层次开始并进而影响和促进宏观方面或高层次的演变。新技术的升级和应用能够带来产品和服务的更新和提升，管理方式的变革能够带来组织绩效的改善和提高，组织的创新体现在商业模式的重新设计，市场的创新基于人们对生产资料和生活需求的变革等，最后所有的创新都为产业的创新提供前提条件或可以归结为产业创新并引起区域经济结构的变革。因此，产业创新的实现除了受到技术、人力和资本等基本生产要素的制约之外，还要受到其他关联产业和市场等外部客观因素的影响。

智慧旅游正是将传统旅游业及其关联产业如交通运输业、餐饮住宿业和医疗卫生业等与信息技术产业进行深度融合，特别是采用互联网、云计算、大数据和智能终端等现代信息技术手段对传统旅游行业及其相关行业的全新改造和管理变革。因此，智慧旅游的发展恰好可以看成是传统旅游业及其关联产业在组织管理、市场营销、产品服务等方面的技术改造和运营创新。同时，智慧旅游的发展还将深刻地改变着人们的旅游方式、旅游体验和旅游需求，因而智慧旅游产业被认为是目前极具发展潜力的产业之一。另外，政府部门也可以借助现代化的信息技术手段，帮助和促使旅游景区及其相关组织合理安排和协调整合各种旅游公共资源，有效发挥各种旅游资源对旅游公众的服务水平和服务能力，制定各种行业标准来规范指导旅游产业及其相关产业的发展等。由于现代化的信息技术手段能够帮助景点景区和相关行业等及时而准确地掌握相关企业的经营管理信息和目标游客的旅行活动需求等，因此智慧旅游使得各种旅游组织的行业监管从被动的事后管理转为主动的实时管理，即由传统的旅游管理方式向现代化的管理方式转变，实现了旅游管理的变革和创新。另外，智慧旅游还将借用现代化的信息技术手段收集和处理各种旅游大数据并实现对旅游活动的舆情监控和数据分析，通过挖掘当前的旅游热点问题和捕捉游客的兴趣点来引导旅游企业和相关机构策划对应的旅游活动、制定恰当的营销主题和设计相应的旅游产品等，也促使游客在旅游信息获取途径、旅行计划制定模式和旅游产品购买方式等方面发生了重大改变。

4.3　贵州省智慧旅游产业发展现状

据中国国家统计局的数据显示，我国自 2019 年开始人均 GDP 已突破 1 万美元大关，并且在世界上稳居中等收入国家行列。这不仅说明了我国经济的发展总量正在不断扩大，而且也展示了我国经济的发展质量获得稳步提升。我国较高的人均收入水平预示着国内大部分居民和家庭将进入更高层次的旅游度假和养生休闲时代。但是，中国居民在较早时期的旅游度假和养生休闲等活动已经出现了一定的超前发展趋势，而其中较大部分中国游客的高端休闲度假等活动很大一部分发生在海外。然而，在 2019 年末和 2020 年初暴发的全球新冠肺炎疫情，促使中国居民在由于疫情造成孤岛效应的情况下形成我国高端旅游度假和休闲养生等活动的消费回流现象。因而，我们需要紧紧抓住这个消费机遇，通过发展高端的旅游度假和休闲养生基地，促使这种高端旅游消费的回流期获得有效延长并在未来的时期内能够形成一种旅游消费路径的依赖现象，从而使更多更高端的旅游度假和休闲养生等活动的消费能够被吸引在国内。作为现代化信息技术特别是大数据技术在旅游业中的融合运用成果，智慧旅游其实就是大数据的一种衍生业态。正是大数据、互联网、云计算和智能终端等现代信息技术共同促进了智慧旅游发展模式成为现代智慧城市建设的重要推手。

4.3.1　总体发展概况

早在 2012 年 12 月，国家旅游局就确定了贵阳市作为我国“第二批国家智慧旅游试点城市”，由此正式拉开了贵州省智慧旅游的发展序幕。自 2014 年被确定为中国的“智慧旅游年”后，贵州省也借助大数据发展的机遇将 2014 年作为全国旅游大数据应用的示范省，因而 2014 年是贵州智慧旅游的一个重要转折点。在 2014 年 8 月 15 日，贵州省贵阳市迎来了第九届贵州旅游产业发展大会，并重点推出了以“旅游景区转型升级现场推进会”、“多彩贵州 爽爽贵阳”旅游博览会和“大数据时代——旅游业的机遇与挑战”高峰论坛（即“两会一论坛”）三项活动为主体的十余项配套活动和系列活动，正式提出了“大数据+旅游”的创新发展模式。紧接着，李克强总理于2015年3月初在政府工作报告中明确提出制定“互联网+”行动计划和“大力发展旅游、健康、养老、创意设计等生活和生产服务业”。贵阳市紧抓发展机遇并在2016年分别与百度旅游、腾讯旅游、新浪网、同程网和携程网等多家互联网平台开展合作而使贵阳初具“智慧旅游城市”的雏形。自2017年以来，贵州省向国内外游客展现了以智慧景区为代表（其中代表景区是兴义万峰林、安顺黄果树和荔波小七孔等），以一批智慧旅游平台、手机App和旅游网络服务等为连线的一种智慧旅游产业创新生态网络系统，有力推动了旅游业与大数据的深度融合。贵阳市在2018年的下半年更是加快了旅游块数据中心的建设步伐，为相关企业制定营销战略、为游客提供导游导览查询服务，以及为相关部门提供应急实践处理等发挥了重要的作用。

1. 贵州智慧旅游产业发展历程

尽管智慧旅游是互联网等现代信息技术与传统旅游业相互融合发展的产物，但智慧旅游产业的发展有赖于旅游大数据的实践应用。弄清贵州省旅游大数据产业的发展历程，可以清楚地看到现代信息技术特别是大数据、云计算和智能终端等技术对智慧旅游发展的促进作用和明显效果，同时也能够梳理贵州省智慧旅游发展过程中暴露的一系列相关问题。

（1）云上贵州·智慧旅游云。贵州省自2012年12月被确定为国家智慧旅游试点城市以来，贵阳市全面启动智慧旅游体系建设，致力于打造智慧旅游的“贵阳模式”。由大数据公司牵头编撰的《“云上贵州·智慧旅游云”工程总体设计方案》于2014年8月5日在贵阳通过了专家的评审论证。该项工程是采用了物联网、云计算、地理信息系统、虚拟现实、互联网或移动互联网、新一代通信等多项现代技术手段而搭建的大数据平台。该平台着眼于贵州旅游大数据采集并进行数据整合、数据管理和数据应用。智慧旅游云平台由贵州省大数据产业发展领导小组办公室统一管理，致力于旅游行业的大数据与“云上贵州”的系统平台实现数据资源的交换和开放共享。基础平台围绕游客需求、涉旅企业需求、行业用户需求、政府管理需求和公共服务需求等，通过吸引资本、技术和人才等产业发展要素的聚集，开展贵州旅游产业大数据应用的智慧服务、智慧营销和智慧管理等活动，并实现相关标准、核心平台、装备研制、价值开发和信息应用等体系和标准建设。该平台致力于通过激发与旅游相关的企业创新活力来打造和共享贵州省的智慧旅游产业价值链，采用现代信息技术从产业链的角度整体带动和调整升级旅游服务体系、企业经营能力和政府公共服务能力等。由此，贵州省的旅游业态将形成高效的产业集群和优良的服务生态，并逐渐实现贵州智慧旅游产业的发育、壮大和可持续发展。据贵州省旅游局提供的资料显示[①]，在 2014 年 8 月 15 日即贵州大数据产业旅游股份有限公司挂牌成立仅一个月，便在第九届贵州省旅游发展产业大会上签下了 2 亿元的合同协议；次日下午该公司即与贵州省 8 家企业签约解决"云上贵州 · 智慧旅游云"平台与省内 150 个景点景区的无缝对接问题。随后，在 2016 年 5 月的第十一届贵州旅游产业发展大会上，省委主要领导又进一步表明了贵州省发展智慧旅游的决心，并依托国家旅游数据中心平台来打造贵州省的"智慧旅游云"。紧接着，贵州省旅游发展委员会于 2016 年 6 月 17 日在贵阳与紫光智能集团签署共建"智慧旅游云"的项目合作协议，至此全面启动"智慧旅游云"的工程建设[②]。显然，贵州省的"智慧旅游云"平台不但有力地推动了贵州大数据特别是旅游大数据的广泛应用，还实现了旅游产业发展方面的精准营销宣传、精细市场监管、精品业态打造和智能服务管理等，有力地推动了智慧旅游与智能交通、食品安全、智慧物流、电子商务和电子政务等方面的商业模式创新，使贵州人民和全国游客都能够享受到由旅游大数据带来的生活便利和舒适生活。

（2）一码游贵州。详见第 1 章相关内容。

（3）云游贵州。云游贵州全域智慧旅游服务平台和云游贵州 App 客户端是由贵州省旅游发展委员会和贵州智慧旅游平台服务运营有限公司共同打造并于 2018 年 7 月 27 日正式上线运行。云游贵州云服务平台划分为指挥大厅、旅游数据中心、贵州全域旅游运行监管和应急指挥联动中心等多功能模块以及 App 及其微信公众号等，其中应急指挥联动中心又包含了大数据分析系统、行业监管系统、监测预警系统、应急管理系统、决策分析系统和应用支撑系统六个子系统。该平台不仅包括了行业监管和公共信息服务两大主题，而且涉及民

① 佚名 . 贵州：全力建设"云上贵州 · 智慧旅游云"平台［EB/OL］.（2014-08-18）［2020-10-27］.http://city.sina.com.cn/city/t/2014-08-18/164845274.html.

② 佚名 . 贵州"智慧旅游云"建设全面启动［EB/OL］.（2016-06-19）［2020-10-27］.https://www.sohu.com/a/84331783_123753.

用、政用和商用三大功能。该平台和App在帮助游客及时了解有关出行、景区和住宿等贵州旅游方面的信息发挥了极大的便利和作用①。

（4）太极–IBM贵阳智慧旅游联合创新中心。太极–IBM贵阳智慧旅游联合创新中心于2016年3月正式通过专家评审。该中心将围绕“+互联网”与“互联网+”展开对公共设施的集成与优化，同时通过大数据创新的商业模式而建设以API（Application Programming Interface，应用程序编程接口）经济为特色的智慧旅游经济。API经济是基于API业务以及通过API业务的功能和性能开展商业交易等经济活动的总和（姜红德，2015；井明灿等，2016；刁毅刚，2018）。该联合创新中心基于组织架构、行业标准、人才集聚和产业发展等多个方面搭建并创新贵阳的智慧旅游平台，通过互联网全方面地整合各种旅游资源和销售渠道等构建贵阳市的智慧旅游生态圈。

（5）其他智慧旅游平台。贵州省及其地方政府等还采用了其他的合作方式来多途径发展其智慧旅游产业。例如，由中国旅游研究院和马蜂窝旅游网共同成立的“自由行大数据联合实验室”是中国首个针对新一代旅游市场和产业研究的大数据实验室；由贵州省旅游发展委员会联合多彩贵州网共同打造的“多彩黔行微信公众智慧服务平台”是运用大数据、互联网和新媒体互动技术等为游客提供信息传播和行业评价以及旅游攻略和营销宣传等服务内容的旅游大数据智能服务平台；由国家文化和旅游部在贵州安顺大屯堡旅游区推出国家旅游数据（灾备）中心；由国家文化和旅游部、贵州省人民政府和中国联通三方共同建设旅游大数据指数平台等。这些智慧旅游服务平台或实验室等均期望通过对旅游数据资源的收集和存储、分析和利用、开放和共享等来实现旅游景区评级、游客活动指引和旅游经济分析等功能，为广大游客和政府企业等提供旅游活动全过程的大数据解决方案。

2．贵州省旅游经济发展现状

贵州省委和省政府为了加快推进全省现代旅游业的发展步伐和把旅游业培育成为全省新的支柱产业，决定先从打造全省旅游业大发展的宣传做起。自2006年起，贵州省每年举办一届全省的旅游产业发展大会，该大会采取由省内

① 温志友．云游贵州全域智慧旅游服务平台暨云游贵州App正式上线［EB/OL］．（2018-07-27）［2020-11-28］.http://travel.gog.cn/system/2018/07/27/016720661.shtml.

所有市州相互竞争的申请机制来轮流举办，充分调动了各市（州）发展旅游业的积极性。迄今为止，贵州省委省政府已经举办了共15届旅游产业发展大会，见表 4-1。

表 4-1　贵州省历届旅游产业发展大会情况

举办期	举办时间	举办地点	主题内容
第一届	2006 年 9 月 16 日	安顺市黄果树风景区	—
第二届	2007 年 11 月 6 日	黔南州荔波小七孔景区	—
第三届	2008 年 9 月 26 日	黔东南州西江千户苗寨	—
第四届	2009 年 9 月 25 日	遵义市历史文化名城	—
第五届	2010 年 9 月 15 日	铜仁市梵净山景区	—
第六届	2011 年 9 月 26 日	黔西南州万峰林景区	—
第七届	2012 年 4 月 23 日	毕节市百里杜鹃景区	—
第八届	2013 年 8 月 18 日	六盘水市凉都明湖国家湿地公园	创新业态，转型发展，全力促进贵州旅游发展
第九届	2014 年 8 月 15 日	贵阳市青岩古镇	开放引领、改革驱动，与时俱进打造贵州旅游发展升级版
第十届	2015 年 7 月 9 日	安顺市云峰屯堡景区	美丽乡村让多彩贵州更加精彩
第十一届	2016 年 5 月 10 日	遵义市仁怀市茅台镇	推进产、城、景融合，开创全域旅游新格局
第十二届	2017 年 11 月 7 日	黔南州平塘县天文小镇	聚焦大射电，联通天地人
第十三届	2018 年 7 月 16 日	黔东南州从江县銮里	发展乡村旅游，助推脱贫攻坚
第十四届	2019 年 9 月 28 日	毕节市织金县平远古镇	促文、旅、农、商融合，走旅游扶贫新路
第十五届	2020 年 9 月 21 日	六盘水市盘州市	旅游新使命，健康新生活

资料来源：贵州省文化和旅游厅等官方网站并由作者收集整理，其中第一届至第七届的贵州省旅游产业发展大会未确定明确的会议主题。

按照贵州省委省政府的规划要求，举办旅游产业发展大会的初衷是要支持和帮助大会的举办地实现项目、技术、资金和宣传等优势资源的有效整合，并有力提升举办地旅游业的知名度、美誉度和综合发展能力，并在全省发挥模范带头作用，使举办地的社会经济发展水平及其旅游产业竞争能力能够在较短的时间内获得实质性进展和突破性发展；同时，各地方政府也需要通过举办旅游产业发展大会的契机来促进当地的基础设施建设、生态环境建设和旅游产业发展等。各届旅游产业发展大会的实践证明，其举办地基本能够实现这一个举办目标。特别是，自从贵阳市于2012年成为国家第二批智慧旅游的试点城市以及贵州省于2014年明确提出发展大数据产业以来，基于大数据发展战略的智慧旅游建设促使贵州的旅游产业发展迅速。中投顾问产业与政策研究中心发布的《2016—2020年贵州省大数据产业深度调研及投资前景预测报告》的数据显示，贵州已经搭建了大数据产业的发展框架并明确了智慧旅游的基本概念，因而有望在旅游行业建成一个集“大数据精准管理”、“企业间数据共享”、“企业间投融资交易”和“为游客提供一站式服务”等诸多功能于一体的旅游大数据平台和应急调度智慧中心，为贵州省今后的景点开发和业态丰富等提供一条企业化和资源化的发展路径。

贵州省委省政府在力促各地通过积极举办旅游产业发展大会提振全省旅游业的同时，也认真学习贯彻习近平总书记对贵州工作的重要指示并相继提出“坚持发展与生态两条底线”和“全域旅游”等工作思路和实施措施，特别是将发展山地旅游业作为贵州省决战脱贫攻坚的重要举措。随着贵州省大数据产业的强势发展以及大数据技术与贵州旅游行业的深度融合，贵州省智慧旅游产业获得了难得的发展机遇并进一步促进了其经济发展。近年来，贵州省旅游业特别是旅游总收入和旅游人数等两个指标均表现出井喷式增长态势，成为贵州增长最快的产业之一。表4-2列举了贵州省自2014年到2018年以来的旅游总收入和其他指标的变化情况。其中，旅游总收入由2014年的2895.98亿元（地区生产总值占比31.30%）增长到2018年的9471.03亿元（地区生产总值占比63.97%）；游客总接待人数也由2014年的32134.94万人次增长到2018年的96858.12万人次。表4-2的数据说明，国内游客已经成为贵州省旅游发展市场的重要支撑，而旅游产业在贵州社会经济发展中的支柱地位也得到进一步凸显。

表 4-2　贵州省 2014—2018 年旅游业发展情况

指标	2014 年	2015 年	2016 年	2017 年	2018 年
旅游总收入 / 亿元	2895.98	3512.82	5027.54	7116.81	9471.03
接待旅游总人数 / 万人次	32134.94	37630.01	53148.42	74417.43	96858.12
接待国内游客收入 / 亿元	2882.66	3500.46	5011.94	7097.91	9449.58
接待国内游客数 / 万人次	32049.44	37535.92	53038.23	74290.64	96711.56
旅游外汇收入 / 万美元	21671.23	20111.94	25270.74	28326.58	31762.59
接待入境游客数 / 万人次	85.5	94.09	110.19	126.79	146.55
国内旅游收入占比 /%	99.54	99.65	99.69	99.73	99.77
国内旅游人数占比 /%	99.73	99.75	99.79	99.83	99.85
全省地区生产总值 / 亿元	9251.01	10502.56	11734.43	13540.83	14806.45
旅游收入占地区生产总值 /%	31.30	33.45	42.84	52.56	63.97

资料来源：贵州省统计年鉴。

显然，贵州省旅游大数据产业的发展壮大得益于贵州智慧旅游云工程的顺利建设。据贵州省旅游局的官方信息显示：首先，贵州智慧旅游云工程建设得到了贵州省内和省外特别是北京、上海、深圳、杭州、成都和桂林等数十家知名企业如阿里巴巴集团、腾讯公司、中国科学院软件研究所、上海积分通公司、贵州移动、贵州联通、贵州旅投集团、四川壹旅游科技公司和桂林天桂公司等的积极参与；其次，贵州省充分利用智慧旅游云工程的建设契机积极培育了近二十余家本土的旅游大数据企业，如贵州大数据旅游产业股份有限公司、贵州智慧旅游云运营中心、贵州黄果树智慧旅游公司、贵阳爽游在线电子商务公司和贵州致远天下传媒有限公司等；再次，鉴于智慧旅游云建设涉及了移动互联网、现代通信和大数据等信息技术领域以及旅游业、金融业和工商业等诸多行业，贵州省旅游局携手贵州旅游集团并分别与贵州广电网络集团、贵州联通、阿里巴巴集团和天涯社区等签署战略合作协议，并决定以天涯社区作为智慧旅游云的运营主体，以阿里巴巴集团等龙头企业作为智慧旅游云建设的实施、应用和开发的示范企业。如此，智慧旅游不但直接促进了旅游业、金融业和工商业等行业的快速发展，而且间接带动了贵州省的通信和大数据等现代信息技术创新应用。据中投顾问产业研究中心在2016年5月的信息显示：在合作伙伴方面，各相关行业领域已经有80余家企业参与建设智慧旅游云；在数据资源方面，全省已经有117家A级以上旅游景区、335家旅行社、379家星级饭店和12582名导游的基础信息数据被录入到云上贵州智慧旅游云平台，同时也从12301旅游公益服务热线导入了10万余条旅游资讯信息数据到该云平台系统①。因此，贵州省已经基本具备了智慧旅游的发展雏形和大数据分析的技术框架，并基于旅游行业开展大数据精准管理、企业间数据共享、企业投融资交易和为游客提供一站式服务等多功能为一体的大数据管理平台和应急调度指挥中心。正如贵州省旅游局主要领导所介绍，贵州省相关政府部门今后将采取共享政府信息资源和其他相关资源等支持形式，并积极调动部分行政管理职能来减轻企业的资金负担和运营成本等，来帮助贵州省的智慧旅游云平台建设和支持平台大数据功能的具体实现，以形成由政府部门主导和企业主体实施一种产业化发展模式。

4.3.2 智慧景区建设概况

中国联通自2013年底在贵安新区开始启动“贵安云计算基地”的建设工作。该基地的建设规模约占地60亩，投资达60余亿元，为后期贵州的智慧旅游云建设打下了坚实的基础。随后，贵州联通成立“旅游云”项目组并启动“贵州智慧旅游云”的顶层设计和平台搭建等工作。据官方信息披露，贵州省旅游局也与中国移动贵州分公司等企业相继选取了贵阳青岩古镇、赤水市旅游综合体、安顺黄果树瀑布景区、遵义百里杜鹃景区、铜仁梵净山景区、兴义万峰林景区和荔波县樟江景区以及镇远古城、西江苗寨、肇兴侗寨和玉舍森林公园等其他景区作为贵州省的第一批智慧旅游建设试点单位。贵州省旅游局和中国移动贵州分公司的深度合作，不但实现为这些旅游景区免费打造产品并由中国贵州移动分公司平台开展宣传推广拓宽营销渠道，而且有利于提高贵州省智慧旅游的公共服务支撑力②。经过多年的打造，贵州省的智慧旅游建设取得了显著的成绩，如贵阳市青岩古镇早在2014年8月举办的贵州省第九届旅游产业

① 中投顾问产业研究中心．贵州省旅游大数据产业发展规模及现状分析［EB/OL］．(2016-05-16)［2020-12-10］.http://www.ocn.com.cn/chanye/201605/meciq16150325.shtml.

② 张齐．省旅游局贵州移动合力推动智慧旅游发展［EB/OL］．(2014-11-01)［2020-12-10］.http://gzrb.gog.cn/system/2014/11/01/013887294.shtml.

发展大会召开之前就基本完成了智慧旅游景区的基础设施建设，并成为贵州省智慧旅游云建设工程应用的示范景区。据中国联通贵州分公司的相关负责人介绍，贵州省各主要景区都将基于智慧旅游基础设施的标准化建设来完成旅游管理、旅游营销和旅游服务信息化体系等的构建工作，从而实现将旅游行业的相关动态数据统一采集到“贵州智慧旅游云平台”，并基于大数据分析技术为来黔游客、地方政府和涉旅企业等提供各种旅游服务[①]。

截至 2020 年底，贵州省若干重要景区已初步建成智慧旅游景区并投入使用，在新冠肺炎疫情期间发挥了重要的辅助管理作用。本节将列举几个景区的建设成就并简要介绍其取得的应用效果。

1．传统景区的智慧升级

贵州省作为我国的旅游大省，旅游业是重要的支柱性产业。贵州省各地独特的喀斯特地形地貌孕育了许多自然风景独特的传统景区。这些传统景区的智慧升级将大幅度改善景区游客的流量变化和旅行安全等相关问题的管理工作，并与景区的未来长远发展息息相关。这里将重点介绍荔波大小七孔景区、青岩古镇景区和黄果树景区等 5A 级景区以及兴义万峰林等 4A 级景区在智慧升级方面的改造成果。

（1）黄果树旅游景区的智慧化建设。作为国家首批 5A 级旅游区，黄果树景区早在 2007 年就已经初具数字化规模，并于 2012 年底基于“旅游信息化 - 旅游智能化 - 旅游智慧化”的建设思路统一规划智慧景区工程，2013 年 2 月在省旅游局和省科技厅的资助下启动其智慧平台建设。多年来，黄果树景区始终围绕智慧营销、智慧管理和智慧服务的总体要求建设其“一个中心、两个平台、十八个应用系统”的系统架构。据黄果树景区智慧平台负责人介绍，该景区于 2020 年的年初前就已经在景区内铺设了 15 公里的主干光纤和建设了中心数据机房。目前，该景区的数字化管理系统基本实现了自动化，安装了大屏幕和触摸屏等新设备和拥有了媒体技术与虚拟现实技术等。智慧管理系统有效整合了景区内的相关资源和优化了景区的内外部环境，显著提升了景区的管理实力和经济效益。黄果树智慧旅游平台自 2013 年 3 月陆续投入使用以来，运

---

① 张齐 . 大数据 让贵州旅游云“飘”起来［EB/OL］.（2014-11-03）［2020-12-11］.http://travel.gog.cn/system/2014/11/03/013892149.shtml.

行良好。特别是智慧系统的数据中心实现了各子项目的有效集成，方便了数据的共享、调用及分析；而智能视频的可视化系统可帮助进行游客分流、车辆管理、视频监控、安防救助和平安城市等一体化管理；免费的全面网络覆盖给游客提供分享便利和加速景区的宣传与推广；智慧化服务体系帮助游客实现网络购票和通过门禁系统或自助取票终端直接读取身份证或二维码等方式入园游览等。据相关资料显示，黄果树景区的智慧旅游项目仅在 2014 年 6 月 16 日就累计完成了 58264 单和金额 1300 余万元的电子商务交易；240 余个摄像探头实现景区的全方位覆盖和多角度监控，有力辅助景区旺季的现场指挥、车辆调度和游客分流①。因此，黄果树智慧旅游系统将电子商务网、自助取票终端和二维码检验闸机等有效结合，形成了一个闭环的智慧管理网络，使游客入园有快速通道、旺季旅游排队节约等待时间和缓解一线部门接待压力等。

（2）青岩古镇景区智慧化建设。青岩古镇旅游景区位于贵州省贵阳市花溪区，其智慧旅游云平台于 2015 年 5 月正式投入使用。青岩智慧旅游云平台具备较为强大的功能，其中涵盖多个功能系统②，如：

① 票务及门禁系统。游客能够查阅整个景区的三维实景；景区也可以实现电脑售票、自动验票和数据联网等现代化管理手段。

② 停车场管理系统。景区可对车辆进出和车位剩余等情况的数据进行统计，还可实现景区内交通要道的 LED 大屏幕信息发布和游客选取停车位等。

③ WLAN 系统。景区既可以在游客聚集的区域内实现免费 WiFi 全覆盖，也可以在游客手机的智慧旅游 App 等应用软件提供便捷的自助旅游网络环境。

④ 视频监控系统。景区可通过该系统在游客集散中心、重要交通要道、重点保护区域、事故高发地带和停车场出入口等实施数字监控，以便保障游客安全和景区管理。

⑤ 虚拟地图引导系统。景区内设有智慧导游机，或在一些重要节点设置了智慧引导牌，或设置智能手机的导游软件等，以便为游客提供实景地图、二维地图或游程安排等导游服务。

⑥ 旅游信息共享系统。该系统实现了景区与相关旅游管理部门和旅行

① 佚名．黄果树智慧旅游景区项目建设综述［EB/OL］．(2015-05-04)［2020-12-16］.http://travel.gog.cn/system/2015/05/04/014279082.shtml.

② 杨静，帅弋．青岩古镇旅游云平台年内投用届时可实现智慧旅游［EB/OL］．(2015-05-19)［2020-12-16］.https://www.sohu.com/a/15638695_119665.

社以及质量投诉窗口等的有效联合，为游客推送更为精准而有价值的信息与服务。

另外，据青岩古镇景区所在的地方政府相关部门负责人透露：智慧旅游云平台将在以上系统成果的基础上，拟与贵州移动花溪分公司合作，通过建设若干 5G 基站以及联合青岩古镇、天河潭、高坡石门和石板镇山等景区来创建花溪文化旅游创新区，从而实现导游讲解智能化、票务预订在线化和信息推送实时化等旅游管理服务，并有助于景区的环境与位置监测以及视频流量监控等精细化管理①。

（3）荔波大小七孔景区智慧化建设。贵州省荔波县于 2007 年 6 月 27 日被第 31 届世界遗产大会列入世界自然遗产名录的喀斯特地区之一。其境内的樟江风景名胜区有大小七孔旅游景区，总面积约有 60 平方公里。据荔波县相关部门介绍：大小七孔景区的智慧改造取得了显著成果，实现了游客流量监控全覆盖、景区环境监控无死角和游客服务全面化等。智慧服务平台的工作内容包括：控制人流量、保障游客游览安全、景区危险区探测、景区负氧离子数监测、景区水文变化实时监控、人脸识别功能、游客游览偏好、游客需求服务等②。智慧旅游平台的投入使用大大提高了游客的旅游安全和满意度。

（4）兴义万峰林景区智慧化建设。贵州省兴义市境内的万峰林景区是一个由许多极具典型喀斯特地貌的奇特山峰所组成的自然景观。该景区内同时还居住着布依族和苗族等多个少数民族，因而也是一个集地理景观和民族风情于一体的风景名胜区。自 2016 年 6 月以来，兴义市开始建设万峰林智慧景区。目前，该景区已经搭建起智慧旅游大数据平台，功能包括了车辆客源地分析、停车场监控、网络订单统计、分销渠道分析、假日数据分析、万峰林电商和天气信息等十余个模块，基本实现了自助售票、车辆监控、应急调度、紧急呼叫、森林防火、免费 WiFi、综合管控和协同办公等智慧化管理。

2. 智慧景区的建设问题

贵州省尽管在智慧平台和景区升级等取得了重大的建设成果，但是综合各

① 花溪区人民政府 . 移动 5G 精品网络将开启青岩古镇智慧景区新时代［EB/OL］.（2020-06-29）［2020-12-20］.http://www.huaxi.gov.cn/xwzx/hxyw/202006/t20200629_61282512.html.

② 荔波樟江风景名胜区管理处 . 荔波县大小七孔智慧旅游进景区 管理服务入人心［EB/OL］.（2019-03-29）［2020-12-20］.http://www. libo.gov.cn/xwdt/bmdt/201909/t20190902_6667810.html.

景区的智慧改造情况，可发现存在一些共同的问题，具体如下所述。

（1）各景区为游客提供的智能服务内容不够全面。目前，贵州省所有实施智慧改造的景区还处于为游客提供基本观光需求的智能服务阶段，如门票预约、住宿预定、路线查找、失物招领和导游咨询等。而游客在其他方面的深度需求还远远未能得到满足。例如，各大景区针对旅游路线比较长的问题，虽然采用了缆车、电梯和观光车等若干载客工具进行解决，但也随之带来了较为严重的排队问题。例如，安顺龙宫风景区的智慧旅游服务平台起步早成效显著，但游客游览该景区内的天池景点则需要经过一座较高的山峰。为此，该景区特别设置了一部直梯以供游客们乘坐直达天池景点。但游客们在游览的过程中还是发现了两大困难：一是游客无法实时判断步行地点和直梯入口之间的距离和时间，导致游客难以决定应该步行登山还是乘坐直梯登山；二是步行人数与直梯乘客数之间的游客流量不容易进行很好的分流分配，容易造成直梯乘客排队的队列长且耗时多。而以上两个方面的问题更容易导致旅游高峰期的游客拥挤并给游客带来较差的观光体验。因此，贵州省各景区的智慧旅游平台在相关服务内容和功能模块等方面还需要进一步挖掘和完善。

（2）智慧旅游平台对各大景区之间和景区内部还缺乏互联互通。目前，贵州省的景区智慧化建设基本还处于各旅游景区的内部改造升级，而且各景区的智慧化建设也还处于景区内部各主要部门的协调磨合阶段。因此，贵州省各主要景区特别是不同市州景区之间的智慧化建设还缺乏必要的互联互通，并导致省内旅游信息的分散化和游客行程的共享化。智慧服务平台能够解决互联互通问题可带来若干的收益。比如，基于旅游消费者角度，因其旅行消费过程存在时间较短和地点较集中等两大特点，故而游客会期待具有较高整合度的智慧旅游服务软件，以便让游客更便捷和更及时地获取省内各景区之间以及景区内各景点之间的相关信息，从而使游客更好地安排行程时间和选择景区景点；基于旅游供给者角度，省内各景区之间甚至景区内各景点之间也需要通过智慧旅游平台来相互传递信息，从而实现有效分享客源和分流游客等。但是，当前的平台智慧化建设还未能有效实现省内各景区和景区内各景点的互联互通。例如，抵达安顺市旅游的游客往往希望在较短的时间内能够同时游览黄果树景区与龙宫景区，但是两个景区的智慧化建设还处于独立运行状态，因而游客需要分别下载两个不同的 App 来计算和安排其行程，从而降低了服务体验；另外，当黄果树景区的游客流量与龙宫景区的游客流量相差较大时，由于没有整合度较高的旅游软件或程序来供游客使用，也导致游客因难以提前知晓此信息而造成大量排队现象，从而也造成较差的旅游体验。

（3）各大景区智慧旅游平台的营销力度还需要不断强化。基于实地考察和调研访问，贵州省各大景区的智慧旅游平台由于搜索不便和注册时间长等因素，其云平台等旅游 App 的下载率普遍偏低。相当多的游客目前侧重于通过微博和微信公众号等方式来提前了解目标景区的相关情况。但是，目前的微博等相关平台对贵州省各景区的营销力度还普遍偏低，并且其内容也不足以支撑国内外游客的多样化旅游服务需求。此外，贵州省各大景区在宣传方面也普遍存在软文推广不足和视频营销缺乏等现象，也没有很好地利用近些年兴起的自媒体营销等现代营销模式。特别是，贵州省还有许多 5A 级景区甚至还未建立自己的官方微博账号，而导致消费者无法从其官方渠道了解有关该景区的更多信息。

（4）智慧景区内部的 WiFi 覆盖率仍然偏低和信号较差。虽然贵州省各大传统景区都在响应智慧城市建设的步伐而加强其内部 WiFi 的全覆盖，但目前各景区的无线网络信号还是相对较差，大多数游客还是倾向于使用自己手机自带的数据进行网络访问。然而，贵州省多山的地理特征也是造成其数据网络信号比较差的原因。网络卡顿或网络盲区都会导致景区内游客的观光体验欠佳和各景区的网络营销等无法得到有效实现。因此，游客的上网需求未能得到充分满足，是贵州省智慧景区建设的一大痛点。

（5）智慧景区的游客分流及事故应急等仍存在较大不足。一般来说，贵州省各大景区在旅游淡季不会存在游客拥挤的情况。但是，当节假日特别是小长假时期的旅游高峰期来临，即使是智慧景区的智能调度系统也面临很大的调度压力，因而在热点景点附近也经常造成人群拥挤的现象，非热点景点却形成游客稀少的情况。例如，安顺市黄果树景区因受 2020 年初的新冠肺炎疫情影响而对景区内的每日观光人数进行限流，但该景区的智慧调度系统却不能满足游客的应急需求，致使较多游客在经过长途驱车到达景区入口处以后才被告知当日无票，如此大大提高了游客的出行时间与经济成本而引起游客的负面情绪。

（6）智慧旅游的复合型人才缺乏，旅游大数据价值的挖掘和利用不够深入。目前，贵州省多数景区的智慧建设还停留在基础设施的布局阶段，因而贵州省的智慧景区其实还处于发展初期，其智慧旅游系统的应用价值和潜在价值还远没有被充分挖掘。例如，智慧景区的监控利用率低下和设置监控系统的成本却很高昂，但各景区发生安全事故的现象毕竟还是属于小概率事件，因而其投入产出严重不成比例。此时，各景区又不能忽视监控的功能和作用，因此需要借助智慧系统给各景区挖掘和利用由监控带来的其他附加价值。

3．智慧景区的发展建议

针对贵州省各大景区在智慧旅游建设过程中遇到的相关问题，这里首先提出智慧景区建设的相关建议，而基于智慧旅游产业创新生态系统演化的相关建议则在后文进行阐述。

（1）各大景区智慧旅游大数据系统的建设与整合。为了促进贵州省的全域旅游和提升游客的旅游体验，建设一个能够整合所有景区的智慧旅游大数据系统是不可或缺的条件。高整合度的智慧旅游大数据系统不仅能够满足省内外旅游消费者的旅行需求，而且还有助于系统后台及时分析游客数据并建立良好的反馈机制，从而促进各景区的相互合作和长远发展。智慧旅游大数据系统对贵州省旅游业产生非常大的推动作用。具体表现在：其一，智慧旅游大数据系统把游客的旅行大数据信息进行汇总并存储到数据库内，有利于政府部门、旅游景区和其他行业等对旅游大数据进行整理分析和直观展现，同时还能够发现和解决大数据存储的格式匹配和环境兼容等问题；其二，智慧旅游大数据系统建立后，消费者通过该系统可直接反馈其遇到的旅行问题并可及时与客服进行沟通协调，有助于提升消费者的体验感和满意度以及提高景区及其智慧系统的整改效率；其三，智慧旅游大数据系统内部具备的景区大数据信息系统有利于帮助游客及时了解该景区以及周边景区的游客流量、气候温度、交通路线、景点票价和开放时间等信息，以便游客提前分配出游时间和旅行路线等，可大大改善游客的旅游体验；其四，智慧大数据信息系统能够将景区当地的餐饮业、住宿业、农贸业和特色轻工业以及民族习俗等文化产业进行大数据整合，将大大提升当地的餐饮住宿、商品采购和文化传承等服务产业的发展；其五，智慧旅游大数据系统的管理人员通过对景区游客的数量及其运行趋势等进行分析预判，可实现景区工作人员的合理分配和科学安排，以及其他资源的科学利用以避免浪费等。

（2）基于智慧旅游大数据系统强化其对游客的智能服务和体验提升等功能。基于智慧系统对游客提供智能服务，其功能不足或服务缺位等问题已经在较大的程度上影响了游客的体验感。此时，智慧旅游大数据系统需要基于游客的信息反馈积极采取各种措施来进行功能的补充和完善。智慧景区可以具体从以下方面考虑：其一，提高景区监控的利用效率，基于游客的实时流量数据在线为游客提供景点游览的路线建议，既是减少游客排队时间提升体验感的需要，也是景区提升运行效率和维护景区安全的必要措施。其二，景区需要通过开发各种拥有具体小功能的 App 或微信小程序等途径，来解决特定景区的特定问题，有助于满足游客对特定景区的特定需求。其三，继续完善智慧旅游大数据系统的营销功能模块，既是景区满足游客各种旅行需求的必要措施，也是景区充分挖掘收入来源的前提条件；智慧旅游大数据系统基于游客群体的挖掘和分类来设计各种精准的营销方案，既能够满足景区增加额外收入的目的，又能够为不同游客提供不同的增值服务。

（3）制定和完善各种激励措施引进智慧旅游复合型人才。专业技术人才特别是综合型人才是旅游景区智慧化建设的基础和中流砥柱，也对景区的组织建设和管理服务等发挥至关重要的作用。贵州省各旅游景区的大数据信息系统建设、智慧旅游营销服务以及智慧在线服务咨询等工作需要大量的信息技术人才和智慧旅游综合型人才来实现和完成。基于各智慧景区建设的人才短缺较为普遍，因而人才引进成为贵州省智慧旅游产业发展的关键环节。贵州省各级政府及其相关职能部门可基于政策文件和财政补贴等多种方式鼓励省内高校和景区企业等联合培养相关人才。同时，文化和旅游局等政府部门和景区企业等也向高校或研究所等以合作开发或项目委托等方式适当开放其内部信息和相关数据，以吸引研究人员加盟和培养人才。

（4）组织力量加大智慧旅游营销的宣传力度和应用广度。智慧营销的应用效果直接关系到智慧景区的经济效益和旅游大数据系统的生存发展。加大智慧旅游营销的宣传力度和应用广度可以基于以下步骤进行：首先，提高景区 WiFi 在内部的网络通畅度，使游客入场即能得到良好的体验感；其次，邀请各大自媒体运营者对景区的景点景观、民族风情、特色产品和领导关怀等进行介绍并实时分享。现代营销模式多种多样，因而景区的智慧营销方式也有很多。例如，各大社交媒体的软文推广、微信公众平台的信息推送、网络社区的话题热搜和微博、抖音视频的直播分享等。另外，智慧营销的应用广度也可以通过智慧旅游大数据系统与各大网络社区平台或电子商务平台等以合作链接的方式并采用商品联名或周边商品等新式营销来拓宽智慧景区的知名度。例如，贵州荔波大小七孔景区可以借助当地布依族等少数民族文化特点，通过智慧平台销售周边产品，如挂饰、银器、民族服饰和图册等，既可提升景区系统的点击率，也可宣传少数民族文化等。又如，青岩古镇景区联合网络视频平台等互联网企业出品综艺类节目，向观众传播其古镇文化等。鉴于目前贵州省各传统景区的宣传度较低，各景区通过建立智慧云平台系统、官方微博和官网链接等方式并辅以景区图文的日常更新等对景区开展智慧营销。

4.4 贵州省智慧旅游产业创新生态系统分析

作为一个旅游行业的较新命题，智慧旅游是采用物联网、云计算、新一代通信网络、高性能信息处理和智能数据挖掘等现代信息技术，综合应用于改善旅游体验、促进产业发展和提升行政管理等方面的新业态，以更高效的方式把与旅游高度相关的物理资源和信息资源进行系统化整合和深度开发，然后以全新的旅游形态服务于社会公众、企业组织和政府部门等。贵州省是中国旅游资源最丰富和最具特色的省份之一，因而其智慧旅游产业创新生态系统研究具有较强的实践应用价值和理论学术意义。

4.4.1 创新主体构成

正如前文所述，大数据产业创新生态系统的创新主体包括了直接创新主体（含企业组织、高等院校和科研机构）、间接创新主体（如政府机构）以及创新服务主体（如中介机构）等。而智慧旅游产业不但拥有典型的大数据产业特征，而且富有明显的生态系统特征。因而，这里在探讨智慧旅游产业创新生态系统将同时兼顾这两个方面的特征，即从创新组织、创新种群和创新群落三个层次深入探讨其创新主体。

（1）创新组织。在贵州省智慧旅游的产业创新生态系统中，所有能够开展创新活动的个体单位和组织机构均可列入其创新组织，因而这些个体和机构等创新组织将成为系统节点和网络要素。同时，创新组织除了需要敏锐观察和实时感知外部行业环境变化的基础上还应能够自主适应这些变化并实现自我更新。在智慧旅游产业创新生态系统中，其创新组织主要包括了旅游相关企业、政府主管部门和高等院校，以及与旅游行业高度相关的科研院所、金融机构和中介组织等。

贵州省的智慧旅游产业是基于贵州各主要旅游景区的智慧旅游大数据平

台建设而逐渐发展并初具产业化的一种新型业态。经过近十年的持续探索和逐步发展，贵州智慧旅游产业已经形成了以当地政府和景区管委会等为智库、以行业专家和咨询机构等为智囊、以学术研究和实践运用等为高地的良好发展局面。目前，贵州省智慧旅游产业创新生态系统的创新组织除了已经具备和正在建设智慧旅游大数据平台的智慧景区之外，还成立了众多的智慧旅游企业，如贵州智慧旅游平台运营服务有限公司等。该企业是 2016 年底成立的一家拥有 5000 万元注册资金的平台型旅游运营服务公司，主要依托于贵州省的大数据发展战略和全域旅游发展思路等，在成立初期就备受行业关注和消费者青睐。该公司采用互联网或移动互联网、物联网、新一代通信网络、云计算、地理信息系统和虚拟现实等信息技术手段，搭建能够实现贵州旅游大数据“聚、通、用”的“互联网 + 旅游”应用平台，同时又通过与贵州省文化和旅游厅签署了合作共建贵州全域智慧旅游一站式服务平台和运营战略的相关协议，顺利发展成为一家较具当地特色的智慧旅游产业创新生态系统的服务提供商与平台运营商。显然，该公司将基于其旅游大数据平台发挥多项应用功能。具体包括：集聚和统筹规划贵州省的各种旅游资源；充分收集和分析各种类型的涉旅企业需求及其产品与服务供给、相关行业的用户需求与合作模式、政府的管理模式和公共服务供给、游客在旅行过程中的“衣、食、住、行”等各类需求；提供资本、技术与人才等智慧产业要素聚集的平台等。由此，该公司集智慧管理、智慧营销和智慧服务为一体，同时可从供给侧改革和需求侧优化等角度给涉旅企业以创新活力，从而带动旅游服务体系的整体升级、企业经营效益的持续改善和政府公共服务的优化转型等，更进一步促成贵州形成全域旅游的优良生态和创新集群。

在贵州省的智慧旅游产业创新生态系统发展过程中，贵州省各级政府作为重要的创新组织和不可或缺的系统节点，承担着智慧旅游产业的政策制定与行业引导的角色。在近十年的时间里，贵州省政府为智慧旅游产业的蓬勃发展发挥了重要的引导作用。其中，智慧旅游 App 连续推出了多个版本，而每个版本几乎都与贵州省政府有一定的联系。例如，于 2017 年 2 月上线的“多彩贵州”全域旅游新媒体矩阵和“多彩黔行”微信公众平台等智慧服务平台，即是由贵州省原旅游发展委员会联合“多彩贵州网”共同开发的智慧旅游 App。这些云平台充分运用了互联网、大数据和新媒体互动等技术，能够给游客提供最丰富的智慧旅游传播服务、全省旅游行业评价体系服务，同时也向游客精准推送贵州省的景点旅游攻略、精彩活动回顾和特色产品营销等，有力打造了“多彩贵州”的旅游品牌。另外，由贵州省原旅游发展委员会牵头搭建的“多彩贵州满意旅游评价打分”征集平台，其目的就是为了鼓励广大游客“揭发”贵州的旅游痛点，如行业乱收费、环境脏乱差和安全不到位等现象，以求给各地游客带来更好的旅游体验并促成游客的回头游和多轮游等，从而为贵州省智慧旅游产业的可持续发展提供源源不断的发展动力。

高等院校和科研机构作为技术创新和管理创新的学术高地，将为贵州省智慧旅游产业发展发挥不可或缺的作用并在引领产业发展方面做出重要的贡献。这些高校和机构已经成为贵州省智慧旅游产业创新生态系统的重要组成和创新节点。例如，由贵州大学旅游与文化产业学院、贵州大数据产业发展与应用研究院和贵州华阳智能电子有限公司等共同发起组建的贵州大学智慧旅游研究中心，就是基于大数据时代把现代信息技术和其他高端科技成果与旅游文化等多产业进行交叉融合和成果汇聚等方面的前沿研究。该学术机构注重将各种旅游资源以智慧化的方式进行聚合并形成数字化，完善了智慧旅游的产品与服务的运营模式及经营机制、游客基于智慧系统的互动体验和个性化服务等关键技术与应用、有关智慧旅游的综合服务云平台的建设模式与应用示范等主要方向开展基础研究和应用推广；另外，该机构还通过与政府和企业合作，着力推动贵州省实施智慧旅游模式并以此达到促进旅游文化等产业的深度融合和转型升级。其宗旨是将自身建设成为一个具有开放性、前瞻性、建设性和公益性的智慧旅游的学术机构和研究平台，为贵州省旅游文化产业的创新发展提供一个良性运行的健康系统和可持续发展的生态环境。

（2）创新种群。若各种创新组织的数量积累到一定的规模并在某特定的区域内形成一种特定的集合体，则产业创新生态系统产生了类似于生物群落中的种群，即创新种群是由具有一定数量和相似特征并在一定区域范围内聚集的创新组织所构成的企业集合体（刘沙，2015）。例如，北京中关村即是依托于北京大学、清华大学和中国科学院等著名学府和研究机构致力于信息产业研究的特定区域，其内已经形成了诸如 ERP 软件企业群等多种类的创新种群。显然，贵州省智慧旅游产业系统的创新种群正是依托于贵州省内若干特定区域，如贵安新区的电子信息产业园、贵阳市花溪区的大数据安全产业园和大数据综合产业园等，而形成具有一定的空间格局的与大数据高度相关的企业集合体。在产业创新生态系统内部，创新组织的生存、繁衍和扩张以及与外部环境的物质能量交换等基本是以创新种群的形式实现；同时，创新种群基于创新组织的功能作用可归纳为原始创新种群、技术创新种群、创新服务种群、创新投入种群和制度创新种群五种类型（刘沙，2015）。因此，贵州省智慧旅游产业创新生态系统也可形成五种独特类型的创新种群，即原始创新种群主要集中在高等院校和科研机构内部，其基本特征是拥有大量的有关旅游管理、信息技术和市场营销以及其他特定领域的专业人才资本和基础知识储备等，其主要功能是开展旅游行业与其他相关产业的交叉融合模式、技术研发升级和管理模式创新等，因而是整个创新生态系统的主要创新源；而技术创新种群则主要包括以智慧景区为代表的大数据企业群体，其主要特征是推动大数据技术在与旅游相关的企业中进行集中集成和创新应用，其主要功能是把创新成果特别是创新技术直接与市场进行联系；创新服务种群是智慧系统的中介服务机构，其主要特征是拥有创新技术产品的获取渠道和扩散路径并提供相关服务，其主要功能在于通过输入人才、信息和服务等促使旅游景区以及与旅游相关的其他企业组织之间开展沟通和相互连接；创新投入种群专指提供资金投入的金融机构等，其主要特征是智慧旅游建设需要大量的资金投入来保障其持续更新和运营维护等，其主要功能是及时而有效地进行资金投入；制度创新种群主要包括各级政府及其职能部门，其主要特征是该种群拥有行政调控权，其主要功能是基于自身的行政协调能力并通过形成各种制度和管理条例等对智慧旅游产业的各种创新组织进行规范和约束等。显然，各类型创新种群之间的功能是基本明确而具体的，并基于各自的功能体系进行相互作用而实现旅游产业资源要素的优势互补，从而促使整个智慧旅游产业创新生态系统的不断升级演化和可持续发展。

当前贵州省智慧旅游产业创新生态系统的各种创新种群的建设和构成的基本情况大致如下。

首先，高等院校及科研院所这两种创新组织成为其原始创新种群。贵州省的部分高等院校和相关科研院所等成为智慧旅游领域的知识传承、技术创新和人才培养的重要基地。这些机构在智慧旅游相关的科学技术方面一般拥有较强的原始创新水平和综合创新能力。作为贵州省智慧旅游行业的主要创新源，原始创新种群为整个创新生态系统提供了合格的智库型应用人才、实用的前瞻性研究成果和超前的创新性管理思维等，在推动旅游行业及其相关产业转型发展和结构升级的前提下有力地撬动了贵州省新的经济增长点。目前，贵州省高校为了促进智慧旅游产业的发展而成立了诸多的二级学院。例如，贵州理工学院基于建筑与城市规划学院的师资成立了贵州省智慧旅游产业发展研究院，其基本思路是通过推进信息技术与旅游行业的深度融合，加快贵州省旅游业的现代化和国际化进程，促进贵州省旅游业更好更快地发展等①。贵州省智慧旅游产业发展研究院的建设宗旨是“促进贵州旅游产业发展和国际国内交流的政府智库、业界智囊和学术高地”，通过重点关注贵州省旅游业发展的重点难点问题开展其基础理论、政策体系和技术创新等相关研究，同时积极参与贵州省旅游发展规划的研究、编制和论证等工作并承担规划审查的技术支持等相关工作，从而实现该研究院的科学研究及与地方服务的相互支撑和双向跨越。目前，该研究院已经重点针对贵州省智慧旅游产业发展过程中涉及的大数据平台建设及其在数据的采集、转换和智能化处理等方面开展智慧旅游有关的基础理论、技术支持、区域规划、产业政策和人才培养等问题研究，并在此基础上促进贵州省与大数据相关的智慧旅游的学科建设。又如，筹建于2011年5月的贵州大学智慧旅游研究中心是贵州大学的二级机构，即旅游与文化产业学院和贵州大数据产业发展与应用研究院联合贵州华阳智能电子有限公司一起组建的新型科研平台。贵州大学智慧旅游研究中心致力于现代科技与旅游文化产业的前沿交叉研究，并着重关注诸如智慧旅游资源的聚合与数字化、智慧旅游产品服务的运营机制及模式、游客互动体验与个性化服务的关键技术及应用、智慧旅游综合服务平台的研发与应用示范等领域的研究工作。另外，该平台也通过谋求与政府、涉旅企业和旅游消费者的多种合作方式和实现途径来支持贵州省的旅游与文化产业的转型升级和可持续发展，并协助打造一个开放性和可持续发展的产业生态环境②。

其次，涉旅企业（特别是智慧景区）和涉旅联盟组织等是贵州智慧旅游大数据系统的技术创新种群。在贵州省全面实施大数据发展战略和“牢牢守住发展和生态两条底线”思路的形势下，开展智慧旅游建设的涉旅企业及其联盟组织等的竞争优势就在于其拥有若干具有一定知识产权的现代创新技术和基于这些技术应用而形成的管理创新模式，从而更进一步助力智慧旅游

① 贵州理工学院．贵州省智慧旅游产业发展研究院［EB/OL］．（2019-06-01）［2020-12-28］．https://www.git.edu.cn/jzghxy/info/1014/2187.htm.

② 贵州大学旅游与文化产业学院．智慧旅游研究中心简介［EB/OL］．（2014-12-24）［2020-12-28］．http://tci.gzu.edu.cn/2014/1224/c8084a50580/page.htm.

产业的创新能力并谋得国内外激烈的旅游竞争市场。在贵州省智慧旅游产业系统内部，其技术创新种群以企业外溢方式把引进的创新技术或改进的外来技术或自主创新的相关技术等迅速转化为智慧旅游产业系统的内部技术，由此，智慧旅游技术的创新成果获得产业化发展和创新活动得以持续性开展。例如，贵州智慧旅游产业经济联盟是在花溪区委区政府的统筹指导下于 2016 年 12 月由贵州大数据旅游产业股份有限公司发起组建。该企业致力于采用“大数据 + 旅游”模式推动贵州的县域旅游经济并以此引导涉旅产业的资源要素汇聚和产业集聚发展，从而协助建立以涉旅资源（如自然景观、人文风情和特色产品等）为基础，以现代技术（特别是现代信息技术如大数据技术、人工智能和智能终端等）为依托，以企业（特别是景区旅游企业、饮食住宿业和地方特色轻工业等）为主体的坚持市场导向和产学研相结合的技术创新体系和产业建设体系，再基于智慧营销手段和智慧城市建设等塑造县域产品品牌并促进区域的经济发展和结构转型。

再次，贵州省及其地方各级政府部门在贵州省智慧旅游产业创新生态系统的孕育和演化过程中自然而然地担负起制度创新种群和创新服务种群的重要角色。显然，政府部门和中介组织这两种创新组织在智慧旅游产业系统的创新活动中提供了政策、人才、信息等方面的服务。这两种创新种群着眼于促进智慧系统内部的知识共享和技术扩散等，并确保这种共享和扩散活动在各种创新组织特别是原始创新种群和技术创新种群之间能够顺利地进行沟通和交流，从而有助于总体上提升智慧旅游产业系统的创新能力。例如，贵州省东部的凯里市于 2019 年 7 月正式开通的“畅游凯里”微信公众号主推该市与“美”有关的如美食、美景、美文和美品等的旅游资讯，其日均阅读量达到 514 次，大大丰富和提高了凯里市“吃、住、行、游、购、娱”等方面旅游信息的阅读量和关注度[①]。再如，贵州省文化和旅游厅与省大数据管理局等政府部门联合了中国联通贵州省分公司和越野一族体育赛事（贵阳）有限公司等企业于 2020 年的“5 · 19 中国旅游日”在贵阳市隆重举办了“一码游贵州”全域智慧旅游平台的发布会和“山地英雄会”项目的启动仪式等活动[②]，其中全域智慧旅游平

① 凯里市文体广电旅游局 .［黔东南］州市共建共创智慧旅游新时代［EB/OL］.（2020-05-15）［2020-12-26］.http://whhly.guizhou.gov.cn/xwzx/szdt/202005/t20200515_60449815.html.

② 黄钰涵 . 我省开启“一码游贵州”全城智慧旅游新模式［EB/OL］.（2020-05-19）［2020-12-18］.http://www.gzmzb.com/Item/Article/n/78690.

台只需要通过扫描二维码就能够基本满足游客在贵州的旅行过程所需的相关“吃、住、行、游、购、娱”等；同时，“山地英雄会”举办的系列赛事活动也打造了更多的山地旅游线路。这两项活动为贵州省提升旅游服务质量和丰富山地旅游业态等方面发挥了积极作用，也为贵州省复苏和提升文化旅游业发展开启了新的实践与探索。又如，凯里市文体广电旅游局按照市委市政府关于大数据产业发展和全域旅游规划思路的相关工作部署，通过积极实施“智慧旅游云”的平台项目来建设“大数据+旅游”新业态，有效实现了凯里A级景区免费WiFi全覆盖以及多个景区和旅游村寨的实时监控、运营监控、综合管理和景区资源的统一调度等功能，使凯里市的智慧旅游产业发展获得了较为显著的成效[①]。另外，贵阳市花溪区委区政府制定以“大数据+旅游”助推县域旅游经济发展，等等。其中，以政府为主体的制度创新种群，通过以制度体系创新和制度环境建设等为工作重点，其主要内容包括了制定战略导向计划、实施科技优惠政策、加强基础设施建设、合理配置创新资源以及协调各创新主体间关系等，同时也包括了现行制度的改进与完善和创新等内容。因此，制度创新种群为创新活动提供了战略指引和优质服务。例如，《贵州省“十四五”文化和旅游发展规划》把智慧旅游发展规划作为重要的组成部分，突出以文化和旅游领域的供给侧结构性改革，坚持做大文旅产业和做强文旅融合等。

在智慧旅游产业创新生态系统中，金融机构、企业组织和政府部门都是创新投入种群的重要成员。首先，政府投入在贵州省智慧旅游产业创新生态系统中担当起创新的引导作用。其次，企业投入是智慧旅游建设活动的关键主体，并对贵州省智慧旅游产业发展及其创新生态系统的形成过程中承担主要的责任；金融机构则为贵州智慧旅游产业创新生态系统的创新活动提供必要的建设资金。在智慧旅游产业创新生态系统的整个演化过程中，创新投入种群所能够发挥的功能主要体现在：通过政府财政投入并配合政府相关政策（即政府又体现了制度创新种群和创新服务种群的特征）促使企业投入和金融机构等对资金进行合理配置并产生杠杆效果，同时能够充分调动各种社会资源形成对智慧旅游产业创新系统的持续关注。

以上情况说明，涉旅企业、研究机构和政府部门等都是创新种群的重要成

① 黔东南新闻网官方微博.凯里市智慧旅游建设成效凸显［EB/OL］.（2020-06-10）［2020-12-18］.http://k.sina.com.cn/article_2659523842_9e851d0202000roez.html?from=cul.

员。在智慧旅游产业创新生态系统中，涉旅企业作为创新活动的关键主体和行为载体，是创新生态系统的核心组织；研究机构则在推进智慧旅游产业的发展进程中起到了助推器和催化剂的重要作用；政府部门不但发挥了制度体系的制定作用，而且通过制度引导创新方向和创新内容。除此之外，金融机构作为创新投入种群的重要成员，则为智慧旅游建设的创新活动提供必要的资金投入。同时，政府的财政投入也是智慧旅游建设的有效补充。

（3）创新群落。同种类型的创新组织在某个区域创新生态内的相对集中形成创新种群，而不同创新种群在某个区域创新生态内的相对集中则形成创新群落，又若某个创新群落与其外部环境能够相互交换物质、能量和信息等则形成创新生态系统（黄鲁成，2004；曹薇，2008）。贵州省智慧旅游产业创新生态系统的创新群落也是由五种创新种群即原始创新种群、技术创新种群、服务创新种群、创新投入种群和制度创新种群所构成的有机集合体，因而该创新群落的性质也将由这些创新种群对环境的适应性以及这些创新种群相互之间的作用关系所决定。也就是说，五种创新种群的相互关系和环境适应性决定了这个创新群落在系统内部的结构与功能等方面的多样性，并且各个创新种群在彼此适应的基础上也同时与外部环境相互作用。因此，贵州省智慧旅游产业创新生态系统的创新群落即是由贵州省较具特色的五种创新种群相互作用的有机构成体并形成了较为独特的结构和功能。

正是在省委和省政府的领导下，贵州省通过引进和实施重点项目并搭建信息平台系统来构设智慧旅游的运营框架，并逐步形成了以省政府牵头和以贵州旅游发展委员会具体实施的制度创新种群、以智慧景区为核心的涉旅企业组成的技术创新种群、以大数据科技以及移动互联网通信技术等领域知名企业（如三大运营商）和科研机构组成的原始创新种群、以金融机构和城市规划部门等组成的服务创新种群等。这些创新种群共同参与和谋划了贵州省智慧旅游产业的发展模式，从而成就了贵州省特色的智慧旅游创新群落。经过近十年的持续努力，贵州省智慧旅游产业取得了令人瞩目的成绩。如贵州省各大景区分别与三大通信运营商、百度指数、太极智旅、贵州广电网络集团等知名企业开展数据合作，相继培育了贵州黄果树智慧旅游有限公司、遵义全域智慧旅游管理有限公司、贵州万峰林智慧旅游有限公司等一批本土的智慧旅游企业，并相继成立了贵州智慧旅游产业联盟、智慧旅游大数据创新中心、贵州智慧旅游研究院等专业性研究机构，把贵州省的旅游业与大数据产业的创新融合推向了新的发展阶段。

4.4.2 创新客体梳理

创新客体是在贵州省智慧旅游产业创新生态系统中另一类基本构成要素。正如第2章所述，创新客体是与创新主体相对应的网络节点并在智慧旅游产业创新活动过程中居于相对被动的一方。确切地说，作为创新主体的指向目标和改造对象，创新客体即是指创新主体运用一定的知识体系、技术手段与管理模式等对相关的物质、能量与信息等进行重组与再现，并由此产生了一系列具有新价值与新效用的思想与方法的总称（曹山河，2007）。在产业创新生态系统中，创新客体一般包括了两大类型：其一是具有新价值和新效用的新思想，作为创新主体的思维产物，该类型属于精神产品层面并常常表现为概念、原理、理论与思想体系等；其二是具有新价值和新效用的新方法，作为创新主体开展物质活动的产物，该类型属于物质产品层面并常常表现为工具、方法与规则等形式（曹山河，2007）。

贵州省政府作为智慧旅游产业创新生态系统中的制度创新主体，其产出的思维产物主要表现为涉及智慧旅游产业方方面面的各类政策条例和指导措施等。这些思维产物对贵州省的智慧旅游产业发展起到重要的推动与引领作用。显然，旅游政策对旅游业发展的重要性毋庸置疑，它既体现了地方政府对于旅游产业的发展态度，也决定了旅游产业的发展前景。如《贵州省“十四五”文化和旅游发展规划》提出的旅游政策包括：“立足新发展阶段，贯彻新发展理念，融入新发展格局，紧扣扩大内需战略基点，坚持稳中求进工作总基调，以高质量发展统揽全局，牢牢守好发展和生态两条底线，深入实施乡村振兴、大数据、大生态三大战略行动，巩固拓展脱贫攻坚成果，围绕‘四新’抓‘四化’，坚持以文塑旅、以旅彰文，不断丰富旅游生态和人文内涵。”贵州智慧旅游的政策就是要建立贵州省旅游的体制机制且要进一步地加大政策扶持，注重旅游行业的标准规范，加强旅游产业的人才培养，强化相关旅游应用的推广等。再如，贵州省政府参与发布的全域智慧旅游平台即“一码游贵州”、推动举办的“越野e族中国山地英雄会”系列赛事等，为复苏与高质量发展贵州的文化和旅游业开启了新的实践与探索。显然，贵州省智慧旅游产业的高速发展离不开省政府及其地方各级政府的重视与扶持。目前，贵州省连续几年的游客数量与旅游消费水平呈现出井喷式增长态势，使得旅游产业成为贵州省新的经济增长点。

智慧旅游的相关科研机构如高等院校与科研院所等作为智慧旅游产业的原始创新主体，其直接的产物包括了有关智慧旅游的知识方法体系、技术构架系统和平台管理模式等。因此，涉旅科研机构对贵州省智慧旅游产业创新生态系统发展的推动作用不容小觑。作为现代信息技术特别是大数据技术与旅游产业深度融合发展的新业态，智慧旅游产业更加需要涉旅科研机构的研究人员不断地参与研发以及促进智慧旅游相关的 App 上线和各类产业标准的策划与实施等。例如，贵州省智慧旅游产业发展研究院为贵州省旅游发展委员会编制了《山地旅游 第 18 部分：康养旅游基地建设》（DB52/T 1401.18—2020）和《山地旅游 第 28 部分：景区客流调控指引》（DB52/T 1401.28—2020）等贵州省地方标准，明确了建设旅游基地与引流景区游客等的标准，为贵州省智慧旅游产业的正规化发展发挥了重要的指导作用。另外，该研究院还相继参与了乌当区东风镇旧城改造项目、关岭县智慧旅游系统建设项目、安顺市乡村旅游扶贫规划、惠水县石林景区规划、开阳县南江乡“花开南江 · 硒谷胜境”田园综合体规划等，也为贵州省各地方的智慧旅游产业发展做出了积极的努力。

4.4.3 功能作用分析

系统科学认为，功能是指各组成要素在相互作用的过程中产生的效能总体。对某个系统而言，其功能的外部表现就是该系统对外部环境的作用，即系统的行为。因此，各创新组织要素的活动过程和活动效果等就是智慧旅游产业创新生态系统的功能表现。但是，贵州省智慧旅游产业创新生态系统的功能并不仅仅是简单地由各个创新组织的活动来决定，还要取决于各创新组织甚至于创新种群之间的活动情况及其作用关系。尽管智慧旅游产业系统的功能与创新组织的活动有密切的关系，但是系统功能与创新组织又各自具有一定的独立性。正如智慧旅游产业系统是一个开放的系统，则其必定会存在物质、能量和信息等的输入与输出现象，因此这个动态的输入输出过程就自然要与系统的外部环境有联系，其外在表现就是系统在外部环境的作用下做出了相应的反应功能。当然，系统自身也具有相应的能动性，即系统又具备改造外部环境的功能。

贵州省智慧旅游产业创新生态系统的功能可具体概括为自我成长功能、社会促进功能和对传统经济模式的带动功能三个方面。首先是自我成长功能，即贵州省智慧旅游产业也需要经历一种产业生命周期的演化过程。其外部表现就是智慧旅游从弱小到强大再到退化和从不成熟到成熟再到衰退，其内在表现则包括在产业规模、产业技术和产业组织三个方面的变化过程。显然，贵州省的智慧旅游产业正是基于安顺黄果树瀑布、兴义万峰林和花溪青岩古镇等多个景区的智慧云平台建设的基础上，逐步探索和发展起来的一种旅游新业态。这种新业态也在贵州省旅游发展委员会等相关政府部门的推动下，通过参与建设全省智慧云平台如“一码游贵州”等措施，有效促进了贵州智慧旅游从弱小到强大、由不成熟到成熟的成长过程。其次是社会促进功能，智慧旅游产业的社会促进作用体现在区域内相关涉旅产业如酒店住宿业、餐饮服务业、特色产品工商业等通过智慧旅游平台的整合发展，有力推动了当地的社会、经济和文化等向前发展，如人口流动量增长、相关产品贸易量增加和民族文化传播等，其对社会效益、经济效益和文化认同等均有重要促进作用。特别地，贵州省自2020年全球新冠肺炎疫情暴发以来，通过智慧旅游平台快速发展其旅游业，有力促成了一个符合自身发展需求和时代变革要求的区域创新型旅游支柱产业。最后是传统经济模式的带动功能，传统经济以标准化、规模化、模式化、效率化和层次化等为主要特点并依靠其产品 / 服务的自身来进行直接交易。因此，传统经济模式更注重其产品的经营业绩并主要借助广告来创立其品牌。贵州省智慧旅游产业有效突破了传统景区的经营模式，其旅游产品 / 服务和相关的涉旅产品等均得以通过智慧云平台进行线上完成交易，并直接和间接地培育和带动了智能终端、大数据、移动互联网和人工智能等一批现代化信息技术以及其他科技产品和金融产品等的创新发展。贵州省智慧旅游产业的创新主体正是主动融入互联网市场并探索出以企业上平台、平台推应用、应用带产业、产业促发展的发展思路而形成的“景区直投 + 企业建设”“企业直投 + 运营分成”“景区 + 企业”融合投资的混合捆绑新模式。

另外，贵州省各地旅游部门在近两年也以“委改局”（即旅游发展委员会改称文化和旅游局）为契机，从体制机制方面进一步强化旅游信息化的工作机构和人员配置，以此更促进贵州智慧旅游产业创新生态系统的社会服务功能。如贵阳市旅游发展委员会专门设立了智慧旅游办公室来负责智慧旅游方面的相关工作；遵义市、铜仁市和黔南州等市州的旅游部门则设立了信息中心等来负责本区域内的智慧旅游建设；省内其他地区的旅游管理部门也正在努力加强其旅游信息化机构和人力资源配置等。贵州省各地政府部门在促进信息化建设和加强人力资源配置的基础上也逐步明确其智慧旅游云的工作机制。例如，在人才建设方面，一是各地积极扶持和指导发展一批社会培训机构和“校企合作”办学模式等来加强旅游信息化的培训教育和建设旅游人才实训基地；二是结合贵州省大数据产业、“互联网 +”等省内重大专项工作并联合高等院校（如贵州师范大学和贵州财经大学等高校），通过整合计算机大类专业和旅游专业来大力推广普及旅游信息化的专业教育等。在政策规划方面，贵州省政府近年来对旅游产业发展的各类政策均包含了智慧旅游产业发展的总体规划以及重点旅游发展区域和智慧旅游发展工程的专项行动方案等，以此全面引导贵州省智慧旅游产业的发展。在平台构建方面，贵州省旅游发展委员会主导建设了“行游贵州”预警提示系统小程序以及“一码游贵州”全域智慧旅游平台等。正是如此，贵州省的政府部门为贵州省的旅游智慧化服务和游客出行安全便利等也发挥了积极而独特的引导功能作用。

4.4.4　创新环境探讨

贵州省智慧旅游产业创新生态系统内部各创新组织（创新种群）之间显然已经超越了简单的市场竞争关系与合作关系。各创新组织由于技术（特别是现代化信息技术）的相似性以及游客旅游路线的可链接性而促使其智慧平台可互通互联。因此，智慧旅游产业各经济实体之间彼此相互依赖，形成更加稳定可靠和信息互通的可持续发展关系。这种合作多于竞争的可持续发展关系将为各创新组织（创新种群）开展其创新活动创造了良好的外部环境，并为各涉旅企业持续创造新的旅游价值提供了前提基础和物质保障。鉴于此，智慧旅游产业系统的外部创新环境更需要注重体现开放性和多样性的特征。

首先，智慧旅游产业更需要具备开放合作姿态的外部环境。现代信息社会要求信息高度透明和共享互助，并通过互联网、移动互联网和物联网等信息技术有效实现。在智慧旅游产业创新生态系统内部，各个创新组织都分别与外部环境存在并不断进行着物质（如各种商品和服务）、信息和能量（外界和内部的激励创新和鼓励合作的精神氛围）等的输入与输出，显示了智慧旅游产业系统强大的开放性特征。因此，外部环境给智慧产业系统内部的创新组织（创新种群）提供了其生存和发展所需要的物质、信息和能量等各种要素，也由此激发了各涉旅企业及其相关主体的创新活力。此外，智慧产业系统内部也不断地向外部环境输出各种高质量且有竞争力的涉旅产品和旅游服务等，也因此促使整个外部环境朝着更有利于智慧旅游产业系统良性发展的方向演化。贵州省智慧旅游发展的事实表明，在省委省政府的领导下，各旅游景区不仅积极与三大通信运营商和百度指数等著名企业谋求平台共建和数据合作，而且多渠道与太极智旅信息科技有限公司和贵州广电网络集团等一批省内外的知名科技型企业签订了一系列的合作框架协议，由此形成了贵州省以著名景区为核心主体的智慧旅游大数据云平台建设热潮，也进一步营造了贵州省旅游产业智慧化发展的良好外部环境。贵州省政府及地方各级政府也在这种智慧旅游产业创新环境的熏陶下，更积极从人才、技术和资金等方面为智慧旅游产业发展提供政策便利和措施协助。

其次，智慧旅游产业创新发展还需要更加复杂多样的外部环境。由于贵州省具备了复杂多样的喀斯特地形地貌和丰富多彩的少数民族文化，因而催生了各地独具特色的旅游项目和旅游景区。智慧旅游系统的创新组织在其创新活动过程中必须与外部环境相辅相成，如适应区域特色的旅游基础设施、符合当地旅游资源的产业扶持政策、适合景区发展所需的人才储备模式、利于周边民族文化传承的知识传播体系以及地方生态保护的民众自觉意识等一系列综合条件。贵州省智慧旅游产业创新活动的变化特性也是增加产业系统外部多样性的重要手段和创新组织开展创新活动的主要依据，并且也是不断优化智慧旅游产业创新生态系统外部环境的具体体现，将为创新组织（创新种群）更好地开展创新活动提供必要的人才和物质支撑。如此，贵州省发展和壮大智慧旅游产业才能够聚集大量的各类优秀人才、凝聚更多的旅游发展要素、夯实更好的旅游基础设施、加快旅游文化的传播速度和拓展游客的开发范围等。例如，贵州省政府积极落实“黔归人才计划”以及《贵州省高层次人才引进绿色通道实施办法（试行）》和《贵州省“百千万人才引进计划”实施办法》等有关文件，分别在人才生活津贴、购房租房补助、配偶就业安排和子女上学便利等方面创造条件，广泛引进并支持省外智慧旅游领域的高层次人才来黔工作、创业。再如，贵州省通过省内智慧旅游云重大科技项目和大数据招商引“智”平台等来引进和支持省外同行业领军人才来黔工作，通过专家传帮带作用来培养省内旅游信息化建设的专业队伍等。

贵州省智慧旅游产业创新生态系统的外部环境同时也有不同的类别并具备相应的特征，其具体的产业外部环境可分为政策环境、市场环境和技术环境三个部分。总体来说，政策环境是智慧旅游产业创新活动的实施保障和前提；市场环境是智慧旅游产业创新活动的实现场所与目标；技术环境是智慧旅游产业创新活动的平台基础与土壤。

首先，创新系统外部的政策环境分析。地区的政策环境是任何一种产业开展创新活动都需要重点关注和分析的内容，其相关的政策法规指明了可能会影响产业发展方向的信息和信号，是引导一个产业的技术升级和发展创新的方向标。政策环境分析具体可包括两个方面的内容：一是对现有政策的分析和评判，包括现有产业政策的全面整理分析和内容解读以及为产业创新主体提供政策咨询与解答等；二是提出相应的政策建议，包括现有政策的优化完善、未来政策的发展建议和政策平台的建设支持等。近几年来，国家相关部委和贵州省委省政府及其各级地方党委政府相继出台了诸多支持智慧旅游产业发展的重要政策文件。例如，《智能贵州发展规划（2017—2020 年）》（2017 年）提出以智慧能源、智能旅游、智能医疗健康、智能交通服务、智能精准扶贫、智能生态环保等领域为发展重点；文化和旅游部、财政部共同印发的《关于在旅游领域推广政府和社会资本合作模式的指导意见》（2018 年）提出，鼓励和支持政府和社会资本方采取 PPP 模式开展智慧旅游城市、智慧旅游景区、智慧旅游公共服务平台、旅游数据中心、旅游基础数据库等建设；贵州省政府办公厅印发的《关于支持毕节市加快旅游业发展的意见》（2019 年）提出“支持毕节市旅游大数据和智慧旅游体系建设”；《贵州省大旅游创新发展工程专项行动方案》（2020 年）提出，“推动智慧旅游上台阶上水平”“强化智慧监管、服务、营销等功能”。如此，贵州省智慧旅游产业创新生态系统的制度创新种群已经从产业系统内部营造了良好的创新条件。因此，产业系统外部环境的相关主体（如新闻界、政策观察家、其他相关学者和各界群众等）均可通过政策关注发出对应舆论，支持和引导贵州省的旅游文化展示、景区景点评议和导游服务监督等有助于智慧旅游产业系统外部环境良性建设的发展方向。

其次，创新系统外部的市场环境分析。基于第 2 章有关大数据产业系统的外部环境探讨，贵州省智慧旅游产业创新生态系统的外部市场环境分析主要关注贵州省外的旅游市场需求和贵州省内的旅游市场挖掘等，为贵州省智慧旅游产业的景区开发、文化挖掘和项目打造等提供需求导向。非贵州省智慧旅游产业的市场环境分析具体包括在省外旅游市场和省内非涉旅市场方面的市场规模分析、细分市场分析、市场集中度分析和市场潜力分析等内容。近年来，贵州省的旅游总收入和游客总数都有了井喷式增长，这无疑与省外旅游市场的营造吸引和省内非涉旅市场的开发挖掘有密切关系。贵州省文化和旅游厅的统计数据显示：2017 年的旅游总人数比上年增长 40.0%，达 7.44 亿人次；旅游总收入比上年增长 41.6%，达 7116.81 亿元；2018 年的接待游客约为 9.67 亿人次，比上年增长约 30%；旅游总收入约为 9460 亿元，同比增长约 33%。另外，贵州省某些景区还成为热播网络综艺的取景地并迅速在网络走红，促使该景区的旅游热度迅速增长；肇兴侗寨于 2018 年成为央视春晚的分会场并在除夕当晚受到全球华人的关注，直接带来了春晚首播结束后的第一天其所属黎平县的旅游热度涨幅高达 196%；鉴于贵州旅游消费水平相对其他热门旅游省份较低和性价比较高，直接吸引外省自由行游客选择贵州旅行并停留较长时间，如自由行游客平均在贵州游玩时间间在 5 ～ 6 天，48% 的游客游玩在 6 天及以上等①。

最后，创新系统外部的技术环境分析。某个产业的技术环境分析就是通过搜集整理和改造利用与该产业有间接关系的技术的发展现状和变化趋势等，为与该产业直接相关的技术的未来研发和战略决策提供咨询支撑。对贵州省智慧旅游产业创新生态系统而言，其系统外部的技术环境分析的主要内容包括省外智慧旅游产业以及省内非智慧旅游产业等的产业技术跟踪、技术热点分析和未来技术预测等，并且这些工作可以通过某些产业产品专利的相关性分析等手段实现。例如，国内其他省份如宁夏推出的“全域宁夏”线上旅游专题为省外游客营造了“身在宁夏”的浏览体验，使游客足不出户就能够体验 360° 或 720° 的 VR 影音资料；江西省则开放了省内 300 多个景区的在线 VR 导览和语音讲解；等等。另外，贵州省的其他传统景区以及还处于传统运营模式的其他涉旅企业等在省内强大的智慧旅游新模式冲击之下，也在积极思考和加速建设其智慧平台。全球 2020 年新冠肺炎疫情使全球旅游业出现了新的发展趋势：为了适应诸如疫情防控等突发应急需要，许多景区不得不暂停线下旅游模式而开启线上旅游感受场景，从而促使景区改变传统经营方式，而基于线上科技方式挖掘消费的新增长点，促使传统景区快步迈入智慧景区的行列。如此，贵州省的其他传统景区和其他涉旅传统企业将与智慧旅游产业携手，在实现智慧旅

① 佚名 . 兴义也成新晋“网红旅游目的地”［EB/OL］.（2018-05-07）［2020-12-18］. http://news.gog.cn/system/2018/05/06/016568860.shtml.

游产业链延长和智慧旅游产业面扩张的同时，也基于未来的市场情境而采用新技术提出并构建线上景区和云旅游等智慧旅游新概念。显然，不断涌现的智慧型涉旅新企业也需要基于自身具备的特色资源构建独特的智慧管理模式和恰当的合作发展模式等，以避免智慧旅游产业出现新一轮的重复性建设和同质化竞争。

4.5　贵州省智慧旅游产业创新生态系统的演进过程分析

旅游产业是基于市场需求视角而定义的一种综合性产业，它与从供给角度定义的其他产业一样都需要经历一个发展和演化的过程（苏振等，2011）。尽管学术界目前对旅游产业特别是智慧旅游产业演进的理论认知仍然比较有限，但各区域智慧旅游产业的发展程度和演变阶段存在着显著差异也是不争的事实。贵州省作为拥有丰富旅游资源且越来越重视旅游产业发展的省份，特别是借助大战略全力发展智慧旅游产业的战略定位，系统厘清其智慧旅游产业演进的总体特征、动力基础和激励作用等，既可有效指导贵州省的智慧旅游产业发展，也有助于进一步拓展和深化智慧旅游产业的相关理论体系，是旅游经济研究体系中颇具应用价值和理论意义的工作。

4.5.1　系统演进的总体特征

贵州省智慧旅游产业创新生态系统演进的总体特征可体现在以下四个方面。

1．自发性与人为性的统一

当旅游活动进入产业化阶段之后，旅游产业的演进过程既体现其作为产业发展而固有的演变规律，也逐步地融入了人的主观能动性，因而旅游产业的演变过程就体现出了高度的自发性与人为性（苏振等，2011）。但是，区分旅游产业演进的自发性与人为性的标准并不是人的参与而是政府的干预与调整是否存在。在贵州省的智慧旅游产业发展过程中，政府的指导与调控一直伴随着智慧旅游产业的孕育、发展和壮大。当然，智慧旅游产业离不开市场需求，因此也避免不了产业演化发展的自发规律。特别是，全球 2020 年新冠肺炎疫情暴发更促进了智慧旅游产业的市场需求。另外，智慧旅游产业演化的自发性与人为性在产业整个演进过程之中也并非是固定不变的。其自发性和人为性在不同的国家和地区以及不同的历史时期都会保持着动态发展的变化趋势。因此，贵州省作为一个经济欠发达地区，其政府对智慧旅游产业发展的各种干预作用最终也需要建立在旅游产业发展规律的基础之上，既可防止市场缺陷和“失灵”现象，也可避免政府过度干预而使智慧旅游产业重复性建设（苏振等，2011）。因此，贵州省智慧旅游产业的演进特征必须体现自发性与人为性的统一。

2．相似性与差异性的统一

贵州省智慧旅游产业源于各大景区的智慧旅游大数据云平台的建设，而不同景区的智慧云平台也基本是采用相似的现代信息技术手段，因此各地智慧旅游产业有其相似性。另外，贵州省内不同地区的旅游景区尽管都体现了独特的喀斯特地形地貌特征和少数民族文化习俗，但千姿百态的喀斯特和丰富多彩的民族风情也造就了各地旅游景区的差异性。贵州省智慧旅游平台的各功能模块必须建立在各大景区的景点特色和当地文化的内涵特征之上，因此智慧旅游产业在具体运作中就需要具备自身的特色。再者，贵州省各地的智慧旅游发展在其建设时间、发展基础、变化趋势、进程规模、增长幅度、成长速度和实现效益等诸多方面也并不均衡。因此，贵州省智慧旅游产业的演进过程既有其相似性也有其差异性，两者之间是辩证统一的关系。

3．渐进性与突变性的统一

波士顿大学管理学院教授安妮塔 · M. 麦加恩在《产业演变与企业战略》一书中曾归纳了产业演变的四种轨迹，即渐进性演变、创新性演变、适度性演变和激进型演变。贵州省智慧旅游产业正是基于贵州省“大扶贫、大数据、大生态”三大发展战略、“牢牢守住发展和生态两条底线”思路和“全域旅游”的强大目标，在较短的时间内通过引进大数据技术等建设了若干智慧旅游云平台，从而使贵州省智慧旅游产业在国内旅游业实现异军突起。因此，贵州省的智慧旅游产业演化具有明显的突变性特征。另外，贵州省智慧旅游产业也和历史上任何其他产业的发展过程一样，其经历了短暂的涌现过程之后即进入一种理性发展阶段，即智慧旅游平台需要根据各大景区的传统特色和市场需求的结构特征等进行细致调整和稳步推进，以此避免各地智慧平台建设的雷同性和重复性。此时，贵州省智慧旅游产业的演进过程就是随着时间而循序渐进地发展，即表现为突变性和渐进性的客观存在。

4．独立性与依附性的统一

旅游产业演进的独立性源于其作为一个相对独立的产业，其商业服务中派生又超出商业服务业的范畴；其具备的旅游需求和供给使其形成独立的供给特征、市场结构和经营体系；其足够厚重的经济体量使其成为经济社会发展中的重要产业（罗明义等，2008）。另外，旅游产业作为一种服务业，它追求的是一种精神状态上的愉悦和心灵深处的满足，故而其发展与壮大必须依附于社会经济的良性发展和民众生活的基本物质以及旅游服务的可达性等基础之上，因此旅游业对其他产业均具有一定的依附特征。贵州省智慧旅游模式作为一种基于满足现代民众生活的网络信息、个性发展和快捷便利等旅游需求之下，其孕育成长和发展壮大的演进过程就具备了类似于旅游产业的演化特征，因而也就拥有了其作为智慧旅游产业的演化独立性。另外，智慧旅游模式除了在满足民众基本生活需求的基础之外，还特别需要依赖人工智能、移动互联网、智能终端和大数据等现代化信息技术，所以，智慧旅游产业也需要依附其他产业的发展。因此，智慧旅游产业演化是独立性和依附性两者的统一。

4.5.2　系统演进的动力基础

贵州省智慧旅游产业创新生态系统的动力基础来自旅游系统内部各创新主体（如旅游景区、相关研究机构、政府部门和中介组织等）的推动作用以及与旅游相关的创新资源（如技术条件等）和创新环境（如市场需求和旅游文化等）等各种因素的共同驱动之下，而逐步形成较为完善和丰富的一体化产业链、价值链。这些动力因素有效促进了各旅游企业主体之间的资源共享和互利共赢，极大地提升了贵州省智慧旅游产业链的市场竞争力，并且正逐步实现传统旅游产业系统的升级转型和完善发展。

1．旅游经济和民族文化的诱致力

随着我国经济实力的快速发展和国民生活水平的不断改善，人们用于旅游休闲的时间和预算也在不同程度的提高。特别是，贵州省在近十年的交通运输条件大幅度提升，如县县通高速、市州建机场和省际有高铁等。基于丰富的旅游资源和不断完善的住宿餐饮等基础设施，贵州省内的民众和省外游客更加看好贵州的精神风貌和自然风光。显然，贵州省对旅游经济的高度重视和对民族文化的深度开发为智慧旅游产业提供了良好的发展基础。因此，民众对精神追求的多样化造就了旅游经济快速发展；贵州多彩的自然地理与民族文化风貌等造就了省内处处涌现的旅游胜地等。这些因素不同程度地刺激和诱导使贵州省迫切需要对旅游产业进行提速升级，因而相应地促进了贵州省智慧旅游景区建设，并通过景区的智慧化建设促进相关涉旅企业的智慧化发展等。这些企业主体的智慧化建设在宏观角度就体现为旅游产业生态系统的形态演变和升级发展，从而改造了旅游产业生态系统内部的行业结构及产业链条，为贵州省的旅游产业带来更高的经济效益。

2．旅游市场需求的强大拉动力

贵州省智慧旅游产业创新生态系统的发展演进还与旅游市场的旺盛需求力密切相关，并且这种需求力在较大程度上诱导着智慧旅游产业的孕育发展。在智慧旅游产业链条上的各个创新主体必须以较强的市场适应能力来不断调整其自身的经济行为，这样才能应对变化多端和复杂多样的旅游市场需求。良好的生态环境也是提高国内游客对贵州省的旅游需求动力并成为拉动省内旅游经济的重要因素。在智慧旅游产业链条中，诸如线上 App 的开发、推广和服务等环节的新增企业或产品类别既可扩大智慧产业链的丰富度和规模性，更是推动景区景点服务多样化并以此来迎合旅游市场需求多样化的重要手段。因此，行业融合深度的推进和相互发展，也促进了智慧旅游产业链的延伸触角和优化调整了智慧旅游创新主体的空间布局。

3．各级政府部门的政策驱动力

贵州省文化和旅游厅是贵州省政府在文化和旅游领域行使具体管理职能的政府部门。近些年，贵州省文化和旅游厅在促进智慧旅游模式成为未来行业发展趋势的工作中发挥了重要的政策指导作用。贵州省各市州及县市区的景区景点、旅游文化和城市建设等布局在当地和上级文化与旅游局的指导下获得飞速发展。

4．智慧企业创新主体的技术创新推动力

在智慧旅游产业系统中，以旅游景区、酒店住宿、饮食服务和交通运输等为主体的涉旅企业为了实现获取最大的经济利益和社会效益，均会采取相关技术措施提升本企业在同行业的竞争力。在现代信息社会中，加强涉旅企业特别是旅游产业链上下游企业的技术合作和产品 / 服务协同创新等形成了智慧产业系统演化的内生动力。智慧旅游产业正是通过在涉旅企业特别是旅游景区内部采用物联网、云计算、新一代通信网络、高性能信息处理和智能数据挖掘等现代科技手段，实现了游客在感知体验和管理体验等方面的创新，在为社会公众提供了便利服务的同时也提升了企业自身的经济效益。例如，多彩黔行文化传媒公司基于大数据旅游发展趋势于 2017 年 2 月搭建了集展示、宣传、资讯、应用、社交等于一体的旅游目的地服务平台全力助推贵州旅游快速发展[①]；“一码游贵州”全域智慧旅游平台整合了大数据、5G、新零售和区块链等前沿科技，解决游客在贵州的“吃、住、行、游、购、娱”等个性化需求，快速推进了贵州省文旅产业的高质量转型升级[②]。

5．高等院校和科研院所的协同创新推动力

在贵州省智慧旅游产业系统内部，高等院校和科研院所等原始创新种群在助力智慧旅游产业演化方面做出了积极的努力。高等院校和科研院所等研究机构与涉旅企业的项目合作方式既可为科研人员提供良好的科研平台，也可为推进智慧旅游行业的技术应用提供很好的实践场所。因此，高等院校和科研院所的科研工作人员通过多渠道整合研发资源进行协同创新，可同时实现提升技术服务水平与科技成果转化率，促进智慧旅游产业在同类竞争行业中脱颖而出。例如，贵州省智慧旅游产业发展研究院于 2015 年 12 月参与了乌当区东风镇的旧城改造项目和旅游开发建设规划方案；于 2016 年 3 月至 5 月分别与台江县、黔西南州和遵义市等签署智慧（山地、航空）旅游项目合作协议和赤水河谷旅游公路智慧化建设项目；于 2016 年 10 月与太极智旅信息技术有限公司和新三线孵化器等机构合作参与贵阳市智慧旅游示范区建设研究；于 2017 年为安顺市关岭县智慧旅游系统建设项目提供咨询服务和数据研究服务；于 2019 年为贵州省旅游发展委员会编制《山地旅游 第 18 部分：康养旅游基地建设》（DB52/

① 赵兴智 . 打造智慧旅游服务平台 助力贵州全域旅游发展［EB/OL］.（2018-05-08）［2020-12-19］.http://www.gog.cn/zonghe/system/2018/05/08/016572562.shtml.

② 徐海瑞 . 贵州推出“一码游贵州”小程序，为你精准推送贵州旅行大全［EB/OL］.（2020-07-07）［2020-12-19］. https://baijiahao.baidu.com/s?id=1671540142640071994&wfr=spider&for=pc.

T 1401.18—2020）和《山地旅游 第28部分：景区客流调控指引》（DB52/T 1401.28—2020）等两个地方标准①，这些表明该研究机构为贵州省智慧旅游产业系统的持续演进做出了积极的贡献。

6．旅游行业组织的竞合推动力

贵州省为了谋求智慧旅游产业的健康发展并尽可能减少在研发等方面的投资建设成本，相关涉旅企业和中介组织等共同发起成立了与智慧旅游相关的行业协会和互助组织等以促进智慧旅游相关企业的良性竞争。在当前智慧旅游行业良好的发展态势时期，智慧旅游行业协会的成员间可通过互动交流来拓展其合作领域，可以有效避免因重复建设等引起的资源浪费和投资成本，并进一步扩大智慧旅游产业的服务市场规模、技术研发能力和游客旅游体验感等。因此，贵州省的行业协会等民间组织为智慧旅游产业的相关企业提供了良好的竞争氛围与合作动力，较大程度上加强了智慧旅游行业的管理自律和服务形象等，为保障智慧旅游行业的经济效益和促进智慧旅游产业的良性发展做出了有益的贡献。例如，贵州省智慧旅游产业技术创新战略联盟提倡以发展具有自主可控的智慧旅游产业技术为核心任务，帮助智慧旅游行业建立规范化和市场化的标准，并打造成贵州省智慧旅游的大数据联合创新中心、人才培训基地和公共服务平台等，促进并维护贵州省智慧旅游产业的健康发展，提升贵州省乃至全国智慧旅游产业的整体水平②。

4.5.3 系统演进的激励作用

贵州省智慧旅游产业生态创新系统的激励作用主要体现在对贵州省内的产业维度方面，即智慧旅游产业的发展布局改善、旅游产业竞争力提升和旅游产业结构升级等。

（1）智慧旅游产业的发展布局改善。贵州省智慧旅游产业的布局改善有助于促进其智慧旅游产业系统的演进过程。智慧旅游产业布局的合理化需要遵循各区域景区景点的协调发展和生态环境的可持续发展等原则。基于贵州省各地

① 贵阳理工学院．贵州省智慧旅游产业发展研究院［EB/OL］.（2019-06-01）［2020-12-20］.https://www.git.edu.cn/jzghxy/info/1014/2187.htm.

② 王丹丹．数据观．贵州省智慧旅游产业技术创新战略联盟／揭牌 立足大数据先行优势提升智慧旅游水平［EB/OL］.（2017-07-07）［2020-12-19］.http://www.cbdio.com/BigData/2017-07/07/content_5553452.htm.

独特的自然地理特征和人文风情习俗等，贵州省智慧旅游也需要专注于寻求各景区景点的特色特征等进行营销宣传。如此，智慧旅游产业便可以在空间组织上寻求到景区景点分布的最佳形式并在全省范围内实现智慧旅游云平台设置功能模块的一般规律。贵州省智慧旅游大数据云平台就可以在类似功能模块中对特定景区景点进行针对性的产品 / 服务的宣传与营销，有助于实现不同地区间游客的合理分流，并使各地区尽可能地通过景区景点的游客分流来获取最大的旅游分流效益。因此，基于智慧旅游云平台改善景区景点布局以求合理利用游客分流和优化区域景观资源等，可增强全省智慧旅游产业的经济效益，并使各区域景区充分发挥其独特优势，实现最大的经济效益和社会效益等，从而激励全省旅游经济的可持续协调发展和智慧旅游产业的良性演化。

（2）涉旅产业的竞争力提升。每个产业在其演进过程中，其所处不同发展阶段就拥有不同的行业竞争优势。诸如智慧交通、智慧酒店和电子商务平台等相关涉旅产业的强大竞争力必然激励智慧景区的快速形成、发展和壮大，也必然通过技术升级方式激励传统景区在拓展其游客的区域范围和深化其服务的内容体系等方面有助于延长景区景点的旅游生命周期。产业经济学认为，产业竞争力由强变弱则意味其衰退，而由弱变强则预示其壮大。贵州省智慧旅游产业正处于孕育和成长的阶段，其自身演进与其他涉旅产业的协同发展息息相关。诚然，涉旅行业如交通运输、酒店住宿和餐饮服务等的不同演进方式都会使其自身产业和相关产业具有不同的产业竞争力。因此，基于涉旅产业深度融合的模式将成为智慧旅游产业实现创新发展的重要形式。现代信息社会促使游客的旅游活动变得个性十足和内容丰富，而涉旅产业的深度融合可以催生许许多多的新服务，如刷脸入园、点击购物和智能选择旅行路线等，即智慧模式下的涉旅产业融合既增强了自身产业的市场竞争力，更塑造了贵州省智慧旅游新市场的新形象和新需求。

（3）旅游的产业结构升级。正如智慧旅游产业的发展布局改善是基于资源约束和地理因素的角度，以及提升涉旅产业竞争力是基于传统产业转型发展的角度等之外，贵州省智慧旅游产业的激励还需要从满足社会发展需求的角度进行强化。贵州省旅游经济已经成为全省经济的重要组成部分，其涉旅产业也形成了一个联系紧密和协作有效的体系结构。在贵州省全面实施大数据发展战略的形势下，其智慧旅游业态既包括各智慧景区在横向上合作并已构成一定的技术经济比例（即产业间结构），也包括各涉旅产业部门在纵向上的合作并已构成各产业的经济地位和相互联系程度与合作水平（即产业链结构）。因此，贵州省智慧旅游产业的结构升级即是适应于省内非涉旅产业的大数据技术应用形势和省外智慧旅游产业的强势渗透而激励其产业间结构和产业链结构的转换与升级，并且这种转换升级也符合贵州省的社会发展需求，如生产力发展需求、科技进步需求和生态环境保护需求等。显然，这些需求的体系丰富和结构变动将有助于智慧旅游产业向更高层次方向的演化。

4.6 贵州省智慧旅游产业创新生态系统的演进过程优化

我国“十四五”时期将成为智慧旅游产业替代传统旅游产业的极为关键的时期。作为融入互联网和智能终端等现代信息技术而诞生的一种旅游业态管理，贵州省智能旅游管理模式在其实施过程中仍然存在着一些迫切需要解决的管理问题。旅游行业的管理者和决策者需及时重视相关问题并采取相应的改革措施来全力保障这种智能旅游管理模式的全面实施和促进现代旅游业的创新发展。智慧旅游产业创新生态系统演进的持续优化对于贵州省智慧旅游产业的良性发展至关重要，而相关优化过程将主要涉及创新主体的提升、创新客体的技术深化、系统功能的模式优化和创新环境的政策保障等内容。

4.6.1 综合提升创新主体

贵州省智慧旅游产业创新生态系统的创新组织主要包括了涉旅企业（如景区、酒店和餐饮等）、政府部门（如省政府、各级地方政府以及文化和旅游厅局等）、高等院校和科研院所、金融机构及其他中介组织等，同时也包括了由上述创新主体经过协商集聚而成的种群和群落等。这些创新主体作为智慧旅游产业系统的建设参与者和服务提供者，在智慧旅游产业系统的演进优化过程中，也将随着创新生态系统的优化而获得不同程度的提升。

游客在进行其智慧旅游的活动过程中，也如传统旅游一样涉及“食、住、行、游、购、娱”等诸多方面的综合性消费，因而也与相关行业的生产服务企业密切相关。这些涉旅企业为游客的旅行活动提供了丰富的产品和必要的服务。智慧旅游业态也需要根据游客的消费需求和景区周边的资源条件，促使各涉旅企业保持其产品和服务的供求平衡、结构优化与提升发展，特别是要注意解决游客拥堵、住宿虚高和餐饮卫生以及相应的存量过剩等问题。此外，在贵州省智慧旅游产业系统的优化过程中，涉旅企业需要增强和提升基础产品 / 服务、核心产品 / 服务和发展产品 / 服务的层次性，特别是要突出智慧旅游产业的核心企业以及核心企业的核心产品 / 服务的主导作用，同时巩固其基础企业及其基础产品 / 服务的产业支撑作用。鉴于现代信息社会的快速化发展特征，智慧旅游产业特别需要关注涉旅企业提高其发展层次和产品 / 服务的变化趋势等，逐步提高智慧化涉旅企业在旅游产业中的地位和作用，及时协调各涉旅行业的均衡发展。

对于智慧旅游产业而言，高等院校和科研院所的创新资源对其创新发展有不可忽视的积极作用。贵州省政府及其地方政府和相关职能部门等需通过搭建相关平台将涉旅企业（特别是智慧景区和智慧酒店等）与高等院校和科研院所的资源要素整合起来，建立起以技术创新种群（即涉旅企业为核心），以原始创新种群（高等院校和科研院所等）为依托的产学研平台，使其各自发挥专长以谋求共同发展。原始创新种群的具体做法包括：在现有科研实力的基础上，各高校和科研院所可基于学术会议交流和智慧景区现场观摩等方式进行技术交流和管理咨询；原始创新种群可通过免费咨询或优惠服务等方式为涉旅企业提供产业培训和研修平台；涉旅企业为原始创新种群提供实习基地和合作共建博士后流动站等模式来建立合作渠道，以实现研发共担和资源共享的目的；原始创新种群还可以与涉旅企业建立多种创新的激励机制，如科研人员持股、知识产权入股和技术开发奖励等模式，促使涉旅企业大量吸收原始创新种群的科研技术成果和强化涉旅企业的科技成果应用转化效率等。如此，原始创新种群在优化提升智慧旅游产业系统演化的速度和效率时可以发挥更积极的创新性作用。

贵州省各级政府及其文化与旅游厅（局）等相关部门是智慧旅游产业系统的制度创新主体，需要密切关注贵州省智慧旅游产业的发展现状并着重发现智慧旅游的痛点问题和总结智慧旅游的发展经验等。基于痛点问题和发展经验及时出台相关政策和措施来指导智慧旅游产业的发展。贵州省各级政府及其职能部门还需要进一步发挥其协调作用，引导其他创新主体特别是涉旅企业、科研机构和中介机构等建立良好的合作关系，共同打造贵州省智慧旅游的新平台、新技术、新模式、新服务和新品牌。另外，金融机构和中介组织等也需要密切关注智慧旅游的产业发展需求，及时提供有利于智慧旅游产业发展的金融产品和中介服务等，同时也需要与时俱进地打造自身的智慧金融平台和智慧中介服务平台等，共同服务于贵州省智慧旅游产业创新生态系统演进的优化过程。

4.6.2 技术深化创新客体

贵州省智慧旅游产业创新生态系统的创新客体包括了涉旅企业的组织创新、政府部门与科研机构的思维产物与物质产品等。创新客体作为智慧旅游创新主体创造的产物，在智慧旅游产业创新生态系统中同样占据着重要的地位，也往往决定着智慧旅游产业发展过程中游客的旅游体验，因此创新客体对智慧旅游产业系统的演进优化同样发挥重要的促进作用。在贵州省智慧旅游产业演进的优化过程中，创新客体在现代信息技术的推动下也将有很大的改善空间。

首先，智慧景区组织机构的持续改进和非智慧景区的智慧化建设。一方面，贵州省多个已经实施智慧旅游大数据云平台建设的景区，如安顺黄果树瀑布景区、兴义万峰林景区、荔波大小七孔景区和花溪青岩古镇景区等，尽管其旅游服务的主要内容已经开始智慧化，如网络购票、刷证进园、面部识别、交通监控、路线推送等，但是各智慧景区的相应经营管理企业也只是在其公司内部成立了专门负责智慧化建设的相关职能部门，而没有在整个公司内部的所有职能部门都实现适应智慧化建设的改进。另一方面，贵州省智慧旅游产业还处于孕育和成长阶段，其多数中小型景区景点还没有开始实施智慧旅游云平台建设，因而其企业内部也没有成立相应负责大数据云平台建设的职能机构。因此，在贵州省智慧旅游产业创新生态系统的演进过程中，各景区景点还需要适应贵州省大数据发展战略和智慧化旅游建设的需要，大力创新其企业内部管理机构以适应未来游客的智慧化旅游模式。

其次，持续深化各智慧景区景点的智慧化服务内容和大数据管理云平台的功能模块。贵州省在其智慧旅游产业获得快速发展的过程中，一方面其现代信息技术特别是大数据技术等将在智慧旅游产业系统的演进优化过程中发挥越来越重要的作用，另一方面各涉旅企业特别是智慧景区等在现代信息技术应用水平的普遍提高和先进科技成果的广泛应用都会促使各智慧景区景点的智慧化服务内容不断得到深化和补充，同时也促进各智慧化管理云平台的功能模块不断得到提升和完善。另外，智慧旅游模式作为基于移动互联网等网络技术的新兴旅游业态，能够使游客突破其区域限制而促使国外游客的人流量获得较大增长，因此各智慧景区景点及其智慧旅游云平台等的服务内容和功能模块也需要适应国外游客的旅行需求。

再次，积极构建智慧旅游产业的国际国内行业标准。贵州省在积极建设省内智慧旅游云平台和智慧景区景点等的同时，一方面要注意其智慧旅游产业结构尽量与国内国际的智慧旅游产业结构接轨，以适应国内外旅游行业的规范化要求；另一方面也要勇于先行先试，充分利用贵州省大数据中心的国际声誉制定和开展智慧旅游行业的国内国际旅游产品 / 服务标准，助力贵州智慧旅游产品 / 服务的竞争优势并在世界智慧旅游市场上占据领先地位。例如，贵州省智慧旅游产业发展研究院先后参与制定了《山地旅游 康养旅游基地建设标准》和《山地旅游景区客流引流规范》等，不但成为贵州省未来智慧旅游产业的地方标准，还力争成为国内国际山地智慧旅游的行业标准。贵州省智慧旅游产业正是需要在基于其独特喀斯特地形地貌和国际大数据中心等优势特色为国际智慧旅游行业做出其应有的贡献。

最后，持续完善和深化贵州省智慧旅游产业的政策体系和实施措施。各类有关智慧旅游产业发展的政策体系和实施办法等是智慧旅游产业的重要创新客体，并在促进智慧旅游产业的孕育、发展和壮大等过程中发挥重要的指导作用。贵州省政府及其职能部门等相继出台的《贵州省“十四五”文化和旅游发展规划》等文件，为指导贵州省的智慧旅游产业发展指明了方向。今后，贵州省及其地方政府和相关职能管理部门等还需要在智慧旅游的体制机制、产业扶持、标准规范、人才培养和应用推广等方面不断做出新的突破；同时，也需要基于贵州的经济特色和产业优势，积极协调涉旅企业、科研机构和金融实体等各方面合作，为创新智慧旅游产业的投入体系、自主研发智慧旅游的核心技术和关键产品 / 服务等提供咨询服务和引导作用。

4.6.3　优化系统功能模式

基于智慧旅游模式可进一步优化贵州省智慧旅游产业创新生态系统的系统功能。智慧旅游产业系统的功能优化主要体现在智慧旅游模式的自我提升、社会促进和传统产业带动等方面。通过智慧旅游模式的持续优化，其产业创新生态系统的功能也将会有很大程度的提升。

首先，持续优化智慧旅游模式提升智慧旅游产业创新生态系统。智慧旅游产业是基于传统旅游产业的智慧化改造而涌现出来的新兴业态，其智慧产业创新生态系统的功能也自然而然地体现在智慧旅游模式的自我提升。目前，贵州省各智慧景区基本还处于将原景区的部分功能采用现代信息技术而升级发展的阶段，由于景区的智慧化升级代表了旅游产业的未来发展趋势，因此一个景区的部分功能采用现代信息技术实现智慧化管理模式之后，该景区的其他部分功能也需主动地接受改造和提升以适应这种变化趋势。因而，智慧景区需全面而持续地优化其智慧旅游模式以提升整个景区的智慧化程度。另外，由于智慧景区代表着先进生产力的发展方向，导致贵州省的智慧旅游产业在经历了孕育和发展的阶段后，必然在整个贵州省旅游市场中取得先发优势而占据较大的市场份额。因此，持续提升智慧旅游模式将有助于促使其他非智慧景区景点相继效仿，进而整个贵州旅游行业逐步代替传统模式而相继提升为智慧旅游模式。显然，智慧旅游模式的优化提升需要基于先进信息技术特别是大数据技术和人工智能模式的应用，以及适应这种先进信息技术而催生的新的商业模式的设计和变革等。

其次，持续优化智慧旅游模式必然促进社会系统的有效提升。这种社会系统的提升表现在：其一，智慧旅游模式使游客的心情愉悦和度假休闲等更具可达性，因此更易于游客增强获得感和幸福感，有助于促进社会和谐；其二，智慧旅游模式有效了解游客的行为，使游客更能做到文明旅游和安全旅游等；其三，智慧旅游模式带来了更快的生活节奏和更高的工作效率，其原因来自于智慧旅游云平台使游客更科学地安排旅游行程而大大降低其时间成本和经济成本，而且由智慧旅游模式引发的智慧交通和电子商务等也极大地提高了服务效率和商品流通等，即智慧旅游模式为游客提供了旅行的便利性和购物的便捷性。因此，贵州省需要持续优化其智慧旅游模式，既是促进智慧旅游产业创新生态系统功能的需要，更是提升社会系统整体进步的需要。

再次，持续优化智慧旅游模式必然带动若干传统产业的进步和变革。智慧旅游模式也离不开现代服务业的支撑，特别是交通运输、餐饮住宿、文化创意和科技教育等传统服务行业的持续支撑。由于智慧旅游和智慧交通等现代服务新模式的蓬勃发展，也必然带动与旅游密切相关的其他产业顺势而发。因此，贵州省在持续优化其智慧旅游新模式的基础上，需着力促进和带动文化旅游、创意旅游、教育旅游、工业旅游和农业旅游等旅游新产品，进一步使智慧旅游产品多样化来满足不同层次、不同领域的游客需求。由此，智慧旅游模式的升级优化将带动其他相关产业的智慧化发展并催生各种新型旅游产品和完善智慧旅游产业体系。另外，贵州省的智慧旅游产业需要各种交通道路设施、城市基础建设和公共服务设施等的支撑，因而智慧旅游模式的持续优化还需要体现在基础设施的建设和完善等方面。因此，智慧旅游模式的持续优化不但提升了贵州省旅游产业的竞争力，也有效促进了贵州省城市化进程，在较大程度上影响了贵州省智慧旅游产业创新生态系统的建设功能和服务功能。

4.6.4　政策保障创新环境

创新环境对智慧旅游产业创新生态系统的发展至关重要。贵州省典型的喀斯特地形地貌和丰富多彩的多民族文化习俗，使得贵州省各市州旅游产业的景区景点、发展水平和经济结构等具有不同特征和处在不同层面。因此，贵州省的智慧旅游业态不能千篇一律，也不能采用统一模式来构建其智慧旅游云平台。贵州省各级人民政府及其职能管理部门在智慧旅游产业创新生态系统的优化过程中需注意根据各地区的旅游资源优势、特色产品结构及产业发展现状等诸多因素，因地制宜地制定相应的优化政策。

显然，各级政府需要负责组织和协调推进各行业部门及涉旅企业积极开展并努力支持各地的智慧旅游产业发展的相关政策工作的实施，如智慧旅游的建设方案、实施意见、管理标准、考核评价和工作督导等。各地区的旅游主管部门可采取计划制定、方案实施、交流汇报和现场推进等方式来保障相关智慧旅游政策的落实。同时，为了有效督促各级地方政府积极开展智慧旅游的建设工作，贵州省人民政府及其旅游主管部门需建立一定的制度对各地智慧旅游建设的目标和任务完成情况进行绩效考评。各级旅游主管部门也可以通过建立相应的制度定期对智慧旅游的试点单位和经营单位等进行评优表彰。同时，政府需要牵头并联合各大金融机构制定相应的融资体系、减税优惠和贷款援助等政策措施和实施办法（王红蕾，2019）。如此，贵州省不断完善的政策环境和持续优化的金融环境等将有助于智慧旅游产业创新生态系统的演化发展。

参考文献

安妮塔·M.麦加恩，2007.产业演变与企业战略［M］.北京：商务印书馆.

编辑部，2019.2018年贵州经济社会发展“七大”成绩耀眼［J］.理论与当代（2）：55.

蔡宁，杨旭，2002.协作行为对企业集群竞争力的影响［J］.徐州建筑职业技术学院学报（3）：48-51.

曹斐琳，蒙焕玉，王霞，2020.黔南州大数据产业发展存在的问题与对策［J］.产业创新研究（13）：19-20.

曹如中，付永萍，2012.创意产业发展过程中政府角色定位研究［J］.科技管理研究（7）：33-36.

曹如中，刘长奎，曹桂红，2011.基于组织生态理论的创意产业创新生态系统演化规律研究［J］.科技进步与对策，28（3）：64-68

曹山河，2007.论创新主体与客体［J］.湖南社会科学（1）：11-13.

曹薇，2008.创新群落研究现状及展望［J］.科技信息（28）：159，211.

曹亚东，洪玉乔，2018.产业生命周期视角下大数据产业链及大数据能力培育［J］.商业经济研究（18）：171-173.

茶洪旺，郑婷婷，2018.中国大数据产业发展研究［J］.中州学刊（4）：19-25.

朝乐门，马广惠，路海娟，2016.我国大数据产业的特征分析与政策建议［J］.情报理论与实践，39（10）：5-10.

陈博，陆玉麒，舒迪，等2019.景区智慧化发展水平测度及空间分布差异研究：以江苏省4A级及以上景区为例［J］.南京师大学报（自然科学版），42（2）：129-135.

陈海华，陈松，2010.从产业集群到创新集群的演化过程及机制研究［J］.中国软科学（S1）：227-232，249.

陈慧，林宏辉，2015.高校与科研院所研究生培养的协同创新模式构建［J］.中国高校科技（10）：51-52.

陈建军，2008.关于打造现代产业体系的思考：以杭州为例［J］.浙江经济（17）：43-45.

陈健，高太山，柳卸林，等，2016.创新生态系统：概念、理论基础与治理［J］.科技进步与对策，33（17）：153-160.

陈兰，2016.技术外部效应下产业共生行为演化博弈分析［J］.技术经济与管理研究（6）：36-40.

陈立枢，2015.中国大数据产业发展态势及政策体系构建［J］.改革与战略，31（6）：144-147.

陈曦，2020.构建协同发展现代产业体系的国际经验与启示［J］.宏观经济管理（6）：32-38，44.

陈英武，姜江，2008.关于体系及体系工程［J］.国防科技，8（5）：30-35.

池莲，2015.谈大数据产业形成路径及其产业集群发展动力机制［J］.商业经济研究（17）：66-68.

崔宏桥，吴焕文，2020.吉林省大数据产业发展现状及对策［J］.税务与经济（3）：103-108.

戴卫明，陈晓红，肖光华，2005.产业集群的起源：基于区域效应和聚集效应的博弈分析［J］.财经理论与实践（1）：89-93.

邓贤峰，李霞，2012.“智慧景区”评价标准体系研究［J］.电子政务（9）：100-106.

邓子云，陈磊，何庭钦，2017.一种区域大数据产业发展战略形成方法及实例研究［J］.科技管理研究，37（21）：160-170.

邸晓燕，张赤东，2018. 基于产业创新链视角的智能产业技术创新力分析：以大数据产业为例［J］. 中国软科学（5）：39-48.

刁毅刚，2018.API 经济与媒体的未来［J］. 中国传媒科技（6）：13-16.

董亚琦，钟建伟，丁飞，2018. 大数据时代我国体育产业发展路径研究［J］. 体育文化导刊（12）：76-81.

冯俏彬，2018. 论建设现代产业体系的基础制度建设与税改策略［J］. 税务研究（2）：23-28.

冯志军，陈伟，2015. 我国制造业知识产权保护、技术创新绩效与产业升级研究：基于我国制造业 29 个行业面板数据的分析［J］. 改革与战略，31（5）：138-142，164.

付保宗，盛朝迅，徐建伟，等，2019. 加快建设实体经济、科技创新、现代金融、人力资源协同发展的产业体系研究［J］. 宏观经济研究（4）：41-52，97.

付保宗，周劲，2018. 协同发展的产业体系内涵与特征：基于实体经济、科技创新、现代金融、人力资源的协同机制［J］. 经济纵横（12）：23-33.

傅春，王宫水，李雅蓉，2019. 节能环保产业创新生态系统构建及多中心治理机制研究［J］. 科技管理研究，39（3）：129-135.

高越月，田永红，2020. 推动贵州大数据产业健康发展研究［J］. 理论与当代（1）：33-34.

郭皓月，樊重俊，李君昌，等，2019. 考虑内外因素的电子商务产业与大数据产业协同演化研究［J］. 运筹与管理，28（3）：191-199.

郭莉，苏敬勤，徐大伟，2006. 基于哈肯模型的产业生态系统演化机制研究［J］. 中国软科学（11）：156-160.

郭燕青，刘丹，衣东丰，2015. 中小企业创新生态系统困境与优化路径；以山东省为例［J］. 企业经济（8）：16-19.

韩先锋，惠宁，2016. 中国大数据产业技术效率及其影响因素分析［J］. 科技管理研究，36（14）：107-112.

何向武，周文泳，2019. 创新生态系统序参量与演化关系：以我国医药制造业为例［J］. 科技与经济，32（3）：31-35.

何向武，周文泳，尤建新，2015. 产业创新生态系统的内涵、结构与功能「J］. 科技与经济，28（4）：31-35.

何勇，赵林度，何炬，等，2007. 供应链协同创新管理模式研究［J］. 管理科学（5）：9-13.

贺剑武，2019. 乡村旅游信息化建设与智慧旅游融合发展路径探讨［J］. 农业经济（8）：39-41.

洪嵩，洪进，赵定涛，2014. 高技术产业与区域经济共同演化水平研究［J］. 科研管理，35（6）：84-93.

侯颖，2014. 构建现代产业体系的动力机制及优化策略研究：以河南省为例［J］. 经济研究导刊（4）：47-48.

胡芬，吴南，2006. 基于生态属性的旅游企业管理策略［J］. 商业时代（33）：85-86.

胡平波，钟漪萍，2019. 政府支持下的农旅融合促进农业生态效率提升机理与实证分析：以全国休闲农业与乡村旅游示范县为例［J］. 中国农村经济（12）：85-104.

胡雨晴，李桥兴，王红蕾，2019. 贵州省大数据产业布局现状及对策研究［J］. 经济研究导刊（21）：151-152.

黄娟，黄英，张敏，2016. 基于网络关注度构建智慧旅游公共服务体系的实证建议：以武汉为例［J］. 现代城市研究（2）：126-131.

黄鲁成，2003. 区域技术创新系统研究：生态学的思考［J］. 科学学研究，21（2）：215-219.

黄鲁成，2004. 创新群落及其特征［J］. 科学管理研究（4）：5-6，10.

黄敏，2011. 基于协同创新的大学学科创新生态系统模型构建的研究［D］. 重庆：第三军医大学 .

霍景东，2011. 对政府支持产业发展的反思及政策建议［J］. 中国经贸导刊（4）：28-30.

姬冠，曾福生，2018. 现代农业三大体系构建的逻辑与方略：以农业大省湖南为例［J］. 湖南农业大学学报（社会科学版），20（3）：24-28.

姜彩楼，徐康宁，2008. 创新集群的内涵与形成路径研究［J］. 现代管理科学（11）：10-11.

姜红德，2015. 互联网 + 的本质：API 经济与生态圈［J］. 中国信息化（12）：49-51.

金卫东，2012. 智慧旅游与旅游公共服务体系建设［J］. 旅游学刊，27（2）：5-6.

金卫东，丁蕾，2010. 现代城市旅游“理性发展”初探［J］. 现代城市研究，25（1）：69-72，95.

井明灿，万风，2016. API 经济是制造业 + 互联网的连接器［J］. 中国工业评论（10）：12-17.

孔俊婷，杨森，2018. 基于低碳理念的智慧景区规划设计研究：以乌村景区为例［J］. 生态经济，34（9）：231-236.

寇佳佳，白英卿，2015. 生态脆弱地区发展智慧旅游的冷思考：以三江源区为例［J］. 青海师范大学学报（自然科学版），31（2）：79-84.

蓝晓霞，刘宝存，2014. 美国协同创新主体功能定位研究［J］. 南昌大学学报（人文社会科学版），45（4）：155-160.

黎忠文，唐建兵，2015.“数据流动”视角下智慧旅游公共服务基本理论问题探讨［J］. 四川师范大学学报（社会科学版），42（1）：48-53.

黎忠文，张学梅，唐建兵，等，2014. 智慧旅游公共服务体系内涵及构建思考［J］. 商业时代（30）：118-120.

李二玲，李小建，2007. 论产业集群的网络本质［J］. 经济经纬（1）：66-70.

李福夺，2015. 贵州省传统产业转型升级发展研究［J］. 西部发展评论（6）：53-61.

李虹含，杨驰，2015. 中国银行业系统性风险的测量方法与实证研究［J］. 广西大学学报（哲学社会科学版），37（2）：81-87.

李坚，2020. 十二大特色产业成果丰硕［J］. 当代贵州（3）：70.

李建邦，李常洪，2010.“政产学研金中”合作发展研究［J］. 科技情报开发与经济（12）：123-125.

李进兵，2016. 战略性新兴产业创新系统演化进程与驱动力［J］. 科学学研究，34（9）：1426-1431.

李剀，2017. 边疆民族地区省会城市的旅游公共服务体系构建：以昆明市为例［J］. 中国人口 · 资源与环境，27（S1）：250-253.

李兰冰，2008. 基于生命周期的物流产业集群演进机制研究［M］. 北京：经济科学出版社 .

李萌，2014. 基于智慧旅游的旅游公共服务机制创新［J］. 中国行政管理（6）：64-68.

李南，梁洋洋，2018. 临港产业共生系统的动态演进：机制构成与生命周期［J］. 改革与战略，34（5）：87-92.

李鹏飞，卢瑾，辛一，2014. 基于专利的大数据技术发展情报分析及战略研究［J］. 情报杂志，33（9）：45-50.

李其玮，顾新，赵长轶，2016. 创新生态系统研究综述：一个层次分析框架［J］. 科学管理研究（1）：14-17.

李桥兴，沈晓芳，2019. 贵州省大数据产业的集聚演进及政府定位研究［J］. 经济论坛（12）：60-65.

李桥兴，胡雨晴 .2020，大数据产业的属性与分类界定及其模糊识别研究［J］. 科技管理研究 40（3）：163-173.

李桥兴，胡雨晴，2020. 基于哈肯模型的我国大数据产业演化机制研究［J］. 工业技术经济 39（3）：125-131.

李树先，刘静，2018. 贵州发展大数据产业的思考［J］. 信息技术与信息化（7）：180-183.

李万，常静，王敏杰，2014. 创新 3.0 与创新生态系统［J］. 科学学研究，32（12）：1761-1770.

李微，万志芳，2013. 关于林业产业演进的理论探讨［J］. 世界林业研究，26（4）：87-92.

李文，2019. 智慧旅游命题下如何确定工作优先级［J］. 旅游学刊，34（8）：10-11.

李向阳，2020. 大数据产业增长及效率的影响因素与实证［J］. 统计与决策，36（5）：116-119.

李晓锋，2018.“四链”融合提升创新生态系统能级的理论研究［J］. 科研管理，39（9）：113-120.

李新春，戴吉林，2004. 集群化“中国制造”的制度特征与竞争力［J］. 学术研究（7）：13-19.

李鑫浩，李世玉，郭名诚，等，2020. 互联网企业岗位视角下的高校大数据人才能力分析［J］. 现代企业（6）：104-105.

李煜华，武晓锋，胡瑶瑛，2014. 共生视角下战略性新兴产业创新生态系统协同创新策略分析［J］. 科技进步与对策，31（2）：47-50.

李钟文，威廉·米勒，玛格丽特·韩柯克，等，2002. 硅谷优势：创新与创业精神的栖息地［M］. 北京：人民出版社.

廖劲为，于娟，2018. 大数据产业研究综述［J］. 现代商贸工业，39（6）：7-11.

林德荣，陈莹盈，2019. 智慧旅游乡村建设的困境与突破：从智慧潮流走向可持续发展［J］. 旅游学刊，34（8）：3-5.

林俊，杜军平，2009. 智能旅游行程导航系统［J］. 计算机应用，29（S1）：369-371.

凌守兴，2015. 智慧旅游产业价值链分析及对策［J］. 企业经济（1）：118-122.

刘冰，王安，2020. 现代产业体系评价及构建路径研究：以山东省为例［J］. 经济问题探索（5）：66-72.

刘波，陈丽，2016. 江苏省现代海洋产业体系及发展路径研究［J］. 资源开发与市场，32（7）：838-841.

刘洪民，杨艳东，韩熠超，2018. 战略性新兴产业阶段性演进特征及其政策动态调整：一个文献述评［J］. 科技管理研究，38（7）：142-147.

刘会学，胡蓓，张文辉，2015. 产业集群核心企业异质性特征研究［J］. 科技进步与对策，32（7）：74-77.

刘军林，范云峰，2011. 智慧旅游的构成、价值与发展趋势［J］. 重庆社会科学（10）：121-124.

刘烈宏，陈治亚，2016. 产业链演进的动力机制及影响因素［J］. 世界经济与政治论坛（1）：160-172.

刘明宇，芮明杰，2009. 全球化背景下中国现代产业体系的构建模式研究［J］. 中国工业经济（5）：57-66.

刘倩，2019. 大数据产业对区域科技创新发展的影响研究［J］. 科技管理研究，39（2）：217-223.

刘沙，2015. 产业创新生态系统的构建及治理研究［D］. 天津：河北工业大学.

刘文勇，2014. 现代产业体系的特征考察与构建分析［J］. 求是学刊，2：52-58.

刘亚亚，曲婉，冯海红，2019. 中国大数据政策体系演化研究［J］. 科研管理，40（5）：13-23.

刘岩，2015. 我国大数据产业竞争优势研究：基于修正的钻石模型［J］. 企业经济，34（7）：92-97.

刘治彦，季俊宇，商波，等，2019. 智慧旅游发展现状和趋势［J］. 企业经济，38（10）：68-73.

陆国庆，2003. 产业创新：超越传统创新理论的新范式［J］. 江汉论坛（2）：10-13.

陆路，秦升，2020. 文旅融合背景下的公共数字文化服务创新发展：以陕西省图书馆“智能文化云地标”的建设实践为例［J］. 国家图书馆学刊，29（2）：32-40.

吕鲲，2019. 基于生态学视角的产业创新生态系统形成、运行与演化研究［D］. 长春：吉林大学.

吕亚娟，2013. 战略性新兴产业绩效评价研究［D］. 天津：天津财经大学.

吕玉辉，2011. 企业技术创新生态系统探析［J］. 科技管理研究，31（16）：15-17.
罗国锋，林笑宜，2015. 创新生态系统的演化及其动力机制［J］. 学术交流（8）：119-124.
罗明义，杜靖川，吕宛青，2008. 现代旅游经济学［M］. 昆明：云南大学出版社.
马中东，宁朝山，2020. 基于全球价值链的国家质量基础与产业集群质量升级研究［J］. 统计与决策，36（15）：14-18.
迈克尔·波特，2002. 国家竞争优势［M］. 李明轩，邱如美，译. 北京：华夏出版社.
梅亮，陈劲，刘洋，2014. 创新生态系统：源起，知识演进和理论框架［J］. 科学学研究，32（12）：1771-1780.
苗红，黄鲁成，2008. 区域技术创新生态系统健康评价研究［J］. 科技进步与对策，25（8）：146-149.
闵媛媛，2020. 大数据背景下我国省会城市商业化程度影响因素实证分析［J］. 商业经济研究（6）：157-159.
穆东，杜志平，2005. 资源型区域协同发展评价研究［J］. 中国软科学（5）：106-113.
牛竹梅，张咪，2021. "互联网 +" 装备制造业融合的绩效评估：以山东省装备制造业系统发展为例［J］. 系统科学学报，29（1）：107-112.
钱纳里，1989. 工业化和经济增长的比较研究（中译本）［M］. 上海：上海三联书店，.
乔代富，2013. 安徽现代产业体系构建研究［J］. 现代商贸工业，5：59-60.
仇保兴，1999. 发展小企业集群要避免的陷阱：过度竞争所致的"柠檬市场"［J］. 北京大学学报（哲学社会科学版）（1）：25-29.
任丹，董晓燕，刘晶莹，等，2007. 合肥市汽车产业协调发展中存在的问题与对策［J］. 安徽科技（2）：24-25.
阮立新，2017. 基于利益相关者诉求的景区智慧旅游框架体系构建［J］. 南京师大学报（自然科学版），40（3）：159-165.
芮明杰，2018. 构建现代产业体系的战略思路、目标与路径［J］. 中国工业经济（9）：24-40.
萨克森宁，2000. 硅谷优势［M］. 曹蓬，杨宇光，译. 上海：上海远东出版社.
沈俊鑫，陈颖谦，2017. 面向欠发达地区大数据产业发展能力分析的网络化方法研究［J］. 通信学报，38（12）：153-159.
沈俊鑫，李爽，张经阳，2019. 大数据产业发展能力影响因素研究：基于 fsQCA 方法［J］. 科技管理研究，39（7）：140-147.
盛朝迅，2019. 制约现代产业体系构建的五大瓶颈与应对之策［J］. 宏观经济管理（6）：12-17.
盛广耀，2017. 智慧城市建设与城市转型发展研究［J］. 中共福建省委党校学报（6）：19-26.
宋真真，2019. 黔中经济带大数据产业协同发展策略研究［J］. 南方农机，50（17）：45，54.
苏振，杨永德，冯进松，2011. 论旅游产业的演进及其特征［J］. 中国经贸导刊，（22）：78-80.
孙福全，2012-02-01. 硅谷模式为什么难以模仿［N］. 经济日报（015）.
孙琪，2016. 基于熵值法和 TOPSIS 法的浙江省产业技术创新生态系统评价［J］. 商业经济研究（7）：212-215.
谭跃进，赵青松，2011. 体系工程的研究与发展［J］. 中国电子科学研究院学报，6（5）：441-445.
汤姚楠，2015. 旅游业引导的区域经济优化与协调发展探索［J］. 城市发展研究，22（5）：1-4.
汤雨洋，邓少灵，2013. 基于系统动力学 RFID 产业创新系统构建研究［J］. 科技和产业，13（1）：15-18.

唐家龙，2011. 经济现代化与现代产业体系的内涵与特征［J］. 天津经济（5）：14-17.

屠凤娜，2016. 京津冀产业协同创新生态系统运行机制研究［J］. 城市（3）：22-25.

万立军，罗廷，于天军，等，2016. 资源型城市技术创新生态系统评价研究［J］. 科学管理研究（3）：72-75.

汪晓文，曲思宇，张云晟，2016. 中、日、美大数据产业的竞争优势比较与启示［J］. 图书与情报（3）：67-74.

王彬，2004. 企业创新系统研究［D］. 成都：四川大学.

王法，2020. 经济增长：启动新引擎跑出加速度［J］. 当代贵州（8）：30-31.

王芳，饶德坤，游静，等，2018. 基于生物进化的产业创新生态系统演化及仿真分析［J］. 科技管理研究，38（23）：86-93.

王桂花，王东霞，高文华，2019. 新时代旅游业发展的主要矛盾及智慧旅游供应链重构［J］. 商业经济研究（2）：168-170.

王红蕾，2019. 贵州现代产业体系优化与政策研究［M］. 北京：科学出版社.

王宏起，刘梦，李玥，等，2018. 结构平衡目标下区域战略性新兴产业创新生态系统科技资源配置模型［J］. 中国科技论坛（11）：35-43.

王虹，廖文喆，2014. 政府主导型智慧旅游发展模式研究［J］. 社会科学论坛（5）：194-201.

王建英，谢朝武，陈帅，2019. 景区智慧旅游设施的优化布局：以泉州古城为例［J］. 经济地理，39（6）：223-231.

王娜，王毅，2013. 产业创新生态系统组成要素及内部一致模型研究［J］. 中国科技论坛（5）：24-29，67.

王谦，2015. 智慧旅游公共服务平台搭建与管理研究：基于物联网模式下的分析［J］. 西南民族大学学报（人文社会科学版），36（1）：145-149.

王赛兰，2019. 智慧旅游背景下文化旅游资源的传播困境［J］. 旅游学刊，34（8）：5-6.

王淑宜，2019. "转"与"赶"的升级：十大千亿级工业产业激发经济发展新活力［J］. 当代贵州（28）：6-7.

王伟玲，2015. 大数据产业的战略价值研究与思考［J］. 技术经济与管理研究（1）：117-120.

王文平，周甜甜，2015. 我国产业生态经济系统生态—经济相互作用关系的空间特征及演化规律研究［J］. 东南大学学报（哲学社会科学版），17（4）：73-78，147.

王新新，2012. 基于产业结构调整的现代产业理论与体系构建［J］. 商业时代（14）：119-122.

王羽，2009. 创意产业的经济学属性分析［J］. 经济师（11）：55-56.

王兆萍，薛丽，2015. 基于复合系统的信息化与文化产业互动关系的实证研究［J］. 科技管理研究，35（5）：164-169.

王志民，2016. 江苏省区域旅游产业与科技创新协同度研究［J］. 世界地理研究，25（6）：158-165.

韦铁，农添珍，姜京浩，2012. 广西产业优化发展研究：基于区位熵及灰色模型的分析［J］. 价值工程，31（1）：7-8.

魏庆文，杨蕙馨，王军，2018. 创新驱动对现代产业发展新体系演进的作用机理：基于生产函数的视角［J］. 现代财经（天津财经大学学报），38（7）：103-113.

翁蕾蕾，陈东生，2008. 服装产业创新系统的构成要素分析［J］. 纺织导报（6）：24，26-27.

巫英，2016. 企业创新生态系统内涵、演化动力和演化路径研究［J］. 现代商贸工业，37（19）：67-68.

吴宝清，吴晋峰，石晓腾，等，2020. 有多少人“慕名而来”？：旅游景区到访率与知名度的关系研究［J］. 旅游学刊，35（1）：78-94.
吴大华，张可，2019. 贵州大数据战略发展报告（2019）［M］. 北京：社会科学文献出版社.
吴航，2014. 中国战略性新兴产业发展思路：打造产业创新生态系统［J］. 现代管理科学（12）：61-63.
吴江，贾元华，于帅，等，2019. 交通基础设施建设对产业集聚的影响分析：以旅游产业为例［J］. 北京交通大学学报（社会科学版），18（2）：52-60.
吴荣斌，王辉，2012. 科研机构与高校知识创新协同效应及模式研究［J］. 科技进步与对策，29（20）：131-136.
吴松强，蔡婷婷，赵顺龙，2018. 产业集群网络结构特征、知识搜索与企业竞争优势［J］. 科学学研究，36（7）：1196-1205，1283.
吴勇，陈理飞，2008. 企业创新系统及其动力机制分析［J］. 商场现代化（31）：98-99.
伍春来，赵剑波，王以华，2013. 产业技术创新生态体系研究评述［J］. 科学学与科学技术管理，34（7）：113-121.
武学超，2015. 五重螺旋创新生态系统要素构成及运行机理［J］. 自然辩证法研究，31（6）：50-53.
西蒙·库兹涅茨，1989. 现代经济增长［M］. 北京：北京经济学院出版社.
袭著燕，李星洲，迟考勋，2012. 金融介入的政产学研用技术协同创新模式构建研究［J］. 科技进步与对策，29（22）：19-25.
夏杰长，2019. 促进旅游公共服务体系建设的政策着力点［J］. 社会科学家（5）：7-12.
项昀，徐铖铖，于维杰，等，2020. 基于人口迁徙大数据的城市对外交通客运方式优势出行距离研究［J］. 交通运输系统工程与信息，20（1）：241-246.
谢泗薪，戴雅兰，2016. 经济新常态下科技服务业与现代产业联动模式创新研究［J］. 科技进步与对策，33（5）：9-15.
谢卫红，樊炳东，董策，2018. 国内外大数据产业发展比较分析［J］. 现代情报，38（9）：113-121.
熊彼得，等，2009. 经济发展理论［M］. 邹建平，译. 北京：左岸文化.
徐康宁，2011. 开放经济中的产业集群与竞争力［J］. 中国工业经济（11）：22-27.
薛风平，2020. 政府、平台与生态圈对大数据产业的影响：基于 31 个省（市）数据的实证研究［J］. 技术经济与管理研究（7）：123-128.
薛永武，2016. 论文化产业的经济属性和社会属性［J］. 山东大学学报（哲学社会科学版）（5）：32-40.
杨世明，周思森，唐叶韵，等，2019. 贵阳大数据产业创新生态系统的稳定性研究［J］. 中国经贸导刊（中）（3）：44-45.
姚国章，赵婷，2013. 利用云计算技术推进智慧旅游发展研究［J］. 电子政务（4）：79-86.
姚星，倪畅，2015. 构建现代产业发展新体系的战略选择研究［J］. 中州学刊（5）：38-41.
姚延波，2018. 旅游景区应摆脱“门票经济”［J］. 人民论坛（35）：80-81.
叶建亮，2001. 知识溢出与企业集群［J］. 经济科学（3）：23-30.
游光荣，张英朝，2010. 关于体系与体系工程的若干认识和思考［J］. 军事运筹与系统工程，24（2）：13-20.
於天，余来文，2018.O2O 模式下我国智慧旅游发展的困境及破解［J］. 价格月刊（10）：72-77.
查建平，谭庭，李园园，等，2018. 中国旅游产业关联效应及其分解：基于投入产出分析的实证研究［J］. 山

西财经大学学报，40（4）：62-74
詹懿，李晓渝，2015. 国外现代产业体系的发展模式研究［J］. 商业经济研究（9）：119-121.
张保华，陈慧敏，2006. 体育产业的经济属性分析［J］. 广州体育学院学报，26（1）：29-32.
张贵，刘雪芹，2016. 创新生态系统作用机理及演化研究：基于生态场视角的解释［J］. 软科学，30（12）：16-19，42.
张建涛，王洋，2017. 大数据背景下智慧旅游管理模式研究［J］. 管理现代化，37（2）：55-57.
张杰，2018. 应用型本科高校社会服务合理存在的哲学基础［J］. 铜仁学院学报（4）：50.
张克俊，张泽梅，2015. 农业大省加快构建现代农业产业体系的研究［J］. 华中农业大学学报（社会科学版）（2）：25-32.
张利飞，2009. 高科技产业创新生态系统耦合理论综评［J］. 研究与发展管理，21（3）：70-75.
张凌云，2012. 智慧旅游：个性化定制和智能化公共服务时代的来临［J］. 旅游学刊，27（2）：3-5.
张凌云，黎巎，刘敏，2012. 智慧旅游的基本概念与理论体系［J］. 旅游学刊，27（5）：66-73.
张璐瑶，王爱华，2018. 贵州大数据产业发展现状分析［J］. 贵州大学学报（自然科学版），35（6）：121-124.
张瑞怀，2018. 金融支持贵州省大数据发展［J］. 中国金融（2）：94-96.
张涛，马海群，易扬，2020. 文本相似度视角下我国大数据政策比较研究［J］. 图书情报工作，64（12）：26-37.
张巍，张旭梅，2009. 纵向溢出效应供应链企业间的协同创新研究［J］. 商业研究（4）：42-46.
张维明，修保新，2011. 体系工程问题研究［J］. 中国电子科学研究院学报，6（5）：451-456.
张伟，胡剑波，2014. 产品内分工、产业体系演变与现代产业体系形成［J］. 产经评论，5（4）：5-17.
张笑楠，2016. 战略性新兴产业创新生态系统构建与运行机制研究［J］. 技术与创新管理，37（6）：595-600，618.
张秀英，2018. 信息生态视角下智慧旅游构建与发展路径研究［J］. 经济问题（5）：124-128.
张耀辉，2010. 传统产业体系蜕变与现代产业体系形成机制［J］. 产经评论，1（1）：12-20.
张轶群，杜传忠，2020. 基于大数据的产业链演变研究［J］. 人文杂志（4）：38-46.
张涌，陈雪梅，2008. 基于制度视角产业集群的形成机理分析［J］. 暨南学报（哲学社会科学版）（2）：36-40.
张运生，2008. 高科技企业创新生态系统边界与结构解析［J］. 软科学（11）：95-97，102.
张运生，2009. 高科技产业创新生态系统耦合战略研究［J］. 中国软科学（1）：134-143
张宗益，张莹，2008. 创新环境与区域技术创新效率的实证研究［J］. 软科学，22（12）：123-127.
赵放，曾国屏，2014. 多重视角下的创新生态系统［J］. 科学学研究，32（12）：1781-1788，1796.
赵斐，2010. 生态化区域创新系统评价研究［D］. 南京：江苏大学 .
赵光辉，2006. 论交通行业人才培训制度创新［J］. 北京交通管理干部学院学报（3）：23-26.
赵璐，2019. 网络组织模式下中国产业集群发展路径研究：发达国家产业集群发展的经验启示［J］. 科技进步与对策，36（7）：56-60.
赵儒煜，肖茜文，2019. 东北地区现代产业体系建设与全面振兴［J］. 经济纵横（9）：29-45，2.

中国信通院，2016. 大数据白皮书 2016［M］. 北京：中国信息通信研究院 .

中国信通院，2018. 中国大数据发展调查报告（2018）［EB/OL］.（2018-04-26）［2019-09-20］. http: //www.caict.ac.cn/kxyj/qwfb/ztbg/201804/P020180426332651074674.pdf.

周波，周玲强，吴茂英，2017. 智慧旅游背景下增强现实对游客旅游意向影响研究：一个基于 TAM 的改进模型［J］. 商业经济与管理（2）：71-79.

周成，魏红芹，2018. 产业集群、距离衰减与知识溢出模式研究［J］. 情报杂志，37（11）：203-207，191.

周权雄，2010. 广州构建现代产业体系的现状、问题与对策建议［J］. 科技管理研究，30（1）：39-42.

周曙东，2017. 我国大数据产业统计范畴的分析与探讨［J］. 调研世界（12）：49-52.

周曙东，2019. 大数据产业投入产出表构建及经济贡献测度方法研究［J］. 调研世界（3）：7-10.

周晓艳，葛健，马丽仪，2009. 基于动态面板数据模型的中国区域创新体系效率实证［J］. 经济管理，31（3）：28-32.

周阳敏，桑乾坤，2020. 国家自创区产业集群协同高质量创新模式与路径研究［J］. 科技进步与对策，37（2）：59-65.

周钟，熊焰，张林刚，2020. 新兴技术产业应用生态系统构建与发展评价：以大数据为例［J］. 中国科技论坛（4）：65-73.

朱海燕，2008. 产业集群升级：内涵、关键要素与机理分析［J］. 科学学研究，26（S2）：380-390.

朱英明，2003. 论产业集群的创新优势［J］. 中国软科学（7）：107-112.

祝佳，2015. 创新驱动与金融支持的区域协同发展研究：基于产业结构差异视角［J］. 中国软科学（9）：106-116.

ACCETTURO A, BASSANETTI A, BUGAMELLI M, et al., 2013. Il Sistema Industriale Ital iano Tra Globalizzazione E Crisi（The Italian Industrial System between Globalization and Crisis）［J］. SSRN Electronic Journal（193）: 322-344.

ADNER R, 2006 . Match your innovation strategy to your innovation ecosystem［J］. Harvard Business Review, 84（4）: 98-107，148.

ADNER R, KAPOOR R, 2016. Innovation ecosystems and the pace of substitution: re-examining technology scurves［J］. Strategic Management Journal（4）: 625-648.

ANDERSSON T, HANSON E W, SERGER S S, et al., 2004.The cluster policies white book［M］.Stockholm: IEKD-Internation Organisation.

ANN M, 2016.Sticky places in slippery space: a typology of industrial districts［J］. Routledge, 72（3）: 293-313.

ARAYANNIS E G, CAMPHELL D F J，2006. Knowledge creation diffusion and use in innovation networks and knowledge clusters: a comparative systems approach across the United States, Europe & Asia［M］. New York: Praeger.

ARISTEA K, EFTHIMIOS A, 2020.Smart tourism: state of the art and literature review for the last six years［J］. Array（6）: 1-12.

AUTIO E, THOMAS L, 2014. Innovation ecosystems: implication for innovation management［M］.Oxford:

Oxford University Press.

BAAS L W, BOONS F A, 2004. An industrial ecology project in practice: exploring the boundaries of decision-making levels in regional industrial systems [J] . Journal of Cleaner Production, 12 (8/10) : 1073-1085.

BILAL M , OYEDELE L O , QADIR J , 2016. Big data in the construction industry: a review of present status, opportunities, and future trends [J] . Advanced Engineering Informatics, 30 (3) : 500-521.

BORRAS J , MORENO A, VALLS A, 2014. Intelligent tourism recommender systems: a survey [J] . Expert Systems with Applications, 41 (16) : 7370-7389.

CASTELLS M, 2001. The Informational City [M] . New York: JSPPH Press.

CIOCA L I, MORARU R I , BABUT G B, et al., 2015. Integrating risk analysis with safety dyagnostic in complex industrial systems: modeling hazard [J] . Nephron Clinical Practice, 66 (1) : 17-22.

CLARK C, 1957. The conditions of economic progress [M] . 3rd ed. London: Macmillan Publishers Limited.

CROUCH C, FARRELL H, 2001. Great Britain: falling through the holes in the network concept [M] //CROUCH C,GALES P L, TROGILIA C, et al. Local production system in Europe: rise or demise?Oxford: Oxford University Press: 154-211.

DIETZENBACHER E, 2000. Spillovers of innovation effects [J] .Journal of Policy Modeling (22) : 27-42.

DRUCKER P F, 1993. Post-capitalist society [M] . London: Oxford, Butterworth Henemann. Harper Business.

EGGER I, IEN LS, WASSLER P, 2020. Digital free tourism:An exploratory study of tourist motivations [J] . Tourism Management (79) : 104098.

EIJI Y, INYONG S, 2007.Dynamics of agglomeration economic and regional industrial structure: the case of the assembly industry of the Greater Tokyo Regional 1960-2000[J]. Structural Change and Economic Dynamics(18): 483-499.

ENRIQUE S S, RICARD C P, BERNAT R M, et al., 2019. Transition towards a tourist innovation model: the smart tourism destination [J] . Journal of Innovation & Knowledge (11) : 1-9.

ENRIQUE S S, RICARD C P, BERNAT R M, et al., 2020. Transition towards a tourist innovation model: the smart tourism destination [J] . Journal of Innovation & Knowledge, 5 (2) : 96-104.

ETZKOWITZ,HENRY, LOET LEYDESDORFF, 2000. The dynamics of innovation: from National Systems and"Mode 2"to a Triple Helix of university-industry-government relations[J].Research Policy, 29(2):109-123.

FEMENIA-SERRA F, 2018. Smart tourism destinations and higher tourism education in Spain. Are we ready for this new management approach? [J] . Information and Communication Technologies in Tourism, 12: 438-447.

FESER E J, 2001.Introduction to regional industry cluster analysis [R] . Department of City& Regional Planning, University of North Carolina at Chapel Hill.

FISHER A G, 1933. Capital and the growth of knowledge [J] . The Economic Journal (43) : 379-389.

FREEMAN C, 1974. The economics of industrial innovation [M] .London: Routledge.

FREEMAN C, 1989. Technology policy and economic performance [M] . London: Pinter Publishers.

GARG H, RANI M, SHARMA S P, 2014. An approach for analyzing the reliability of industrial systems using soft-computing based technique［J］. Expert Systems With Applications, 41（2）: 489-501.

HENRY E, LOET L, 2000. The dynamics of innovation: from National Systems and "Mode 2" to a Triple Helix of university-industry-government relations［J］.Research Policy, 29（2）: 109-123.

HUANG S C, MCINTOSH S , SOBOLEVSKY S , et al., 2017. Big data analytics and business intelligence in industry［J］. Information Systems Frontiers, 19（6）: 1229-1232.

HWAN G, VICTOR W, HOROWITT G, 2012. the rainforest: the secret to building the next silicon valley［M］. Los Altos Hills: Regenwald.

IANSITI M, LEVIEN R, 2004. Strategy as ecology［J］.Harvard Business Review, 82（3）: 68-78.

JOEL W, MARCEL B, 2014. Leveraging external sources of innovation: a review of research on open innovation[J]. Journal of Product Innovation Management, 31（4）: 814-831.

KIM K, PARK O J, YUN S, et al., 2017. What makes tourists feel negatively about tourism destinations? Application of hybrid text mining methodology to smart destination management［J］. Technological Forecasting and Social Change, 123: 362-369.

KOLLOCH M, DELLERMANN D, 2018.Digital innovation in the energy industry: The impact of controversies on the evolution of innovation ecosystems[J]. Technological Forecasting & Social Change, 136: 254-264.

KOO C, KOO, K. YOO J, et al., 2016.Special section on generative smart tourism systems and management: Man-machine interaction［J］. International Journal of Information Management, 36（6）: 1301-1305.

KRUGMAN P, 1991. Trade and Geography［M］. Cambrige: The MIT Press.

KUCHIKI A, TSUJI M, 2005. Industrial clusters in Asia: analysis of their competition and cooperation［M］. New York:Springer.

LEE I, 2017. Big data: dimensions, evolution, impacts, and challenges［J］. Business Horizons, 60（3）: 293-303.

LI J F, GARNSEY E, 2014. Policy-driven ecosystems for new vaccine development［J］.Technovation, 34（12）: 762-772.

LIANG T P, LIU Y H, 2018. Research landscape of business intelligence and big data analytics: a bibliometrics study［J］.Expert Systems with Applications, 111（30）: 2-10.

LINDA A J, ALEXANDER V E, HIRAM E F, et al., 2011. Internet use, videogame playing and cell phone use as predictors of children's body mass index（BMI）, body weight, academic performance, and social and overall self-esteem［J］. Computers in Human Behavior, 27（1）: 599-604.

LUCIAN L C, ROLAND L M, GABRIEI B B, et al., 2015, Integrating risk analysis with safety dyagnostic in complex industrial systems: modeling hazard［J］. Acta Universitatis Cibiniensis. Technical Series, 66（1）: 17-22.

MALERBA F, MANI S, 2009. Sectoral systems of Innovation and Production in Developing Countries［M］. London: Edward Elgar Publishing Limited.

MANUEL C, 2001. The Informational City［M］. Cambrige: Black Well Publishers Ltd.

MARIBEL Y S, JORGE O S, CARINA A, et al., 2017. A big data system supporting bosch braga industry 4.0

strategy [J] . International Journal of Information Management, 37 (6) : 750-760.

MARKUSEN A,1996. Sticky Places in Slippery Space: A Typology of Industrial Districts [J] . Routledge,72 (3) : 293.

MARTIN R, SUNLEY P, 2011. Conceptualizing cluster evolution: beyond the life cycle model [J] . Regional Studies, 45 (10) : 1299-1318.

MATSUDA Y, FEDOTOV D, TAKAHASHI Y, et al., 2018. Emo-tour: estimating emotion and satisfaction of users based on behavioral cues and audiovisual data [J] . Sensors, 18 (11) : 3978-3998.

MICHAEL K, DOMINIK D, 2017. Digital innovation in the energy industry: the impact of controversies on the evolution of innovation ecosystems [J] .Technological Forecasting & Social Change, 136: 254-164.

MICHEAL P, 2013. Industrial structure and aggregate growth [J] . Structural Change and Economic Dynamics, American economic review (14) : 427-448.

MILLS R, 1989. Urban economics [M] . 4th ed. Scottdale: Scottforesman.

MOHAMMADPOOR M , TORABI F, 2018. Big data analytics in oil and gas industry: an emerging trend [J] . Petroleum, 6 (4) : 321-328.

MYTELKA L, FARINELLI F, 2000. Local clusters, innovation systems and sustained competitiveness [R] . Discussion Papers from United Nations University, Institute for New Technologies, The Netherlands.

OUSSOUS A, BENJELLOUN F Z, LAHCEN A A , et al., 2018. Big data technologies: A survey [J] . Journal of King Saud University - Computer and Information Sciences, 30 (4) : 431-448.

PANTANO E, PRIPORAS C V,STYLOS N, 2017. 'You will like it!' using open data to predict tourists' response to a tourist attraction [J] . Tourism Management, 60, 430-438.

PCAST, 2004. Sustaining the Nation is Innovation Ecosystem, Information Technology Manufacturing and Competitiveness [R] . President' s Council of Advisors on Science and Technology.

PEN D, 2007. Industrial clusters in Asia: analysis of their competition and cooperation [J] .The Annals of Regional Science, 41 (2) : 495-497.

PENEDER M,2003. Industrial structure and aggregate growth[J]. Structural Change and Economic Dynamics(14): 427-448.

PORTER M E, 1998 . Clusters and new economics of competition [J] . Harvard Business Review, 76 (6) : 77-90.

ROB R, BOB W, 2018. Overcoming transformational failures through policy mixes in the dynamics of technological innovation systems [J] . Technological Forecasting and Social Change (153) : 119-297.

RON A, 2012. Match your innovation strategy to your innovation ecosystem [J] . HBR Spotlight (4) : 98-107.

RUSSELL M G , SMORODINSKAYA N V, 2018. Lever aging complexity for ecosystemic innovation [J] . Technological Forecasting and Social Change, 136 (11) : 114-131.

SANAZ S, ALI G, ALIREZA H, et al., 2019. Developing a model for sustainable smart tourism destinations: a systematic review [J] . Tourism Management Perspectives (31) : 287-300.

SASAKI H, UEYAMA S, 2009. China' s industrial structure and its changes in recent years: an analysis of the

1997-2005 input-output tables [J] . Bank of Japan Working Paper (9) : 1-18.

SCHOOR G V, UREN K R, WYK M A, et al., 2014. An energy perspective on modelling, supervision, and control of large-scale industrial systems: survey and framework [J] . IFAC Proceedings Volumes, 47 (3) : 6692-6703.

SHANG SHARI S C,CHEN S C, 2015.The formation of the big data industry and related strategies [J] . Proceedings of the International Conference on Electronic Business (ICEB) (1) : 427-432.

SHAW D R, ALLEN T, 2018. Studying innovation ecosystems using ecology theory [J] . Technological Forecasting & Social Change, 136: 88-102.

SOONDUCK Y, KWANGDON C,2015. Research on development stage of service model in big data industry [J] . Lecture Notes in Electrical Engineering, 330 (7) : 545-554.

STANGL B, PESONEN J, 2018. Smart tourism destinations and higher tourism education in Spain. Are we ready for this new management approach? [J] . Information and Communication Technologies in Tourism (Chapter 33) : 437-449.

TADESSE S, 2002. Financial architecture and economic performance: international evidence [J] . Journal of financial intermediation, 11 (4) : 429-454.

TICHY Q, 1998.Clusters less dispensable and more risky than ever, clusters and regional specialization [M] . Published by Pion Limited, 207 Brondesbury Park, London, NW25JM: 226-237.

TIKHOMIROVA G, 1997. Analysing changes in industry structure [R] . CSES Working Paper No.11 .

TIWARI S T, WEE H M, DARYANTO Y, 2018. Big data analytics in supply chain management between 2010 and 2016: insights to industries [J] . Computers & Industrial Engineering, 115 (1) : 319-330.

TRACY P, CLERK G L, 2003. Alliances, networks and competitive strategy: rethinking clusters of innovation [J]. Growth & Change, 34 (1) : 1-16.

WEST J, BOGERS M, 2014. Leveraging external sources of innovation: a review of research on open innovation [J] . Social Science Electronic Publishing, 31 (4) : 814-831.

YAMAMURA E,SHIN I, 2007. Dynamics of agglomeration economic and regional industrial structure: the case of the assembly industry of the Greater Tokyo Regional 1960-2000 [J] . Structural Change and Economic Dynamics, 18 (4) : 483-499.

ZHANG Y F, MA S H Y, YANG H D, et al., 2018. A big data driven analytical framework for energy-intensive manufacturing industries [J] . Journal of Cleaner Production, 197 (1) : 57-72.

后　记

贵州省典型的喀斯特地貌和丰富的多民族文化等特点要求其必须走一条“有别于东部，不同于西部其他省份的发展新路”。党的十八大以来，贵州省既面临艰巨的攻坚任务，又面临经济结构升级和产业结构转型的发展任务。在党中央和国务院的坚强领导下，贵州省委省政府深刻领会习近平同志等党和国家领导人的相关讲话和文件精神，创造性地提出“大扶贫、大数据、大生态”（中国共产党贵州省第十二届委员会第八次全体会议后改称为“乡村振兴、大数据、大生态”）三大战略和“牢牢守住发展和生态两条底线”思路，坚持依靠大数据产业作为贵州省引领经济高质量发展的领头羊，为贵州省实现经济总量持续提升、经济增速稳居国内领先等做出了重大贡献。为了更好地总结贵州省大数据产业的发展经验并指明今后的发展道路，本书作者带领团队成员经过了一年多的努力完成了本书。

本书作者带领团队成员对贵州省大数据产业的研究过程其实已经持续了五年多时间，并集中地整理了本团队的部分工作成果。同时，本书的形成也是基于部分读者的积极鼓励和科学出版社的大力支持。但是，鉴于研究团队对贵州省的经济社会发展情况的熟悉程度还有很大的局限性，本书借助了国务院及其所属相关部门、贵州省政府及其所属职能部门，特别是贵州省大数据发展管理局、贵州省下辖各地市州的政府部门和贵州省若干高校等的官方网站，以及《贵州日报》、《贵阳日报》、大数据产业观察网、搜狐网、新华网、多彩贵州网、网易和贵州省统计年鉴等相关渠道，收集和整理了大量的与大数据相关的数据文献资料并借鉴和采用了众多记者和专家学者等的部分观点，以及从贵州省及其相关职能部门的政策规划和其他企事业单位的工作总结中摘录了部分内容。因此，本书作者及研究团队成员在此对以上相关机构及相关的记者、学者和实践工作者等表示衷心的感谢。另外，本书作者和研究团队已经对相关文献和数据等资料尽可能做了标注，但是难免挂一漏万，若有遗漏之处敬请谅解。

本书成稿匆匆，在思路整理、结构安排、文字表达特别是政策建议等方面仍然有较多的遗憾，也没有真正做到自成一家之言。本书的诸多不足请各位专家和读者给予批评指正。尽管书中的缺失与遗憾在所难免，但由于对大数据产业以及相应的区域经济等研究永无止境，因此本书作者及研究团队将在今后继续加倍努力写出令读者更为满意的大数据产业以及相关产业领域的研究著作，以弥补本书的缺憾。

最后，本书作者要感谢科研团队的成员，如赵海东、杜可、沈晓芳、胡雨晴、张芸、杨钰玲和徐思慧等研究生。以上研究生为本书做了大量的资料收集和文献整理工作。还要感谢科学出版社及本书的责任编辑万瑞达先生等为本书的编辑出版付出的辛勤劳动。他们的支持和帮助为本书的完成和出版提供了重要的条件，谨向他们表示诚挚的谢意！